高职高专"十三五"规划教材·

智慧码头

ZHIHUI MATOU

闫高杰　沈　阳　谭刘元　主　编
申习身　张　敏　副主编

微信扫码，获取课件等资源

南京大学出版社

内 容 简 介

当前，全球港航业转型升级加速，国内外集装箱码头企业纷纷开展自动化、智能化、智慧化生产尝试，众多码头企业迫切需求既懂港航业务操作又懂现代信息技术应用的复合型技术技能人才。

本书以智慧集装箱码头业务为对象，结合厦门港、青岛港、上海港自动化集装箱码头的最新建设实践，依托集装箱码头营运实操系统，让读者理实一体地了解并掌握集装箱码头卸船、提箱、集港和装船等集装箱码头进出口作业流程及相关技术。

本书注重实操，理论适中，内容新颖，案例生动，结构清晰，适合港口与航运管理、集装箱运输管理及相关专业的职业院校学生，以及港口企业和集装箱码头的相关从业人员使用。

图书在版编目（CIP）数据

智慧码头 / 闫高杰, 沈阳, 谭刘元主编. -- 南京：
南京大学出版社, 2018.12
高职高专"十三五"规划教材. 智慧港航系列
ISBN 978-7-305-20084-7

Ⅰ. ①智… Ⅱ. ①闫… ②沈… ③谭… Ⅲ. ①集装箱
码头－港口管理－高等职业教育－教材 Ⅳ.
①U656.106

中国版本图书馆 CIP 数据核字(2018)第 061688 号

出版发行　南京大学出版社
社　　址　南京市汉口路 22 号　　　　　邮　　编　210093
出 版 人　金鑫荣

书　　名　智慧码头
主　　编　闫高杰　沈阳　谭刘元
策划编辑　胡伟卷
责任编辑　胡伟卷　蔡文彬　　　　　编辑热线　010-88252319

印　　刷　丹阳市兴华印刷厂
开　　本　787×1092　1/16　　印张　15.25　　字数　381 千
版　　次　2018 年 12 月第 1 版　　2018 年 12 月第 1 次印刷
ISBN 978-7-305-20084-7
定　　价　39.80 元

网　　址　http://www.njupco.com
官方微博　http://weibo.com/njupco
微信服务号　njuyuexue
销售咨询热线：（025）83594756

* 版权所有，侵权必究

* 凡购买南大版图书，如有印装质量问题，请与所购图书销售部门联系调换

前　言

　　当前,港航业正向自动化、智能化方向发展,港航产业转型升级加速,智慧港航成为行业建设的热点。集装箱码头是港航产业链中重要的节点,又因其标准化的工艺,使得国内外集装箱码头企业纷纷开展自动化、智能化、智慧化的生产尝试。具有高度自主装卸能力与自主管理能力的智慧集装箱码头,必将引领集装箱码头的未来发展方向。众多码头企业迫切需求既懂港航业务操作又懂互联网技术应用的复合型人才,而专业课程建设中借助自动化、智能化、虚拟现实(VR)技术、人工智能(AI)技术等实训手段进行专业教学的较少,因此利用现代信息化应用技术的教学内容将成为集装箱码头课程建设的重要内容。

　　本书结合厦门港、青岛港、上海港自动化集装箱码头建设实践,依托天津海运职业学院2017年度高等职业院校提升办学能力建设项目"智慧港口"虚拟仿真实训中心中的集装箱码头营运管理系统(TOS),借助VR、AI等技术能激发学生的学习动力,联合上海海事大学智慧港口研究学者,以卸船作业、提箱作业、集港作业和装船作业等集装箱码头四大作业为主线编写此书,以提升港口和航运专业群学生现代信息化技术的专业操作水平,培养能够使用现代信息技术的技能型人才。

　　上海海事大学集装箱码头营运管理系统(TOS)用于帮助学生学习码头内部物流运作管理,掌握各岗位生产作业的原则和方法。系统涵盖船舶航次管理、箱区管理、卸提集装作业管理、道口作业、作业线调度、机械作业和堆场管理。除此以外,还包括批量信息导入的EDI接口,即进口船图EDI接收、进口舱单EDI接收、出口舱单EDI接收。该教学软件的设计源自于具有实际应用背景的管理系统,实际已应用于上海、天津、万州等港口和物流企业。其教学水平定位在作业管理层次上,区别于决策管理,让学生了解并掌握集装箱码头相关岗位的作业流程及相关技术。

　　本教材由天津海运职业学院的闫高杰、谭刘元和上海海事大学的沈阳担任主编,天津海运职业学院的申习身、张敏担任副主编。具体的编写分工为:闫高杰负责全书统稿,并完成项目一各任务的任务引入、相关知识、数字化运营部分内容补充、技能训练和附录的编写;沈阳负责完成各项目任务中部分数字化运营内容的编写;申习身完成项目二各任务的任务引入、相关知识、数字化运营部分的内容补充和技能训练;张敏完成项目三各任务的任务引入、相关知识、数字化运营部分的内容补充和技能训练;谭刘元完成项目四各任务的任务引入、相关知识、数字化运营部分的内容补充和技能训练。

　　本教材由天津海运职业学院的武莉、张明齐、周艳,上海海事大学的徐子奇、赵宁、宓为建,浙江国际海运职业技术学院的何伟,青岛港湾职业技术学院的李凤雷等多位教师、专家共同参与研究,在编写过程中有幸得到上海海事大学、天津港太平洋国际集装箱码头有限公司、天津港第二港埠有限公司、重庆万州港集装箱码头公司等多家单位工作人员的鼎力相助,在此一并表示感谢!

由于编写时间仓促,加之编者水平有限,书中不妥之处敬请读者批评指正。

编 者

2018. 12

目　录

项目一

智慧码头进口卸船业务操作

知识目标

1. 了解集装箱船舶、集装箱码头进口业务。
2. 熟悉船图、舱单和集装箱码头进口卸船的设施设备。
3. 掌握船箱位、场箱位和进口卸船工艺流程。

能力目标

1. 能根据进口船图、进口舱单进行进口信息的录入和核校。
2. 能完成卸船作业的计划与调度操作。
3. 能完成卸船的实际作业操作。

任务一　卸船业务信息收集与处理

集装箱码头(container terminal)是指包括港池、锚地、进港航道、泊位等水域及货运站、堆场、码头前沿、办公生活区域等陆域范围的、能够容纳完整的集装箱装卸操作过程的具有明确界限的场所。集装箱码头(图1-1为天津港太平洋国际集装箱码头)是水陆联运的枢纽站,是集装箱货物在转换运输方式时的缓冲地,也是货物的交接点,因此集装箱码头在整个集装箱运输过程中占有重要的地位。码头为集装箱的到达、存放和离开提供了全程服务。

图1-1　天津港太平洋国际集装箱码头

集装箱码头的进口卸船业务作业流程大致可以分为信息收集与处理、资源计划与调度和实际作业三大环节(见图1-2)。信息收集与处理是各项业务的第一步准备工作,也是信息系统正常运行的数据基础;资源计划与调度是对集装箱码头装卸作业的资源分配和流程安排,包括泊位、场地、桥吊、场吊、内集卡(集装箱卡车)等的计划和调度;实际作业是现场工作人员根据中控的调度安排进行的实际装卸作业。

信息收集与处理　　　　　　计划调度　　　　　　实际作业

图1-2　卸船业务流程图

任务引入

　　天津港收到船公司发来的关于中远太平洋(PACIFIC)号的船舶资料、预报信息、船图清单、舱单、船期信息、靠离港时间等信息。现有某集装箱物流有限公司的近50个集装箱要从该船舶上卸下,进口船舶基本信息、装载信息及预计到离港时间如下所示。那么,集装箱码头应如何安排集装箱的卸船作业呢? 请模拟码头工作人员完成进口船舶的相关作业任务。

　　1. **进口船舶基本信息**

　　装货港:0006 纽约

　　卸货港及目的地港:4001 天津

　　船检登记号:05B2027　中文船名:中远太平洋号　英文船名:PACIFIC

　　船舶呼号:VRBD7　国际海事组织编号:9359612

　　船旗国:Hong Kong,China

　　船籍港:Hong Kong　船舶所有人:COSCO Pacific Limited

　　船舶管理公司:中国远洋运输(集团)总公司

　　船舶类型及用途:General Dry Cargo Ship

　　下次特检日期:2010-06-27

　　总吨位:5 250 t　　　　净吨位:2 976 t　　　　载重吨:7 624 t

　　船舶总长:110 m　　　　垂线间长:103 m　　　　型宽:19.7 m

　　型深:8.5 m　　　　　　干舷:2 m　　　　　　平均吃水:6.5 m

　　航速:12.5 n mile　　　甲板层数:1;Upper deck　　舱壁数:6;Fr. 9

　　压载:0　　　　　　　　各货舱容积:No. 1 Cargo Hold ×(B2192.36)/(G2192.36);No. 2 Cargo Hold ×(B3297.94)/(G3297.94);No. 3 Cargo Hold ×(B3297)/(G3297)

　　舱口数及舱口尺度:1 ×19.5 ×15.0;2 ×25.35 ×15.0

　　2. **船舶装载信息**

　　船代码:PACIFIC　　　航次号:170907　　　　　贸易性质:一般贸易

泊位代码:2　　　　　停靠方式:左靠　　　　　装卸付费:广二运输公司
港口使费:安骏达运输公司　　　海关编号:N125547　　　船代理:COSCO
运输类型:江海运输　　外贸航线:MDX
计划抵港:2017 年 10 月 21 日 11:45
计划靠泊:2017 年 10 月 21 日 12:45
计划离泊:2017 年 10 月 25 日 07:00
实际抵港:2017 年 10 月 21 日 11:50
实际靠泊:2017 年 10 月 21 日 12:50
实际离泊:2017 年 10 月 25 日 07:30

 相关知识

一、集装箱船舶

(一)船舶构造

船舶结构随着船舶类型的不同而不同,对于钢结构船舶来说,全船结构分为主船体和上层建筑两部分,如图 1-3 所示。

图 1-3　集装箱船

(1)主船体由船首部、中部、尾部组成,每一部分都是由船底、舷侧、上甲板形成的水密空心结构,在空心结构内部又由水平和垂直的隔壁分隔成许多舱室。其中,首尾贯通的水平隔壁称下甲板,垂直的隔壁称为舱壁。安装在船宽方向的舱壁称为横舱壁,安装在船长方向的舱壁称为纵舱壁。为了加强船体首尾端结构,在首尾端设置有首尾柱。

(2)上层建筑是指上甲板原始的各种围壁建筑物,由首楼、尾楼、桥楼、甲板室及其他围壁建筑物组成。船首楼的主要作用是减少船首部上浪(浪花进入船上),同时还可以作为储藏室;船尾楼的主要作用是减少船尾部上浪,保护机舱,同时可以作为船员的居所;桥楼是位于船中部的上层建筑,通常作为驾驶室和船员居所;甲板室设在露天甲板上,有利于甲板操作。

（二）船舶尺度

船舶尺度是用以表示船舶大小的度量，包括船的长度、宽度、深度、吃水等。这是计算船舶各项性能的主要参数，是衡量船舶大小，收取各种费用，检查船舶能否通过船闸、运河等限制航道的依据。船舶的主要尺度都要遵循统一的度量规定。

根据船舶主尺度的用途不同，主尺度可分为三类：型尺度、最大尺度和登记尺度。型尺度是从船体表面上所量取的尺度。它是理论尺度，用于船舶设计及性能计算，主要包括型长、型宽、型深和型吃水。最大尺度是包括船体构件及固定在船上的附属突出物在内所丈量得到的尺度，可以决定船舶停靠码头泊位的长度。最大尺度包括总长、最大船长、最大船宽和最大高度；登记尺度是根据《船舶丈量规范》的规定进行丈量所得到的尺度，是船舶登记、吨价计算及交纳费用的依据；登记尺度包括登记长度、登记宽度和登记深度。

1. 型尺度

（1）型长根据具体的使用目的，有总长（LOA）、垂线间长（LBP）和设计水线长（LWL）几种不同的表示方法。

（2）型宽一般是指船舶中央部分的宽度，用 B 表示。

（3）从上甲板边缘最低处量至船底基线的垂直距离为型深，记为 D 或 H。

2. 最大尺度

（1）最大船长是船舶最前端和最后端之间的水平距离，用 Lmax 表示。

（2）最大船宽是指包括船舶外板和永久性固定突出物在内的最大宽度，用 Bmax 表示。

（3）船舶的最大高度是自设计水线沿垂线量到船的最高点的距离。在船舶空载进入内河航行并需要通过桥梁时，最大高度是衡量船舶能否顺利通过的重要依据，用 Hmax 表示。

3. 登记尺度

（1）登记长度一般用 LR 表示，是船舶上甲板的首柱前缘到尾柱后缘（如果无尾柱，则量至舵杆中心线）的水平距离。

（2）登记宽度是船体最大宽度处的水平距离（包括两舷外板，不包括固定突出物），用 BR 表示。

（3）登记深度 Dr 是中纵剖面上登记长度 Lr 中点处量至设计水线上面的垂直距离。

4. 船舶吃水

船舶吃水是船舶浸沉深度的一个度量，随载货质量（俗称重量）的不同而变化。这个尺度只有型尺度，即型吃水。型吃水即设计吃水，又称满载吃水，是指船舶装载至设计要求的货物后（一般为满载状态）的浸水深度。当船首吃水和船尾吃水不相等时，型吃水值表示首尾吃水的平均值。

 资料卡

2017 年 4 月，韩国大宇造船向马士基航运交付的长 399.9 m、宽 58.8 m，可以装载 20 568 TEU 集装箱船 Madrid Maersk 号。这艘第二代 3E 级集装箱船是当时投入运营的全球最大集装箱船。

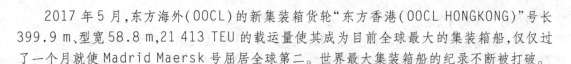

2017年5月,东方海外(OOCL)的新集装箱货轮"东方香港(OOCL HONGKONG)"号长399.9 m、型宽58.8 m,21 413 TEU的载运量使其成为目前全球最大的集装箱船,仅仅过了一个月就使Madrid Maersk号屈居全球第二。世界最大集装箱船的纪录不断被打破。

(三)船舶吨位

1. 重量吨位

船舶的重量吨位(weight tonnage)是表示船舶质量的一种计量单位。船舶的重量吨位,又可分为排水量吨位和载重吨位两种。

(1)排水量吨位。排水量吨位是船舶在水中所排开水的吨数,也是船舶自身质量的吨数。排水量吨位又可分为轻排水量、重排水量和实际排水量三种:轻排水量(light displacement)又称空船排水量,是船舶本身加上船员和必要的给养物品三者质量的总和,是船舶最小限度的质量;重排水量(full load displacement)又称满载排水量,是船舶载客、载货后吃水达到最高载重线时的质量,即船舶最大限度的质量;实际排水量(actual displacement)是船舶每个航次载货后实际的排水量。

在造船时,依据排水量吨位可知该船的质量;在统计军舰的大小和舰队时,一般以轻排水量为准;军舰通过巴拿马运河以实际排水量作为征税的依据。

(2)载重吨位。载重吨位表示船舶在营运中能够使用的载重能力。船舶载重吨位可用于对货物的统计、作为期租船月租金计算的依据、表示船舶的载运能力;也可用作新船造价及旧船售价的计算单位。载重吨位可分为总载重吨和净载重吨。

① 总载重吨(gross dead weight tonnage)是船舶根据载重线标记规定所能装载的最大限度的质量,包括船舶所载运的货物,船上所需的燃料、淡水和其他储备物料质量的总和。

② 净载重吨(dead weight cargo tonnage)是指船舶所能装运货物的最大限度质量,又称载货重吨,即从船舶的总载重量中减去船舶航行期间需要储备的燃料、淡水及其他储备物品的质量所得的差数。

2. 容积吨位

容积吨位(registered tonnage)是表示船舶容积的单位,又称注册吨。容积吨位的计算为:

$$1 \text{ 容积吨} = 2.83 \text{ m}^3 = 100 \text{ ft}^3(\text{ft}^3, \text{cubic foot,立方英尺})$$

容积吨又可分为容积总吨和容积净吨两种。

(1)容积总吨(GRT)又称注册总吨,是指船舱内及甲板上所有闭合场所的容积总和。容积总吨的用途很广,可以用于表明船舶的大小,用于船舶登记,用于政府确定对航运业的补贴,用于计算保险费用、造船费用及船舶的赔偿等。

(2)容积净吨(NRT)又称注册净吨,是船上可以用来装载货物的容积折合成的吨数。容积净吨主要用于船舶的报关、结关,作为船舶向港口交纳的各种税收和费用的依据,作为船舶通过运河时交纳运河费的依据。

(四)船舶载重线

船舶载重线(ship's load line)标志绘制于船舶两舷中间,是表明载重线位置以限制船舶最大吃水、确保船舶最小干舷的标志,如图1-4所示。干舷是指满载水线以上未被水浸湿的舷侧板。船舶的营运实践表明:干舷不足,常常是发生海难的一个重要原因。因此,船舶必须具有足够的干舷。

载重线标志包括甲板线、载重线圈和各载重线。甲板线又称干舷甲板线,是一条表示干舷甲板位置的线。该线的上边缘应与干舷甲板的上表面相交。载重线圆环由一个圆圈和一条水平线相交组成,其圆圈的中心在船舶中部,水平线与夏季载重线平齐。水平线上的字母代表船舶检验机构的名称,如 CS 为中国船级社英文缩写、ZC 为中华人民共和国船舶检验局。

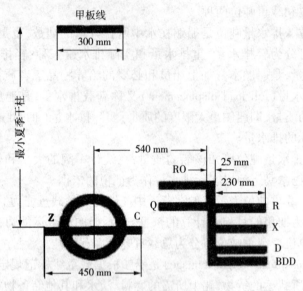

图 1-4   船舶载重线标志

1. TF

TF(Tropical Fresh water load line)表示热带淡水载重线,即船舶航行于热带地区的淡水中,总载重量不得超过此线。

2. F

F(Fresh water load line)表示淡水载重线,即船舶在淡水中行驶时,总载重量不得超过此线。

3. T

T(Tropical load line)表示热带海水载重线,即船舶在热带地区航行时,总载重量不得超过此线。

4. S

S(Summer load line)表示夏季海水载重线,即船舶在夏季航行时,总载重量不得超过此线。

5. W

W(Winter load line)表示冬季海水载重线,即船舶在冬季航行时,总载重量不得超过此线。

6. WNA

WNA(Winter North Atlantic load line)表示北大西洋冬季载重线,是指船长为 100.5 m 以下的船舶在冬季月份航行经过北大西洋(北纬 36°以北)时,总载重量不得超过此线。

标有 L 的为木材载重线。我国船舶检验局对上述各条载重线,以汉语拼音首字母为符号,即以 RQ、Q、R、X、D 和 BDD 代替 TF、F、T、S、W 和 WNA。

（五）船籍和船旗

船籍(ship's nationality)是指船舶的国籍,通常是在船东所在国家登记船籍;船旗(ship's flag)是指商船在航行中悬挂其所属国的国旗。

（六）船级

船级(ship's classification)是表示船舶技术状态的一种指标。在国际航运界,凡注册总吨在 100 t 以上的海运船舶,必须在某船级社或船舶检验机构监督之下进行监造。船舶入级可保证船舶航行安全,有利于国家对船舶进行技术监督,便于租船人和托运人选择适当的船只,以满足进出口货物运输的需要,便于保险公司决定船、货的保险费用。

世界上比较著名的船级社有:英国劳埃德船级社(LR);德国劳埃德船级社(Germanischer Lloyd)(德国劳氏船级社);挪威船级社(Det DNV);法国船级社(BV);日本海事协会(NK);美国船级社(ABS)、中国船级社(CCS)等。

（七）船舶的主要文件(ship's documents)

船舶文件是证明船舶所有权、性能、技术状况和营运必备条件的各种文件的总称,主要有船舶国籍证书(certificate of nationality)、船舶所有权证书(certificate of ownership)、船舶船级证书(certificate of classification)、船舶吨位证书(tonnage certificate)、船舶载重线证书(certificate of load line)、船员名册(crew list)和航行日志(log book)等。

二、集装箱码头布局与设施

集装箱码头是以高度机械化和大规模生产方式作业的,要求码头和船舶连接成一个有机整体,从而实现高效的、有条不紊的连续作业。集装箱码头通常由泊位、码头前沿、堆场、控制室、检查口、集装箱货运站和维修车间等设施构成。

 资料卡

天津港太平洋国际集装箱码头有限公司位于天津港东疆港区南端西侧,公司码头岸线全长 2 300 m,陆域纵深约 1 km,码头前沿水深为 −16.5 m,预留水深为 −18 m,年设计集装箱吞吐能力 400 万 TEU(标准箱);共有 6 个 15 万 t 级专业化的集装箱泊位,可兼顾 20 万吨级集装箱船舶停靠作业;堆场面积 180 万 m²,堆存能力可达到 14 万 TEU。公司配备有国际先进的集装箱装卸设备,共有集装箱岸桥 23 台、场桥 58 台、正面吊 3 台、空箱堆高机 10 台、冷藏箱插槽 1 200 个;18 个进港检查桥通道和 12 个出港检查桥通道可满足大批量作业集卡省时有序地进出港区。

太平洋国际集装箱码头公司采用智能化的全中文码头操作系统 CTAOS,结合码头生产全过程数字视窗管理控制系统和码头智能数字监控系统,在国内码头中首家实现了对所有作业元素的实时位置信息捕获,为码头提供了智能化、易操作的作业过程控制和可视化管理环境,极大地提高了码头作业效率。

资料来源:天津港太平洋国际集装箱码头有限公司网站2017.

(一)泊位

泊位(berth)是供集装箱船舶停靠和作业的场所,即为一艘设计标准船型停靠码头时所占用的空间,如图1-5所示。泊位除足够的水深和岸线长度外,还设有系缆桩和碰垫。由于集装箱船型较大、甲板箱较多、横向受风面积大,因此系缆桩要求有更高的强度,碰垫也多采用性能良好的橡胶制成。泊位的长度和水深,根据港口类型、码头种类和需停靠船舶的种类与大小的不同而不同。随着集装箱船舶大型化的发展,集装箱码头泊位的长度和水深也不断加大、加深。目前,世界上全集装箱船舶专用码头泊位的长度一般为300 m以上,泊位水深在-11 m以上。

泊位的建造因地质和水深的不同,通常有三种形式:顺岸式、突堤式和栈桥式。集装箱码头通常采用顺岸式,其优点是建造成本相对较低,从岸线到堆场距离较近,装卸船作业也较方便,同时对多个泊位的码头来说,还可以因装卸量的不同便于装卸桥在泊位间移动。

图1-5 泊位

码头泊位的参数描述如下:

(1)泊位长度是所占用的码头岸线长度。

(2)泊位宽度是码头前水域的宽度。

(3)泊位水深是码头前水域的水深。

船舶靠、离泊时,所需的岸壁线的有效长度一般为船舶长度的1.2倍。海港中集装箱专用码头泊位长度、水深和集装箱船舶种类的对应关系如表1-1所示。

表1-1 集装箱码头泊位参数和集装箱船舶对应表

集装箱 船舶种类	船长 /m	满载舱位 /TEU	吃水/m	泊位长度 /m	泊位水深 /m
第1代	约170	700~1 000	8	200	10
第2代	约225	1 000~2 500	10~11	250	12
第3代	约275	2 500~3 000	11.5~12	300	14.5
第4代	约294	3 000~4 000	≥12.5*	300	≥14.5
第5代	约347	4 000~8 000	12.5~14.5	300	≥14.5

（续表）

集装箱 船舶种类	船长 /m	满载舱位 /TEU	吃水/m	泊位长度 /m	泊位水深 /m
巨型船（VLCS）	330～375	8 000～15 000	≥14	400	15
超级船（ULCS）	375～470	13 000～22 000	14～16 **	450	15～20

* 巴拿马运河规范：长度294 m，宽度32.2 m，水深－12.5 m。

** 苏伊士运河规范：水深－18.9 m。

（二）码头前沿

码头前沿（frontier）是指泊位岸线至堆场的这部分区域。集装箱码头前沿宽度一般为30～60 m，主要用于布置集装箱装卸桥和集装箱牵引车通道。码头前沿的宽度通常由以下三个部分组成。

（1）从岸线至第1条轨道的距离，如图1-6所示。这部分面积主要供船舶系解缆作业、放置舷梯，以及设置装卸桥供电系统、船舶供水系统和照明系统之用，其宽度一般为2～3 m。

图1-6　码头前沿（岸线）

（2）装卸桥轨距。这部分面积主要用于安装集装箱装卸桥和布置集装箱牵引车的车道。轨距视装卸桥的大小而定，一般为15～30 m。轨距内的车道宽度视装卸工艺而定，底盘车工艺和龙门吊工艺每车道宽3.5 m（2.5 m车宽＋1 m余量），由于装卸桥在结构上有一部分空出在轨距之间，故16 m轨距可布置3条车道，30 m轨距可布置7条车道。

（3）第2根轨道至堆场的距离，如图1-7所示。这部分面积是供装卸时辅助作业和车辆进入堆场转90°弯时用，其宽度一般为10～25 m。

图1-7　码头前沿(堆场)

（三）堆场

堆场(Container Yard,CY)是集装箱码头堆放集装箱的场地,如图1-8所示。为了提高码头作业效率,堆场又可分为前方堆场和后方堆场两个部分。

（1）前方堆场(marshalling yard)又称出口箱区、临时堆场、编排堆场、调度堆场、过渡堆场和缓冲堆场,是位于码头前沿和后方堆场之间,为加快船舶装卸作业效率,用以堆放集装箱的场地。它的主要作用是:船到港前,预先堆放将装船出口的集装箱;卸船时,临时堆存卸船的进口的集装箱。前方堆场的面积占堆场总面积的比例较大,其大小根据集装箱码头所采用的装卸工艺系统不同而定,同时也因堆放的层数不同而不一样。从一个泊位看,其面积应是能堆放该泊位停靠最大船舶载箱量的两倍。

（2）后方堆场(back-up yard)紧靠前方堆场,是码头堆放集装箱的主要部分,用于堆放和保管各种重箱与空箱。按箱务管理和堆场作业要求,后方堆场通常还进一步分为中转箱堆场、重箱箱区、空箱箱区、冷藏箱箱区、特种箱箱区及危险品箱箱区等。

集装箱码头因陆域面积的大小不同,有的把堆场明确地划分为前方和后方,有的只对前后做大致地划分,并无明确的分界线。堆场上要求有照明设备、道路、交通标识和标牌、排水沟、CCTV设备、冷藏箱供电架等设施,并要求不能有妨碍码头作业或降低码头效率的任何建筑物。

图1-8　上海洋山港集装箱堆场

（四）控制室

控制室（control tower）又称控制中心、中心控制室、控制塔、指挥（塔）室，是集装箱码头各项生产作业的中枢机构，是集装箱码头集组织指挥、监督、协调、控制于一体的重要业务部门，如图1-9所示。其地理位置一般设置在码头操作或办公楼的最高层，在里面可看到整个码头上各作业现场。

图1-9　集装箱码头中心控制室

控制室内装有电子计算机系统、测风仪及气象预报系统，并配有用于指挥码头现场作业的无线对讲机（VHF）、用于监控码头作业现场的闭路电视（CCTV）和望远镜，以及用于对内对外联系的电话、传真机等设备，是码头现场作业的中枢机构。

现代集装箱码头多用计算机生产作业系统进行管理，控制室计算机与各部门、各作业现场及各装卸搬运机械的计算机终端通过有线或无线连接，成为码头各项作业信息的汇集和处理中心。对于尚未实现计算机实时控制的集装箱码头，控制室可设在码头建筑的最高层，以便控制室工作人员环视和监控整个码头的作业状况。

（五）检查口

集装箱码头检查口（gate house）又称集装箱检查桥，俗称大门口或闸口（见图1-10），是公路集装箱进出码头的必经之处，也是划分交接双方对集装箱责任的分界点，同时还是处理集装箱进出口有关业务的重要部门，如箱体检验与交接、单证的审核与签发签收、进箱和提箱的堆场位置确定、进出码头集装箱的信息记录等。

检查口设在码头的后方靠大门处，按业务需要可分为进场检查口和出场检查口，其集装箱牵引车车道数视集装箱码头的规模而定。出于保证码头机械、船舶积载的安全性和海关监管需要，还设有地磅，又称地秤、地衡（truck scale）。另外，还配有计算机、IC卡机、收放栏杆、CCTV和箱号自动识别系统等设备。

图1-10　集装箱码头闸口

（六）集装箱货运站

码头集装箱货运站（Container Freight Station，CFS）（见图1-11）是为拼箱货（LCL）进行装箱和拆箱作业，并对这些货物进行储存、防护和收发交接的作业场所，俗称仓库。它同传统的仓库不同，集装箱货运站是一个主要用于装、拆箱作业的场所，而不是主要用于保管货物的场所。作为集装箱码头的辅助功能，集装箱货运站通常设于码头的后方，其侧面靠近码头外接公路或铁路的区域，以便尽可能保证陆运车辆不必进出码头堆场就可直接进出货运站，既方便货主的散件接运，又不对整个码头的主要作业造成影响。

图1-11　CFS

近年来，随着集装箱化的发展，竞争促使市场细分不断深入，专业化分工也不断发展。在一些大型集装箱港口，随着集装箱码头吞吐量的增加，船公司开始将自己的空箱集中到指定的码头外堆场进行专业化管理。同时，也出现了专业化的进口拆箱分拨和出口装箱的码头外货运站，形成了将码头内货运站和空箱堆场移至码头外的趋势。通常将这种码头以外的堆场和货运站称之为场站（depot）。

（七）维修车间

维修车间（maintenance shop）又称修理车间（repair shop），是集装箱和集装箱装卸专用机械进行检查、修理和保养的地方。集装箱维修车间对于确保装卸机械的维修质量，使各种机械处于完好备用状况，提高集装箱码头效率和充分发挥集装箱运输的优越性都起着十分重要的作用。

修理车间（见图1-12）一般设置在不影响集装箱码头作业的码头后方或在保养区附近，配有行车、车床、焊接和切割机、工作台、空气压缩机、修理坑道和配件库等设施设备。

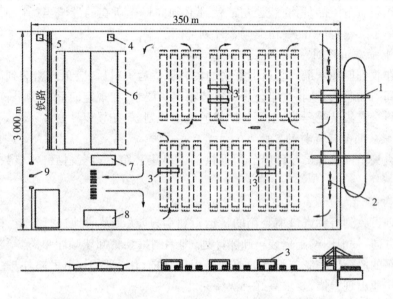

图1-12　集装箱码头布置图

1. 岸边集装箱装卸桥；2. 拖挂车（牵引车、底盘车）；3. 轮胎式龙门起重机；
4. 加油站；5. 电力站；6. 拆装箱库；7. 办公室；8. 维修车间；9. 门房

三、集装箱码头进口业务

集装箱码头进口业务包括集装箱码头进口卸船业务和集装箱码头进口提箱业务两大流程。在集装箱码头进口货运业务中，码头主要负责卸船、箱货的暂时堆存、箱货的交付等业务。全过程可分为卸船前的准备、卸船作业、卸船结束后小结、箱货的交付（整箱交付、拆箱交付）四个阶段。

（一）卸船前的准备

1. 进口资料的收集整理

为了确保集装箱船舶能及时靠泊和顺利卸货，船公司或代理须在规定的时间内向集装箱码头提供船舶动态信息和进口集装箱单证资料（EDI报文），以便为进口卸船作业做好充分的准备工作。因此，对于远洋航线定期班轮，一般要求船公司或其代理在船舶到港前72小时向集装箱码头提供如下进口集装箱货运单证资料。

（1）进口舱单（cargo manifest）。

（2）进口船图（bay plan）。

（3）集装箱箱号清单（container list）。

（4）危险品箱清单及准单（dangerous cargo list）。

（5）冷藏箱、特种箱和清单。

（6）集装箱残损单（exception list）。

对于近洋航线船舶，要求船舶抵港前 24 小时，能通过传真形式向集装箱码头发送货物报和箱位报。其内容包括船箱位、提单号、箱型、箱号、货名、质量、整拼箱货情况、收货人、合同号、特种货物资料等。

如果船舶载有危险品货物，船公司或代理必须向口岸所在的港监当局申请办理危险货物载运申报单手续，将其中的一份交码头计划部门。

2. 制订船舶靠泊计划

船公司在收到船舶从最后装运港寄来的集装箱货运资料后，应预计船舶到港时间，并将预计到港时间通知码头。同时，船公司按集装箱码头要求，在规定时间内尽早将有关进口集装箱货运资料送交集装箱码头，主要包括船舶近期计划、船舶昼夜计划。

3. 进口集装箱货运资料的签收

集装箱码头单证管理员收到船公司提供的进口集装箱货运资料后，要核数、签收、复印和分发。

4. 编制卸船计划

码头计划员收到有关进口集装箱的货运资料后，应认真及时地进行分析、核对，然后根据计划靠泊方向，按船图编制集装箱卸船计划，即编制集装箱卸船顺序单。集装箱卸船顺序单按照集装箱的船箱位编制。编制的原则是由后往前、由上到下、由里向外，逐层编制。为了避免卸船作业出现差错，要求最好一次编完。

为了能尽量缩短船舶在港停泊时间，码头堆场必须制订进口卸船计划。全集装箱船卸船作业与装船作业往往同时进行，因此在制订计划时，必须同时考虑装船作业和卸船作业。

5. 安排堆存计划

进口箱在码头堆场堆放的合理与否，不但会影响卸船计划的顺利进行，而且还会影响货主提箱，即交货计划的进行。码头堆场必须充分考虑进口集装箱的箱量、箱型、危险品、交货地等因素，制订合理的堆存计划（yard plan）。如果是卸空箱，在制订堆存计划时，还要考虑空箱集装箱经营人（container owner）。

码头堆场计划员在船舶到港前，应根据码头堆场的实际，做好进口集装箱堆存计划。在制订堆存计划时，一般要考虑以下几点堆存原则：

（1）不同尺寸的集装箱分开堆放。

（2）空箱与重箱分开堆放。

（3）整箱与拼箱分开堆放。

（4）同一提单号的大票货集中堆放。

（5）中转箱单独堆放。

（6）特种箱堆放在特种堆场。

（7）危险品箱堆放在危险品堆场。

（8）冷藏箱堆放在冷藏箱堆场。

堆场计划员根据上述堆存原则，在船舶作业开工前至少 8 小时完成卸船堆存计划。

（二）卸船作业

卸船业务是指岸桥把高高的集装箱从靠泊的集装箱船上卸下，通过集装箱卡车水平运至码头堆场存放。集装箱码头进口卸船工艺图如图 1-13 所示。

|　集装箱船　|　岸桥　|　集装箱卡车　|　码头堆场　|

图 1-13　集装箱码头进口卸船工艺图

1. 核对计划

船舶到港后，码头进口业务员或桥边指挥员上船向船方领取随船到港资料，包括船图、舱单资料，并向船方了解有关进口箱货位的实载情况。如果实载情况与原始资料有出入，应迅速调整卸船计划，同时更正相应的堆存计划。

2. 开工准备

综合控制员在开工前将卸船顺序单、船图各一份交船边验箱员，其余交桥边指挥员、堆场指挥员、外轮理货员。

卸船作业开始前半小时，装卸工拆除船上的绑扎，并协助验箱员和理货员检查箱子的外表状况。如果发现集装箱有残损，验箱员和理货员要做好集装箱的设备交接单的缮制工作。双方认可后，各持一份。

3. 桥吊卸船及验箱

卸船作业开始，船边验箱员按卸船顺序单上列明的卸船顺序，核对桥吊下的集装箱箱号，检查外表及铅封是否完好。如果箱号正确，外表及铅封完好，则在卸船顺序单上填上该箱的实卸时间；如果箱号有误或外表及铅封有损，则应该在该集装箱箱号后注明异常情况，并立即会同理货员向船方提出，请船方确认。然后，由外轮理货员加封、做好记录，并缮制设备交接单。集装箱如果在装卸过程中有残损，应认真填制集装箱设备残损报告单，并由负责人签字。

桥吊司机将集装箱吊到等在码头前沿的集装箱拖车上，船边验箱员按卸船顺序单上列明的堆场计划箱位，指令集卡将箱运到指定堆场。

4. 堆场收箱

卸船前控制室场业控制员指挥轮胎吊到达指定堆场位置待命。集卡到达指定的堆场后，轮胎吊收箱。轮胎吊司机在箱落地后，将实际箱号和箱位及时通知控制室的控制文员，控制文员实时将箱号和箱位输入计算机内。

5. 复核和交接

工班结束后，各当班人员应认真做好单证的复核、验箱和交接，上一班应向下一班交接完成情况及未完成的作业。

（三）卸船结束后小结

1. 编制进口集装箱单船小结

船舶卸船结束后，配载室进口文员将实卸箱号清单同进口舱单资料进行核实，完成溢缺校对更正后，编制进口集装箱单船小结。小结的内容包括有船名、航次、靠泊时间、总卸箱数、开工和完工时间、溢缺清单、残损清单等。

2. 编制进口卸船清单

3. 资料汇总、分发、归档

进口文员做完上述两项工作后，接着就要做交接工作，将全部单船进口资料和全部单证报表列明清单交单证管理员。单证包括以下各项：

（1）进口船图；（2）进口舱单；（3）卸船顺序单；（4）进口卸船清单；（5）残损箱设备交接单；（6）进口单船小结；（7）危险货物清单；（8）集装箱残损单。

四、集装箱码头进口业务单证

集装箱码头的进口业务流程大致如下：当卸货港的船公司或船公司的代理人在接到装货港的船公司或船公司的代理人寄来的有关货运单证后，联系集装箱装卸作业码头，为船舶进港和卸货做好必要的准备工作；船舶到港后，代办各种船舶和货物的进口手续，组织卸货和进口箱在码头堆场的存放或在集装箱货运站进行拆箱；与此同时，在卸货港的船公司或船公司的代理人向收货人发出到货通知，要求货主能尽快提货；货主通过银行取得提单后，即可根据到货通知，凭提单到船公司或船公司的代理人那里换取提货单，凭提货单到码头堆场或 CFS 提取货物。集装箱码头进口业务中涉及的有关单证主要有：进口载货清单、进口载货运费清单、货物舱单、积载图（船图）、装箱单、提单、提货单、卸货报告、交货记录、疏港清单、特殊货物清单、装船货物残损单等。

（一）船图

在船舶进港前，卸货港的船舶代理公司必须将船舶的进口实装船图（stowage plan），即进口积载图（一般同进口舱单一起）送交码头。进口积载船图一般由总图、载箱分港统计表（container summary）、贝位图（bay plan）、危险品箱清单（dangerous list）等部分组成。贝位图是船图的核心部分，按船舶贝位顺序记录了船舶所载集装箱的实际船箱位，并标明每一个集装箱的装货港、卸货港、目的港、箱尺寸、箱型、箱重、持箱人。如果是危险品，则还标有相应的危险品类别。

集装箱在船上的积载位置称为船箱位（slot number）。目前集装箱船箱位代码以集装箱在船上呈纵向布置为前提，通常用箱位号表示每个集装箱在全集装箱船上的准确位置。该箱位号由 6 位阿拉伯数字组成，反映了箱子在船上的三维空间坐标，如图 1-14 所示。前 2 位数字表示集装箱的贝位（bay），中间 2 位表示集装箱的列位（row），后 2 位数字表示集装箱的层位（tier）。

图1-14　船箱位

1. 贝位号(bay number)

箱位号的前两位表示贝位号,是在集装箱船从船首向船尾纵向进行排列的箱位。装20 ft箱的箱位依次以01,03,05…奇数表示,装40 ft箱占用两个20 ft,用箱位中间的偶数02,04,06…表示,如图1-15所示。例如,在船舶的03贝上装载某一20 ft集装箱时,则该箱箱位的贝位号为03;如果在03和05两个行上装载某一40 ft集装箱时,则该箱箱位以介于03和05之间的04这一偶数作为其贝位号。

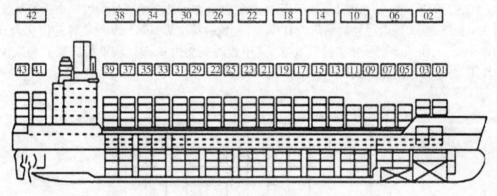

图1-15　贝位的表示

如上所述,40 ft货柜占用了两个20 ft柜子的空间,对于40 ft柜,集装箱船图上通常在其后半部分所占的箱位小方格里打"×"。举例来说,一张船图中第31排的某个小方格内打了"×",说明有只40 ft柜的后半部分落在31贝位的这个小方格内,前半部分则落在29贝位中与之对应的小方格内,故这只40 ft柜的贝位号应为30。

2. 列位号(row number)

箱位号的中间两位表示列位号,是集装箱船从右舷到左舷横向进行排列的箱位。列位的表示方法按"左偶右奇"的原则,即左半部分用从小到大连续的偶数表示、右半部分用从小到大连续的奇数表示,由中线向左舷编为01,03,05,…中线向右舷编双号02,04,06,…当船舶的总列数为奇数,即船舶首尾线上有箱格时,此时中间列(即中纵剖面上那列)列号为00,如图1-16所示;当总列数为偶数时,即首尾线上没有箱格,则不存在00列,如图1-17所示。

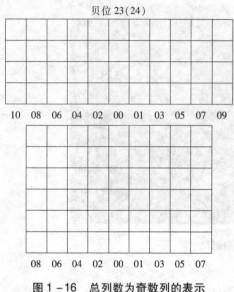

图 1-16　总列数为奇数列的表示

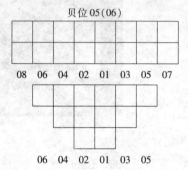

图 1-17　总列数为偶数列的表示

3. 层位号(tier number)

作为箱位垂向坐标的层位号,是以主甲板(deck)为水平线,集装箱在船舶竖向(上下方向)的排列顺序号层位的表示方法全以偶数表示层位号,舱内和甲板上分开编号,舱内自下而上依次用02,04,06,08,10,12,…表示;甲板上从甲板底层算起,往上依次用数字82,84,86,88,90,92,94,…表示,如图1-18所示。有的表示方法是全船层号均以一个大写英文字母加一个数字表示,舱内层号数字前为 H 字头(船舱的英文为 hold),从舱底算起依次为H1,H2,H3,H4,…;甲板上层号数字前为 D 字头(甲板的英文为 deck),从甲板底层算起依次为D1,D2,D3,…,目前这种方法很少采用。

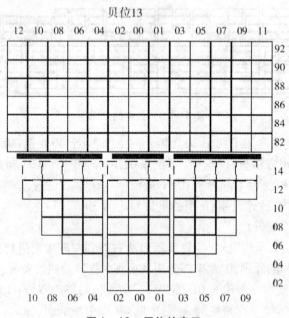

图 1-18　层位的表示

如图 1-19 所示为 A 箱、B 箱 2 个集装箱在船上的积载位置。图中 A 箱为 20 ft 柜,在船上的位置为 03(贝)02(列)04(层),因此其箱位号为 030204,是一个装在 03 贝、左舷从船中算起第 1 列、舱内第 2 层的 20 ft 箱;B 箱为 40 ft 柜,其位置为 16(贝)03(列)82(层),因此其箱为号为 160382,是一个装在 16 贝(占用 15、17 连续两个 20 ft 的箱位)、右舷从船中算起第 2 列、甲板上最底层的 40 ft 箱。

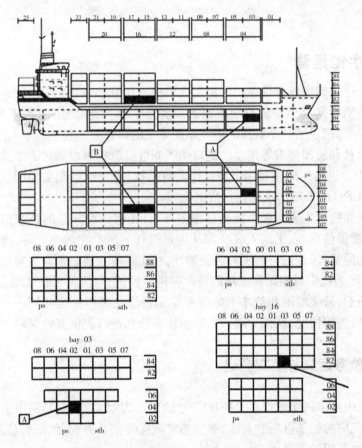

图 1-19　集装箱在船上的装载位置示意图

1. 图中 01 贝位总列数为 7 列,以后各行的总列数均为 8 列。2. ps 表示左舷(portside),stb 表示右舷(starboard side)。

进口积载船图是码头的原始进口资料之一。进口积载船图一般先送交码头配载业务员处理;码头在进口箱卸船前,还要由码头堆场计划员根据进口积载船图的箱型和箱量安排船舶的卸船堆存位置,编制卸船堆存安排计划表,以便中心控制室据以制作卸船顺序单,指挥船舶到港后的卸船作业。

进口卸船结束,码头中心控制室要制作进口单船小结,通过实际卸船进口箱号同进口船图、舱单核对,打印溢缺箱清单,交船公司(代理)进行进口舱单更正。

(二) 进口舱单

进口舱单(import menifest)又称进口载货清单,是一份按卸货港顺序逐票列明船舶实际载运货物的汇总清单。进口舱单的内容包括船名、航次、提单号、唛头、包装类型、货物重量、货物体积、箱号、箱尺寸、铅封号、危险品类别等。就进口集装箱而言,进口舱单又分为国内中转箱舱单、国际中转箱舱单和一般进口箱舱单。

在船舶办理进口报关时,必须提交一份由船长签认的进口货物舱单。这是海关对进口船舶所载货物过境进行监督管理的单证。如果船内载有舱单上没有注明的货物,则海关以走私论处。进口舱单一般由卸货港的船公司或其代理人在船舶到港前送交集装箱码头,作为进口货物的原始资料之一。它也是集装箱码头核对收货人的提货单(交货记录),照单发货的原始法定依据。

数字化运营

集装箱码头进口卸船业务信息的收集是在码头操作管理系统(TOS)中录入船舶在本港卸船的全部集装箱数据及相应的舱单资料。前者通常称为进口船图,后者称为进口舱单。进口船图简称船图,记录了某个航次的集装箱在船上的具体装载位置,同时记录了装载的集装箱的具体箱信息和装卸要求等信息。进口船图和进口舱单可以通过手工或 EDI 两种方式输入 TOS 系统中。进口船图主要用于卸船作业的安排,进口舱单则主要用于提箱受理及为集装箱货运站(CFS)的拆箱作业等提供数据。

由于从船图和舱单生成到录入需经过很多环节,任何一个环节的疏忽都可能造成信息的偏差,如货代错报信息、人工录入或经 EDI 传送过程中所产生的错误等,所以为有效地提高进口箱数据的质量,保证进口箱资料的正确性,在实际作业前必须对进口卸船业务信息进行处理,即在 TOS 系统中对船图和舱单的箱数据进行校核,以便及时联系船公司对信息进行纠正。经过校核后,最终船图和舱单上的所有集装箱信息都应完全相同——既不存在不一致的现象,也没有溢箱情况,从而为随后的卸船作业顺利进行提供有效保障。

一、船舶参数定义与航次登记

以任务背景中给定的船舶资料 PACIFIC 号的船图为对象,根据船图信息在系统中定义一艘船,并输入相应的船舶资料和航次,掌握集装箱船的主要参数,包括船名、国籍和船舶尺寸,以及船舶航次等船舶信息。

(一)船舶资料录入

对船舶资料进行管理可通过"船舶资料"模块来实现。选择"船舶航次"|"船舶资料"命令,打开"船舶资料"对话框,如图 1 - 20 所示。该对话框上部为船舶资料输入、修改界面,下部则将保存好的船舶资料清晰、直观地显示出来。

TOS 系统对船舶资料有两种处理方式即查询和增加。其中,查询方式下还可以通过界面右上方的"允许增加/修改"复选框进行"查询"和"允许增加/修改"状态切换。

1. 查询方式

在"船舶代码检索"文本框中输入原来已经定义过的船舶名称,可以对已有的船舶进行检索,查看该船舶的相关资料,下方的数据浏览窗格会自动定位到相应的记录上。如果船的部分资料需要改变,只需选中"允许增加/修改"复选框,"处理方式"中显示为"增加/修改",此时即可对已有资料进行编辑修改。修改完后单击"保存"按钮,弹出信息提示框"保存成功!",表明修改的数据保存成功。在此方式下可直接删除已经无用的船舶资料。

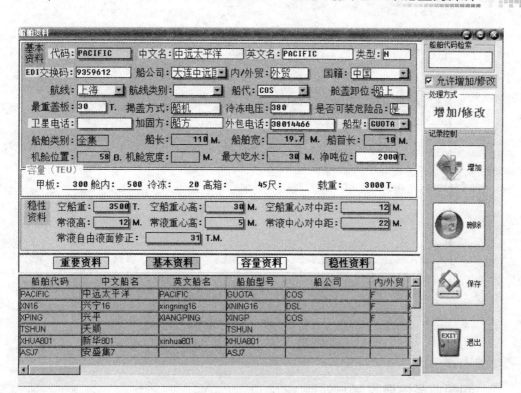

图1-20 "船舶资料"对话框

2. 增加方式

当要添加新的船舶资料时,单击"增加"按钮,"处理方式"自动变为"增加"。输入或在下拉列表框中选择船名时,由于只有在代码表中定义过的船名才可以输入,因此对一条全新的船而言,应该先在代码表中进行定义,然后才可以在本界面中使用该船名。资料输入完成后,单击"保存"按钮增加,这时在对话框下方的数据浏览窗格中会出现刚刚定义好的船舶资料。

说明:使用本软件添加数据时,在各字段间切换主要是利用 Tab 键来跳到下一个文本框中(Enter 键主要用来对新增的数据进行确认,而不是在数据间进行切换)。当然,还可以使用鼠标进行操作。

(二)航次登记

完成了船舶定义后,接下来应对航次进行定义。选择"船舶航次"|"航次登记"命令,打开"航次登记"对话框,如图1-21所示。

单击"增加"按钮,在已列出的航次最后添加一条空白记录,按相关资料输入数据。在输入的过程中,单击进口/出口航次时,系统会弹出"进口/出口航次信息"对话框,用以登记相关信息。所有相关数据输入完成后,单击"保存"按钮保存。

在查看航次登记时,选中"全部"单选按钮,即可列出所有航次信息。当全部数据比较多时,可以按近期或时段限定来显示航次。其中,近期是指最近两周的航次信息。

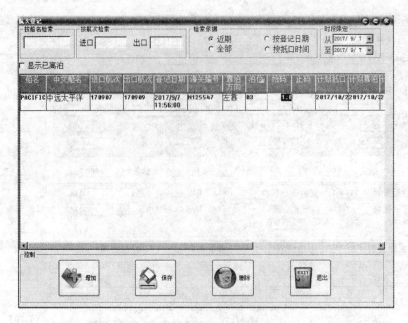

图 1-21 "航次登记"对话框

二、卸船业务信息收集与处理

(一) 进口船图手工录入

选择"进口卸船"|"进口船图录入与修改"命令，打开"进口航次选择"对话框。选择需要录入的进口航次，打开"进口船图录入与修改"对话框，如图 1-22 所示。

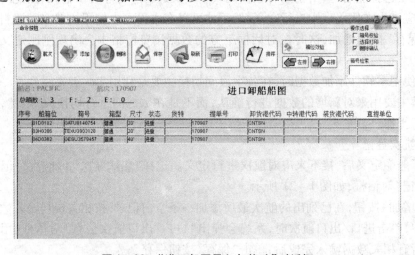

图 1-22 "进口船图录入与修改"对话框

该对话框有船箱位、箱号、箱型、尺寸、状态、提箱号、卸货港代码、直提单位、装货港代码、记录日期、箱经营人、箱重、箱高、铅封号和货特 15 个栏目，用户根据书面资料依次录入即可。其中，"船箱位"必须与当前航次船型定义时设定的贝位对应，否则系统会报错。此外，"箱号校验"复选框用来检验输入箱号的规范性，通常处于选中状态（显示为"√"），这样一旦输入错误系统会提示箱号出错,并阻止将错误箱号录入。但也有少量箱子的箱号不规范,此时可以取消选中"箱号校验"复选框(单击"箱号校验"复选框使"√"消失),以强制录入非规范箱号。

（二）进口舱单录入

选择"进口卸船"|"进口舱单录入"命令,打开"进口舱单录入"对话框,如图1-23所示。

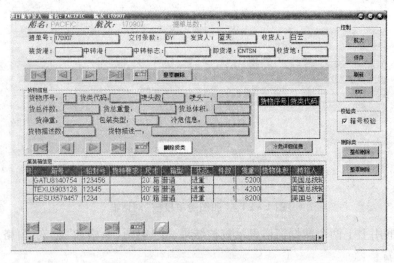

图1-23 "进口舱单录入"对话框

"进口舱单录入"对话框共分为三个部分。

（1）上面部分是提单主记录显示窗格,显示提单货物的相关信息,主要包括提单号、交付条款、发货人、收货人、装货港、中转港、中转标志、卸货港、收货地。下面的4个按钮的作用是在不同提单之间切换:中间两个分别是前一条、后一条;两边的两个分别为第1条、最后一条;▨按钮用于增加新的记录;"整票删除"按钮的功能是删除整票货物的信息。

（2）中间部分是"货物信息"窗格,显示了该提单中每类货物的信息,主要包括货物序号、货类代码、唛头数、唛头一、货总件数、货总重量、货总体积、货净重、包装类型、冷危信息、货物描述数、货物描述一。下面的"删除货类"按钮用于删除某类货物的所有信息;右边"冷危详细信息"按钮用于显示某类货物的具体冷危信息。

（3）下半部分为"集装箱信息"窗格,显示了同一提单下各类货物的箱信息,包括箱号、铅封号、尺寸、箱型、状态等信息(这部分显示的信息是与货物类相应的,即对于某类货物显示该类货物的箱信息)。▨按钮用于删除某条箱信息。

（三）船图舱单校核

进口船图主要用于卸船作业的安排,进口舱单则主要用于提箱受理及提供 CFS 拆箱数据。它们从两个侧面反映了进口箱的各种数据。对船图和舱单中的箱数据进行校核可以检查出人工录入或经 EDI 传送过程中所产生的差错,从而有效地提高进口箱数据的质量,保证进口箱资料的正确性。

选择"进口卸船"|"船图舱单校核"命令,在"进口航次选择"对话框中选择所需的航次,并单击"确认"按钮后,系统即开始对选定航次的船图和舱单的数据进行自动校对,并打开

"船图舱单校核"对话框,如图1-24所示。单击"校核"按钮后,如果有错,会出现提示,直接在对话框中修改出错的数据即可。

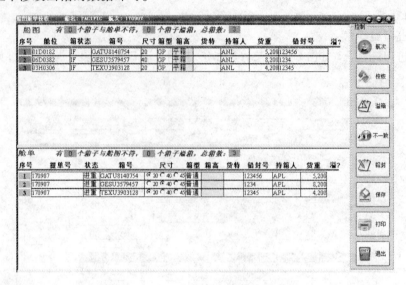

图1-24 "船图舱单校核"对话框

本对话框用上下两个数据窗格显示校核结果,即"船图"窗格和"舱单"窗格。

1. 船图窗格

(1)校核结果。包括不符箱数、溢箱数、总箱数。

(2)船图信息中相应的栏目。包括舱位、箱状态、尺寸、箱号、箱型、货特(表示危险品等级或超限信息,如超高、超宽、超长等)、持箱人、箱重、铅封号和溢箱。

2. 舱单窗格

(1)校核结果。包括不符箱数、溢箱数、总箱数。

(2)舱单信息中相应的栏目。包括提单号、状态、尺寸、箱号、箱型、货特要求、铅封号、持箱人、货重和溢箱。

3. 相关控制

1)溢箱

当船图与舱单箱数不一致时,如船图中有某箱而舱单中无该箱,则该箱对舱单来说就是多出来的,故该箱在船图的"溢箱"栏内会显示一个"溢"字;反之,如果某箱在舱单中存在而在船图中找不到,则该箱对船图来说就是多出来的,是溢出,故该箱会在舱单的"溢箱"栏内显示一个"溢"字。换言之,谁多谁就标记为"溢",在对话框中显示为"＜",而溢箱信息以蓝色条显示。单击"溢箱"按钮,在"舱单"窗格或"船图"窗格分别相应地以蓝色条显示溢箱情况。

2)箱数据不一致时的表达形式

正常情况下船图和舱单的各个栏目均以黑色显示,当发生不符时,舱单与船图中该箱不一致的栏将以蓝色显示。系统校对箱号、尺寸等6个栏目的数据,均会以醒目的形式标记出不一致的记录。

3）船图和舱单中箱记录的同步显示

用鼠标单击舱单中的箱记录,只要该箱子在船图中存在,则船图中的蓝色亮条就会自动地落到该箱子的记录上,且系统总是将它显示在对话框的可见范围内。利用这一特性,可以方便地找出船图中尺寸和箱型与舱单不一致的记录的位置——只要单击舱单中呈红色显示的箱记录(如果有的话),船图中对应的箱记录立即以蓝色加亮方式显示在窗格中。单击"不一致"按钮,则在"舱单"窗格和"船图"窗格中以蓝色显示某箱在舱单与船图上的不一致体现在哪些栏目上。例如,如果某箱的箱型在舱单和船图中不一致,则窗格中"箱型"一栏以蓝色显示。

4）出错数据的修改

可以直接在本对话框中修改出错的数据。舱单和船图中均可修改箱号、箱型和货特要求等内容,但修改结果的确认方式不同;舱单中的数据修改以后,修改结果并不立即存入数据库,需单击右侧的"舱单更改"或"保存"按钮,才能真正存入数据库。

注意,修改完成后重新进行校核,然后单击"校核"按钮,即可返回至校核报告的界面。如此进行,直到船图和舱单两者的箱数据完全一致为止。

5）复制铅封号

一般地,进口船图资料中不提供铅封号,EDI 进口船图接收文档报文格式中也不含铅封号。对整个进口箱卸船过程而言,有没有铅封号都无关紧要。但在 EDI 进出门报文发送时,有些接收单位要求提供铅封号。因此,需要将舱单中箱子的铅封号复制到船图中对应的箱记录中来。"复制铅封号"按钮就是起这个作用的,只要单击"复制铅封号"按钮,即可将进口舱单中的铅封号复制到船图中。

6）打印

如果经校核后错误太多(溢箱太多)或由于溢箱难以配对,一时找不出错误之所在,可以单击"溢箱"按钮,进入"溢箱信息"对话框,单击右侧的"打印"按钮将溢箱信息打印到打印纸上。

注意,校核出错数据的修改原则上应在实际开始卸船作业之前完成,最迟也应在箱子被提走之前进行,否则所修改的数据将失去意义。

技能训练

1. 船舶参数定义与航次登记。

通过网络资源自行选定至少一艘集装箱船舶,查找资源后提交该艘集装箱船舶资料文件,并在 TOS 系统中完成船舶参数定义与航次登记。网络资源可参考如下网站:

中国港口　http://www.chinaports.com/

船队在线　http://www.hifleet.com/prelogin.do?id=0.08872786722318593

船讯网　http://www.shipxy.com/Monitor

2. 集装箱船箱位的表示。

请在图 1-25 中标出以下集装箱的箱位,将箱代号 A、B、C、D、E 填入对应位置。

A 箱箱位为:190182　　　B 箱箱位为:190102　　　C 箱箱位为:190308

D 箱箱位为:190684　　　E 箱箱位为:190408

贝位 19

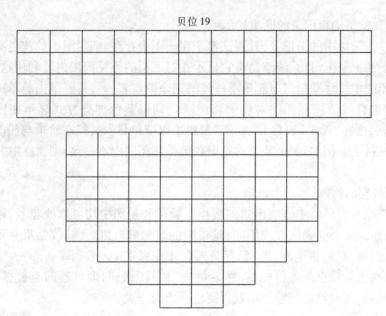

图 1-25　集装箱的箱位

3. 卸船业务信息收集与处理。

请自行设定至少 1 个箱号、箱位号，或者根据表 1-2 所示的船舶载箱信息，完成进口集装箱的信息校验。

表 1-2　船舶载箱信息

箱位号	箱　　号	箱　型	尺寸/ft	状　态	货　特	提单号	箱重/kg	备　注
（自行设定）	AWSU1901780	普通	20	进重		170818	5 300	
（自行设定）	AWSU1955853	普通	40	进空		170818	3 500	

任务二　卸船作业的计划与调度

卸船作业的计划和调度是对集装箱码头装卸作业的资源分配与流程安排，包括泊位、场地、桥吊、场吊、内集卡等的计划和调度，如图 1-26 所示。

图 1-26　集装箱码头卸船作业的计划与调度

在集装箱船舶靠泊集装箱码头前,码头在收到集装箱船公司发来的船、货信息后,根据集装箱船舶将要卸入场地的集装箱数量、集装箱箱型尺寸和集装箱货物特性要求等信息及集装箱码头堆场中已有的堆存信息和将要堆存的信息来制订集装箱进口船舶的堆存计划。

在集装箱船舶靠泊集装箱码头后或即将靠泊集装箱码头时,集装箱码头应为集装箱船舶的卸船制订相应的卸船计划。卸船计划就是集装箱码头根据集装箱进口航次中提供的要卸集装箱的数量、集装箱的尺寸类型及所在的船舶位置等信息,综合考虑集装箱码头中其他集装箱船舶的靠泊装卸情况,决定在什么时间投入哪些集装箱装卸桥,以及这些集装箱装卸桥为船舶作业的先后顺序,也就是所说的集装箱船舶上的集装箱由哪一台集装箱装卸桥卸,以及先后的顺序又是如何的。

任务引入

天津港收到船公司发来的关于 PACIFIC 号的船舶资料、预报信息、船图清单、舱单、船期信息、离港信息及危险货物申报单。请模拟码头工作人员完成进口船舶单船卸船作业中的卸船作业计划与调度任务。

船舶装载信息如下:

船代码:PACIFIC　　　　航次号:170907　　　　贸易性质:一般贸易

泊位代码:2　　　　停靠方式:左靠　　　　装卸付费:广二运输公司

港口使费:安骏达运输公司 KC20020701

海关编号:N125547　　　　船代理:COSCO

运输类型:江海运输　　　　外贸航线:MDX

计划抵港:2017 年 10 月 21 日 11:45

计划靠泊:2017 年 10 月 21 日 12:45

计划离泊:2017 年 10 月 25 日 07:00

实际抵港:2017 年 10 月 21 日 11:50

实际靠泊:2017 年 10 月 21 日 12:50

实际离泊:2017 年 10 月 25 日 07:30

进口总箱量:3 个。具体箱信息如表 1-3 所示。

表 1-3　进口箱信息

箱位号	箱　号	箱　型	尺寸/ft	状态	卸货港	提单号	箱重/kg	备　注
01D0182	GATU8140754	普通	20	进重	天津	170907	5 200	
03H0306	TEXU3903128	普通	20	进重	天津	170907	4 200	
06D0382	GESU3579457	普通	40	进重	天津	170907	8 200	

相关知识

一、集装箱码头装卸设备

（一）集装箱装卸桥

岸边集装箱起重机是现代港口集装箱码头普遍采用的装卸机械,也是集装箱码头前沿装卸作业的基本机型。岸边集装箱起重机又简称为集装箱装卸桥或集装箱桥吊,是港口集装箱码头装卸集装箱专用船舶的专用机械,一般常用的是岸壁式集装箱装卸桥（quayside container cranes）,如图1-27所示。

图1-27　岸壁式集装箱装卸桥

岸边集装箱装卸桥主要由金属结构、起升机构、小车行走机构、大车行走机构、俯仰机构、机房、司机室等组成。岸边集装箱装卸桥的金属结构主要有带行走机构的门架、臂架机构、拉杆等。臂架又可分为海侧臂架、陆侧特架及中间臂架三个部分,其中中间臂架是专门用于连接海侧和陆侧臂架的。臂架的主要作用是用来承受装卸桥小车质量。小车带有升降机构,而升降机构又是用来承受集装箱吊具和集装箱的总重的。海侧臂架一般设计成可俯仰的,这样在每次装卸作业结束后,为了船舶的安全,以便集装箱装卸桥移动时与船舶的上层建筑不发生碰撞,一般将海侧臂架仰起。

集装箱桥吊的主要性能参数有起重量、起升高度、外伸距、内伸距、轨距（跨距）、横梁下净空高度、基距和工作速度等。

随着集装箱船舶大型化的发展,标准的集装箱码头泊位的长度在不断变长,每个泊位装卸桥的配备也在不断提高。一个长度为300 m的集装箱船舶泊位,平均配备集装箱装卸桥2台或3台。通常在一个单独的集装箱泊位,最好需配备2台装卸桥。而在连续泊位,为了提高装卸桥的利用率,以及节省码头的设备投资,平均一个泊位配备的装卸桥台数随连续泊位数的增加而减少。例如,两个连续泊位一般配备4台,3个连续泊位一般配备5台或6台。在集装箱国际枢纽港中超大型集装箱专用码头,一般按每80～100 m配1台装卸桥进行配备。

以卸船作业为例,集装箱装卸桥的作业过程包括以下几个步骤。

步骤1　船靠码头前,将装卸桥运行至不影响船舶安全靠泊的安全尺码内。安全尺码一般在船舶靠泊尺码的两端以外,或者驾驶台尺码和船头尺码的中心位置。

步骤2　船靠码头后,将装卸桥移至具体的作业舱口位置。

步骤3　按照装卸顺序,将小车移至船上待卸箱的正上方,放下吊具。卸船顺序一般是从内档开始向外档,由上到下一层一层卸船;装船顺序相反,从外档开始向内档,由下到上一层一层装船。

步骤4　吊具上的扭锁装置将集装箱锁定后,吊起船上的集装箱。

步骤5　小车沿悬臂向陆侧方向移动,将集装箱直接吊至码头前沿等待着的水平运输机械上。

步骤6　松开扭锁装置,吊具与集装箱分离。

步骤7　吊具起升,小车向海侧方向移动,进入下一个操作。

通常一个循环耗时约120 s左右。目前随着集装箱码头专业化的发展,装卸桥的作业效率,越来越被认定为码头管理水平高低和竞争能力大小的重要标志之一。集装箱码头发展初期,装卸桥的作业效率一般为20 Moves/Hour。目前通过技术改进,装卸桥的作业效率超过60 Moves/Hour。

资料卡

振华重工自动化岸边集装箱起重机

2017年12月,"振华27"轮装载马士基摩洛哥项目的首批3台3E级双小车岸桥从长兴分公司顺利起航。马士基集团所属摩洛哥TM2自动化码头由12台自动化岸边集装箱起重机(见图1-28)组成,这批白色"巨无霸"是马士基向振华重工采购的第1批自动化双小车岸桥,将运往摩洛哥丹吉尔码头。该码头北隔直布罗陀海峡,与西班牙相望,是从地中海进入大西洋的门户。

图1-28　振华重工自动化岸边集装箱起重机

振华重工自动化岸边集装箱起重机刷新了此前岸桥参数的多项世界纪录,前伸距达72 m,后伸距达41.5 m,起升高度由常规3E级岸桥的52.5 m,提升至56 m,相当于额外增加了一个集装箱箱位。它采用EZ集成电控系统、全球领先的主流驱动和控制器设备及安全PLC最新电控系统,同时采用EZ自主知识产权的远程操作系统、防摇防扭控制器及多个子系统,大大提高了整机设备的自动化性能。

（二）龙门起重机

龙门起重机是一种用于在集装箱码头堆场内进行集装箱堆垛和车辆装卸的机械,其形状像门,故俗称龙门起重机或简称为龙门吊。龙门起重机整体是一种"门"式结构,在"门梁"上装有操作控制室,控制室前下方悬有吊具,吊具可以与控制室一起沿门梁水平移动,也可以单独做上下垂直运动。通过这两种运动,就可以方便地将集装箱从拖车上吊到堆场箱区位置或从堆场箱吊到拖车上。龙门起重机有轨道式和轮胎式两种。

1. 轨道式龙门起重机

轨道式龙门起重机(见图1-29)采用钢质车轮,与装卸桥一样,只能沿固定轨道移动,因而其在码头堆场的作业范围是固定的。它适用于码头作业繁忙、无须经常更换龙门起重机位置的码头堆场作业。

图1-29　轨道式龙门起重机

轨道式龙门起重机一般跨度大、堆码层多,多为双悬臂式龙门起重机,通常门架下可跨越10~20列集装箱,悬臂下一般可跨3、4列集装箱,并采用回转式小车机构,可使吊具在180°~210°范围内回转,以适应不同方向堆放集装箱。轨道式龙门起重机确定机械作业位置的能力较强,较易实现全自动化装卸,是现代集装箱码头比较理想的一种装卸机械。

资料卡

全自动集装箱轨道式起重机

卡尔玛(Kalmar)是码头自动化和低能耗集装箱搬运方案领域的行业先行者。卡尔玛全自动轨道式起重机(见图1-30)保证了最高的产能和最大的堆垛密度,全自动轨道式起重机码头优化了产出和堆垛空间。德国HHLA公司旗下Burchardkai集装箱码头(CTB)是汉堡港最大及历史最悠久的集装箱码头,始建于1968年,现在承担着港口1/3的集装箱运输业务。Burchardkai有着悠久的创新传统,是首个引进跨运车运作概念的码头;借助卡尔玛的全自动轨道式集装箱起重机打造了一个密度更高的堆垛模式:每8个堆垛区10箱宽、5箱高、44标箱(330 m)长。CTB拥有全世界独一无二的设计,在CTB每个堆垛区配置3座起重机——水边和路边各由一个小型的起重机提供支持,当这两座小型起重机在运输集装箱时,第3座起重机能够跨越小型吊机畅通无阻地运行;手动跨运车则继续为全自动轨道式集装箱起重机搬运集装箱。

图1-30　采用全自动集装箱轨道式起重机的CTB集装箱码头

2. 轮胎式龙门起重机

轮胎式龙门起重机(见图1-31)由前后两片门框和底梁及吊具机构、行走机构等组成,操作性能好,运转平稳,维修保养方便。由于采用的是橡胶轮胎,所以行走机构可做90°转向,可以方便地实现转场作业。同时采用定向装置或感应电线控制系统来保证其在堆场上的直线行走。

轮胎式集装箱龙门起重机的主要参数有额定起重量、跨距、起升高度、工作速度、基距、轨压等。常用的轮胎式集装箱龙门起重机可跨越6列集装箱和1条拖车车道,可堆码集装箱的高度为4~6层,特别适合堆场面积较小而操作箱量较大的集装箱码头。

图 1 - 31　轮胎式龙门起重机

（三）集装箱正面吊

集装箱正面吊（见图 1 - 32）主要用于堆场作业。集装箱正面吊的吊具可以伸缩并旋转，能带载变幅和行走，能堆码多层集装箱，可以采用吊爪作业，有点动对位功能，可以进行其他货种的装卸作业。集装箱正面吊的主要参数有起重量、起升高度、工作幅度、工作速度等。

图 1 - 32　集装箱正面吊

集装箱正面吊机动性强、稳性好、轮压低、堆码层数高的特点，使得堆场利用率高，一般用于吞吐量不大的综合性码头，是目前集装箱码头堆场较为理想的一种堆场搬运机械。

（四）空箱堆垛机

空箱堆垛机（见图 1 - 33）是适用于堆场作业的机械，起重量小，一般用于空箱堆场的作业。堆垛机的集装箱堆码最高能达到 8 层，其需要的作业场地大，作业不灵活，取箱时间长，装卸效率低。

图1-33 空箱堆垛机

（五）集装箱牵引车与底盘车

集装箱牵引车俗称拖车，本身不具备装货平台，必须与挂车连接在一起才能载运集装箱进行码头内或公路上的运输。集装箱拖挂车有半挂车和全挂车之分，目前应用最为广泛的是半挂车。港口集装箱堆场的牵引车用作短距离的搬运，行驶速度低，牵引力大，主要有既能装载集装箱又能装载普通货物的平板式半挂车和专用于装载集装箱的骨架式半挂车（又称底盘车）两种，如图1-34所示。

图1-34 牵引车与底盘车

资料卡

无人驾驶的集装箱自动引导运输车（AGV）精准地装卸集装箱

自动引导运输车（Automated Guided Vehicle，AGV）通常也称为AGV小车，是指装备有电磁或光学等自动导引装置，能够沿规定的导引路径行驶，具有安全保护及各种移载功能的运输车。工业应用中不需要驾驶员的搬运车,以可充电蓄电池为其动力来源。一般可通过计算机来控制其行进路线及行为,或者利用电磁轨道(electromagnetic path - following system)来设立其行进路线。电磁轨道粘贴于地板上,无人搬运车则依靠电磁轨道所带来的讯息进行移动与动作。

上海洋山深水港四期码头开港运行,这是目前全球规模最大、自动化程度最高的港区,港口的运行是自动化装卸、智能化生产的。所谓自动化装卸,就是整个生产过程实现了无人化;所谓智能化生产,就是在后台提供很多数据,船公司、客户及相关口岸机构进行有效沟通和协调,在后台把所有指令、信息收集起来,整理好后输入计算机系统,由智能系统变成一个个作业指令,发送给所有的现场作业的设备。

集装箱自动导引车(AGV)产品和技术是随着20世纪90年代集装箱自动化码头的兴起而发展起来的,是自动化码头的主要搬运设备。上海洋山深水港四期码头现场的设备在无人的情况下,实现了有效、高效、安全的自动化运行。在空无一人的码头上,无人驾驶的集装箱自动引导车(见图1-35)来回穿梭运送集装箱,桥吊、轨道吊精准地装卸集装箱。洋山深水港四期码头初期将有100台智能设备投入生产,其中包括50台自动引导车、10台桥吊和40台轨道吊,最终将配置130台自动引导车、26台桥吊和120台轨道吊。以往需要人工操作的设备,如今都被智能设备代替,按照系统指令自动地执行生产任务。

图1-35 集装箱自动引导车(AGV)

(六)集装箱跨运车

集装箱跨运车(见图1-36)是集装箱码头前沿和堆场水平搬运、堆码集装箱的专用机械。它以门型车架跨在集装箱上,由装有集装箱吊具的液压升降系统吊起集装箱进行搬运,并可堆码2至3层高。集装箱跨运车由门型框架、起升机构、动力设备、轮胎式无轨运行机构及其他辅助设备组成,采用机械或液压传动。

1. 跨运车在集装箱码头的主要任务

(1)集装箱装卸桥和前方堆场之间的装卸与搬运。

(2)前方堆场和后方堆场之间的装卸与搬运。

(3)对底盘车进行换装。

(4)后方堆场和货运站之间的装卸与搬运。

图 1-36 集装箱跨运车

2. 跨运车的特点

（1）跨运车自码头前沿载运集装箱后，可直接运到场地上进行堆垛，不需要其他机械的协助，快速灵活。

（2）由于无须换装，故可节省换装所需的场地。

（3）堆放的高度和宽度有限，适合堆场很大的码头。

 资料卡

全球首台无人驾驶集装箱跨运车在上海问世

上海振华重工与西井科技联合研制出了全球首台自主驾驶无人集装箱跨运车（见图 1-37），在码头实测阶段，其自主作业的准确率几乎达到 100%。一家国际航运大企业正在与振华重工洽谈合作，计划将这种装有人工智能系统的港口大型装备推向欧洲市场。我国一些集装箱码头也有望在不久的将来使用"上海智造"无人跨运车。

无人跨运车上安装了 6 个摄像头、4 个激光雷达，它们像人的眼睛一样感知周围的环境，将这些信息传递到自主研发的类脑人工智能系统，完成自主导航、抓取集装箱等一系列满足港口水平运输的需求。自主驾驶无人集装箱跨运车操作更加安全，精度更高，可以满足在全天候、全工况的条件下作业。相对于传统装卸工艺来说，自主驾驶无人集装箱跨运车的优势就是可以把堆场装卸区域的作业面积扩大 4 倍，仅此一项技能就可以把堆场起重机的工作效率提高 10%。

据悉，自主驾驶无人集装箱跨运车目前设计的满载时速可以达到 26 km/h，可以满足港区作业的规定时速。全球现有 500 多座使用跨运车的集装箱码头，有 4 000 多台跨运车在运营，未来跨运车的自动化率将达到 20%。

图1-37　自主驾驶无人集装箱跨运车

二、集装箱码头堆场管理

集装箱码头堆场管理主要有堆场的堆垛规则、堆场的分类及箱位的安排。堆场管理是码头生产的一个重要环节。码头要保证船舶如期开船,就必须提高码头装卸速度,而装卸速度的提高很大程度上取决于码头堆场箱区、箱位安排的合理性。合理安排箱区和箱位,不仅能减少翻箱率,减少桥吊等箱的时间,提高码头装卸速度,而且还能最大限度地提高码头堆场利用率、码头通过能力,降低码头生产成本。

（一）堆场堆垛规则

堆场堆垛的基本规则就是保证集装箱堆放安全,减少翻箱率。工艺不同、集装箱的尺寸不同、集装箱内装载的货种不同,其堆垛方式均不相同。

1. 按工艺分

常见的轮胎吊作业工艺的堆场堆垛规则如下:

（1）堆三过四的轮胎吊,一般堆3层高,箱区最高限度堆4层;堆四过五的轮胎吊,一般堆4层高,箱区最高限度堆4层。原则上堆三过四的轮胎吊不能进入堆四过五的轮胎吊堆放的箱区作业。

（2）轮胎吊作业区域,如果是堆三过四的轮胎吊箱区,第6排应比其他排少堆一层;如果是堆四过五的轮胎吊箱区,则第6排应堆2层高,第5排应堆3层高。集装箱进场选位时,应充分考虑堆放的安全系数,相邻排孤立的层高之差不大于3。

（3）各箱区之间要留有合适的通道,使集卡、铲车等机械能在堆场内安全行驶。

2. 按箱型状态分

（1）重、空箱分开堆放。空箱区一般安排在码头后方,其箱位横向间隔可宽于重箱区,以便打开箱门及箱体查验;其箱位纵向一般不留间隔,排数较其他箱区多,以便密集性堆放。这样不但能够提高堆场利用率,满足防风要求,而且适合堆高机和正面吊连续性作业。空箱区两边一般都设有车道,以满足双面提卸箱的要求。为了使场地利用最大化,有一部分空箱

区为单边车道,这样的空箱区只能用来堆放大批量待疏运的空箱。

（2）20 ft、40 ft 和 45 ft 集装箱分开堆放。

（3）冷藏箱、危险品箱、特种重箱应堆放在相应的专用箱区。

（4）进口箱和出口箱分开堆放。

① 进口箱区一般安排在堆场中部,主要堆放进口重箱。其箱位横向间隔窄于空箱区,纵向留有间隔,以便于轮胎吊作业。

② 出口箱区一般安排在堆场前部,主要堆放出口重箱。由于轮胎吊从出口箱区取箱进行定位装船的过程中经常会在堆场上出现翻箱、作业线冲突等问题,所以会使这个过程成为整个装船作业的瓶颈。因此,应将出口箱区安排在堆场前部,靠近泊位的区域,以减少集卡水平运输的距离,从而尽量避免由于集卡不足而加剧送箱慢的问题。

（5）中转箱按海关指定的中转箱区堆放。

（6）出口重箱按装船要求分港、分吨堆放。

（7）空箱按不同持箱人、不同的尺码、不同的箱型分开堆放,污箱、坏箱分开堆放。

（8）重箱按堆场载荷要求堆放。

（二）堆场箱区的分类

按不同的分类方法可分出不同的箱区。按进出口业务可分为进口箱区和出口箱区;按集装箱货种可分为普通箱区、危险品箱区、冷藏箱区、特种箱区、中转箱区;按集装箱空、重箱可分为空箱区、重箱区。

危险品箱区、冷藏箱区因有特殊设备,如冷藏箱区有电源插座、危险品箱区有喷淋装置及隔离栏,所以该箱区是相对固定的;中转箱虽无特殊设备,但因海关部门有特殊要求,所以该箱区也是固定的。码头箱管人员在安排箱区时,原则上各箱区堆放哪一类箱是相对固定的,但也可以根据进出口箱的情况、码头实际堆存情况、船舶到港情况、船公司用箱情况等适当调整各箱区的比例。例如,当某一期间内进口箱量大于出口箱量时,码头箱务管理人员可将部分出口箱区调整为进口箱区;而当船舶集中到码头,出口重箱箱量又大大增加时,码头箱务管理人员可将部分进口箱区或部分空箱区调整为出口箱区。码头箱务管理人员应灵活使用该办法,特别是在船舶集中到港,进、出口箱有较大的不平衡时,该办法可以在原有条件下最大限度地提高码头堆场的使用率和码头堆场的通过能力。

（三）集装箱码头堆场内的归位、并位、转位

码头进口箱卸船进场作业时,根据船代理提供的卸船船图或集装箱清单,遵循堆场堆垛规则安排堆场箱位。归位是指码头堆场内箱状态发生变化后,从变化前的箱区归入状态改变后的指定箱区的作业过程;并位一般是指同一堆场箱区同一箱位内,将零星分散的集装箱整理合并在一起的作业过程,一般由一台场内作业机械就可完成作业;转位一般是指同一堆场不同箱区间,或者同一箱区不同箱位间集装箱整理转移的作业过程,一般需两台场内作业机械及水平运输机械配合才可完成作业。

集装箱码头堆场内的归、并、转的主要目的是为了提高堆场利用率和提高箱区的作业效率,减少码头作业出差错的可能性,减少翻箱。

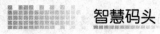

资料卡

厦门远海自动化集装箱码头

厦门远海自动化码头项目位于自贸区海沧园区内,由厦门中远海运集装箱运输有限公司和海投集团共同出资建设,项目总投资约 6.58 亿元,是全球首个真正意义上的无人化全自动化集装箱码头,如图 1-38 和图 1-39 所示。该码头还采用全电力装卸系统、全电动接箱平台、全锂电池驱动自动导航小车 AGV 等新技术,是国内第一个真正意义上的全电动、零排放、全自动化集装箱码头。码头运行后有效地克服了传统集装箱码头的种种不利因素,大大地提高了安全作业水平和产能。

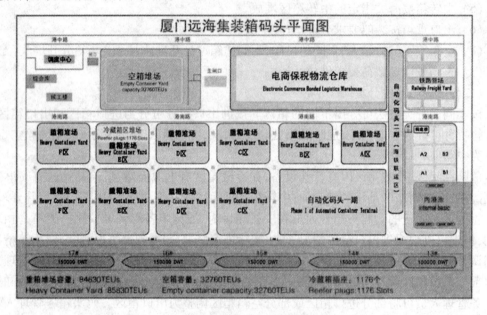

图 1-38　厦门远海自动化集装箱码头平面图

厦门远海自动化码头于 2016 年 3 月建成并投入商用,岸线长 447 m,占地面积约 16.66 万 m²,位于厦门港海沧港区 14 号到 17 号泊位,是中国第一个全智能、安全、环保的全自动化集装箱码头,也是全球首个堆场与码头岸线平行布置的自动化码头,码头大部分功能均由中央控制室计算机控制操作一系列自动化机械设备完成。2017 年 5 月,全球最大的集装箱船、21 000 TEU 级别的"东方香港"号在厦门远海自动化码头完成装船,创造了中国首个全自动化码头第一次承接全球最大型集装箱船舶首航作业的纪录。"没有操作员,车子自己会跑,龙门吊自己会动"。该码头实现了真正意义上的堆场无人化作业,装卸系统由中央控制室计算机控制,在全球各种类型的自动化码头控制方式中独树一帜。

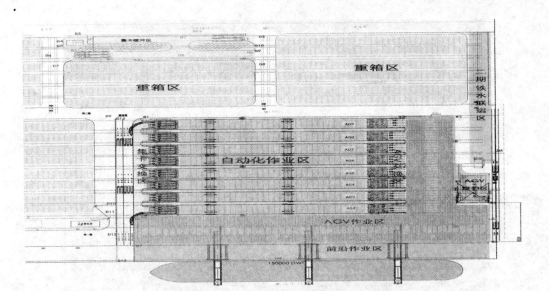

图1-39　厦门远海自动化集装箱码头堆场布置

数字化运营

　　进口船图资料校对到正确无误以后,在正式开工卸船之前,必须做好场地堆放计划,即进行卸船箱的卸船堆存计划(以下简称为堆存计划),指明箱子从船上卸下来放在堆场的什么位置。堆存计划可指定哪一只箱子卸到哪一个具体的场地箱位,也可以粗略指定某一位或某一个排,甚至更粗略一点,只指定某个堆存区域(若干位或若干排)。生产实践表明,太细的限定反而会使卸船的速度变慢,不利于卸船作业效率的提高,只有少量的特殊箱,如超限箱等才需要指定比较细的堆存位置。

　　卸船调度作业要从指令发送开始。指令发送意味着某个贝位正式作业的开始,发指令之前要确保机械已经到位、船舶已靠泊完毕且现场准备作业均已完成。首先船舶控制员进行船舶作业线调度并指派集卡,堆场控制员根据作业线调度方案和卸船堆存计划为指定箱区安排场吊,并通知堆场机械按指令到位。然后单船指导员对船舶作业各岗位布置并落实安全措施,指挥桥吊到位,布置桥边工人监护,保证行车安全,并与大副(当班副)核对进口资料、大件资料、危险品资料等。

　　请以"任务引入"中给定的 PACIFIC 号的背景材料,完成进口船舶单船卸船堆存计划和卸船调度作业操作。

一、卸船堆存计划(模糊)

　　选择"进口卸船"|"卸船堆存计划"命令,打开"进口航次选择"对话框,选择所需的航次进入卸船箱堆存计划窗口,如图1-40所示。

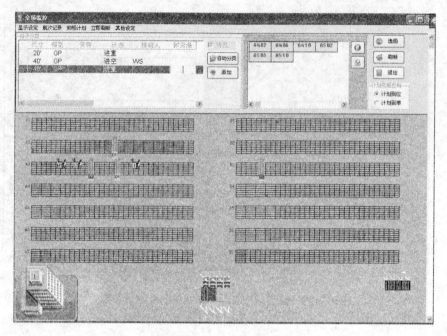

图 1-40 卸船堆存计划

(1) 窗口左上角显示已做好场地计划的进口箱子的分类情况。单击"自动分类"按钮，系统自动地对所选航次的箱子进行分类。按照一般经验，如果是进口重箱，可根据尺寸、箱型和货特进行分类；如果是进口中转箱，可根据尺寸、卸货港、箱型和货特进行分类；如果是进口空箱，则根据尺寸和持箱人分类堆放。如果要增加箱子分类，可单击"添加"按钮，在下方新增一条空记录，输入该类箱的要求即可。增加箱子分类后必须对该类型的箱子做场地计划，否则当某一类箱子场地计划为空时，刷新后该类箱子会使其从箱子分类中消失。

(2) 窗口右上方窗格内显示的是场地计划位置的数字表示，在箱子分类中选中哪类箱子，这里就显示该类箱子在场地上的所有位置。窗口下方为堆场的全场示意图，当选中某类箱子的时候，该类箱子在场地上的位置就会以浅绿色显示。实际制订堆存计划时，选中所要做计划的箱子所属的类型，再选择"计划范围控制"命令，选中"计划到位"或"计划到串"单选按钮，然后在全场示意图中用鼠标进行拖动，被拖动过的箱位以黄色显示。单击 按钮保存计划，所选箱位即以粉红色显示，同时提示"计划保存成功"。

(3) 在目标箱区划定需要堆放该类箱子的区位，以作为计划区域的过程叫划块。划块的计划范围控制分为计划到位和计划到串两种，计划到位是指做计划时以位为单位进行选择，"场地计划位置"窗格中表示位置的数字包括区和位，如 B406；计划到串是指计划时以排为单位进行选择，"场地计划位置"窗格中表示位置的数字包括区、位和排，如 B4061。当需要删除已做计划的箱位时，选中所属箱类，在右边"场地计划位置"窗格中逐个删除，并进行保存。如果删除后未经保存，单击"刷新"按钮可以恢复操作。

二、作业线(岸吊)调度

当船靠岸后，中控开始进行作业线调度，即安排岸吊来进行卸船作业。可以这样说，船

舶靠岸后,作业线调度是进口箱卸船的开始。选择"中控调度"|"作业线调度"命令,打开"作业线调度"对话框。在"选择调度航次"窗格中单击"航次"按钮,选择将要进行调度的航次(见图1-41),对话框中即可显示该航次的剖面图。

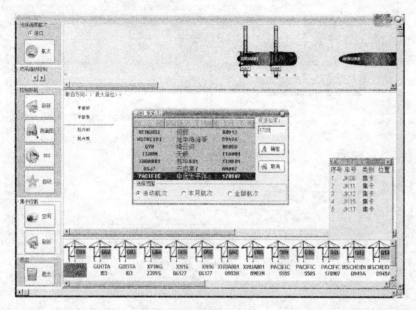

图1-41　作业线调度航次选择

船上的数字表示该贝计划箱子数,绿色的表示进口卸船的箱子,粉红色代表出口装船的箱子。在某一贝上单击鼠标右键,对话框中弹出该贝的船舶贝剖面图,可以查看箱子在该贝的具体堆放。

对话框右边显示当前选中桥吊对应的集卡,单击"空闲"按钮,可以查看当前空闲的所有集卡。对话框下方"作业线调度"窗格内显示当前可用岸吊。事实上,一台岸吊对应一条作业线。对于一般的箱子,选中某个岸吊后,将光标定位在"作业贝"栏内(见图1-42),再去船舶侧面图上单击需要使用这台岸吊作业的贝,则该岸吊就分配给这个贝,并默认为当前作业贝。然后,再将光标定位到同一岸吊"下一贝"栏内,同样去船图上选择下一个需要作业的贝。用同样的方法分配第2个岸吊的作业贝,需要注意的是:两个岸吊的作业贝间必须保持一定的距离,否则会影响岸吊的正常作业。当岸吊作业将箱子卸下后,再来本对话框刷新一下,目前分配的岸吊作业就会消失。这里岸吊显示的宽度代表岸吊的作业量,宽度越大作业量越多。

（一）作业线调度遵循的基本原则

（1）同一大贝上要先卸后装。该原则是装卸工艺所要求的作业顺序,如果某个贝尚有待卸箱就进行该贝的装船作业,则可能会将卸船箱压在下面,使装船位置无法空出。

（2）先卸甲板,后卸舱内。该原则是客观逻辑,如果某个贝的甲板上有待卸箱,则只能先将甲板上的箱子卸完才能把甲板掀开,以便进行舱内作业。

（3）先装舱内,再装甲板。该原则保证了装船工艺的正确逻辑。当场地上有箱要装到某个贝的舱内时,如果先为该贝的甲板进行装船作业,则势必要盖上舱盖板,这便使得舱内作业

智慧码头

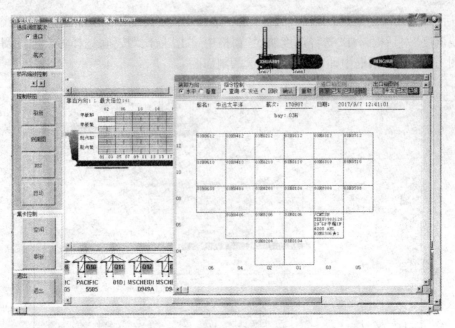

图1-42　岸桥调度贝位信息

无法进行。

（4）岸桥之间并行作业要保持一定的距离。一般来说，对于正规的集装箱船，两台桥机隔一个大贝就可以并行作业，因此作业线调度要保证同时作业的桥机之间的距离要大于一个大贝的宽度。

（5）岸吊的作业位置不能交叉，不能让左边的桥机做右边的贝。例如，Q01 在 18 贝上作业的同时就不能安排 Q02 去做 10 贝上的任务。

（二）作业线调度注意事项

作业线调度时除了要遵守上述几个规则外，TOS 系统还通过对不同集装箱码头、不同调度员工的作业线调度经验的分析与综合，归纳出如下能够有效保证作业线调度均衡性的注意事项，灵活运用这些规则有助于调度人员有效合理地安排调度作业。

（1）任务量较大的块优先分配岸吊。该规则用于决策岸吊应该做哪个块上的任务，即要给任务量较大的块多投入几台岸吊。

（2）同一块中被夹任务优先做。即先将大的块分割成更多小块，把能够并行作业的任务尽量留在后面去做，这样可提高任务分布的分散程度，有利于后续作业的展开及增开作业路。

（3）同一大贝中偶数贝任务优先做。因为船上某个船舱中集装箱的堆放原则有一条是"大可压小，小不压大"，即大箱可以压小箱，小箱不能压大箱。考虑到双箱吊的因素，先做大贝可以充分发挥双吊作业的效率优势，剩下的不满足双吊作业要求的 20 ft 箱再留到小贝上作业。

（4）投入作业线要尽量避免造成下一步其他岸吊无法进入最优作业位置。这是指在为岸吊计划作业路的时候要考虑岸吊所投入的块上应该开几条路，如果不止一条，那么就需要在这个块上选择一个合适的大贝位置，保证下一时刻其他岸吊进入该块作业时不会受到拦截。

（5）如果桥机无法进入理想的最优位置，则要按需分配，尽量将其安排到应开路数大于当前路数的块上。所谓按需分配，就是给需要岸吊但还没投满的块进行分配，不需要岸吊的块暂且不投入，等待规则的进一步放松。

三、集卡调度

在完成岸吊调度后，要给每一作业路线安排集卡。选择"中控调度"｜"集卡调度"命令，打开"集卡与作业路调度"对话框，如图1-43所示。

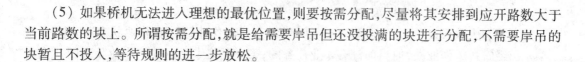

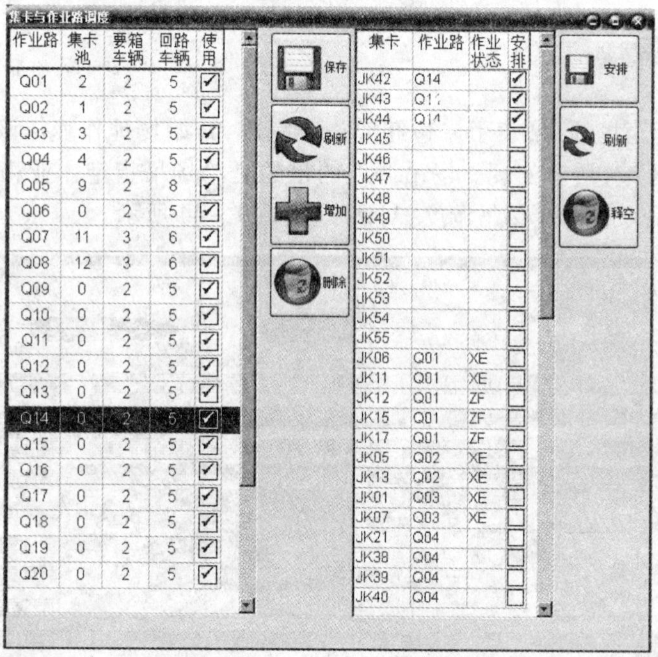

图1-43　"集卡与作业路调度"对话框

对话框左边显示各作业路及每一路对应的一些信息，右边显示码头所有集卡及其状态。作业路是汇集桥吊、集卡、堆场机械、控制员，以完成装卸船作业为目的的作业组合，或者是汇集集卡、堆场机械、控制员，以完成转堆作业为目的的作业组合，由此可以分为装卸作业路和转堆作业路。如果要添加作业路，单击"增加"按钮，输入作业路名及其他相关信息，并选中"使用"列，然后单击"保存"按钮保存设置。

（一）集卡池

集卡池是指某一固定的集卡集合。给某一作业路指定一个集卡池，该作业路上的集卡就不会吸收别的作业路不同集卡池的指令。如果某两条或几条作业路的集卡池相同，说明它们可以共享这一集卡池里的集卡。在一个集卡池里的集卡先保证边装边卸的作业路。

（二）要箱车辆与回路车辆

要箱车辆是指岸边集卡的最小保有量，即保证岸边集卡不少于要箱集卡规定的数量，当岸边集卡小于要箱车辆时，该作业路有优先占用资源的权利；回路车辆是指作业路里集卡的最大持有量，即该作业回路里的集卡最多不要超过回路车辆，否则集卡优先满足其他作业路。

　　集卡状态大致可以分为三类:第一类是闲置状态,即"作业路"和"作业状态"都为空;第二类是已经安排了作业路,但当前没有作业任务的;第三类集卡是正处于作业状态的。当在左边列表框中选中某一路时,右边列表框中对应该路的集卡"安排"列会处于选中状态。要为某一路添加集卡时,选中该作业路,然后在右边列表框中选择"安排"列未打钩的集卡,则集卡的作业路变为当前作业路,且"安排"列被选中。这里集卡如果原来处于第三种状态,则集卡首先完成当前作业,然后再投入到当前设置的作业路中。集卡投入完毕后,单击"安排"按钮保存操作。

四、场吊调度

　　集卡把箱子运至场地后,表示岸边卸船作业完成,开始场地作业。该作业由场吊来完成,通过"场吊调度"对话框实现。场吊调度的目的是给场吊指定作业箱区,选择"中控调度"|"场吊调度"命令,进入"场吊调度"对话框,如图1-44所示。

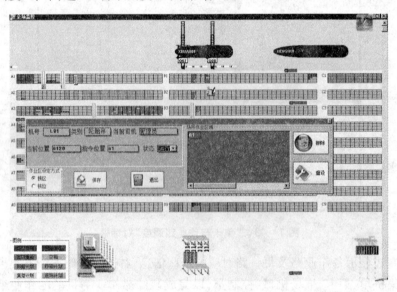

图1-44　场吊调度

　　"场吊调度"对话框左上方是场吊相关资料,单击"机号",在其下拉列表框中可以选择场地机械,选好后其相应信息自动显示在对话框中;对话框右侧显示当前场吊作业区域;对话框下方为场地示意图,要查看某一场吊的作业任务,可以用鼠标右键在场地示意图中单击该场吊,场吊相关资料和"场吊作业区域"立刻显示与所选场吊有关的信息。

　　实际调度场吊,即给场吊指定作业区域时,选择该场吊,用鼠标在场地示意图中拖动。这里作业区域的设定分为"按区"和"按位"两种,当选择按区设定时,鼠标拖动时以区为单位选择。这也是一般情况下的设定方式。但是,有时由于某一区域作业任务量很大,需要同时配置两台场吊,此时就需要按位设定桥吊作业区域。在图1-44中,将B3箱区右半部分箱位分配给轮胎吊04作业,而将左半部分分配给L03作业。鼠标拖动完后,相应的箱位会显示在"场吊作业区域"内,单击"保存"按钮保存设置。

如果要删除某一场吊的所有任务,单击"重设"按钮即可;如果只需删除某些任务时,则通过"删除"按钮逐一删除。在本对话框中,用鼠标右键单击某一箱区,还可以放大该箱区,更清晰地显示该箱区箱位的堆放情况。

技能训练

1. 集装箱码头装卸设备主要有集装箱装卸桥、龙门起重机、集装箱正面吊、堆垛机、跨运车和集装箱牵引车等,对于不同的集装箱码头来说,确定其所需要的设备数目是一个重要的决策问题。比如,根据调查获取的集装箱码头的年吞吐量,参考待配置的集装箱装卸桥作业台时效率,在码头岸线长度允许和理想营运作业期的条件下,如何确定该码头需要配置的集装箱装卸桥的台数?

2. 请画出卸船作业的计划与调度的流程图。

3. 请自行设定至少 1 个箱号、箱位号,或者根据表 1-4 所示船舶载箱信息,完成进口集装箱卸船作业的计划与调度。

表 1-4　船舶载箱信息

箱位号	箱　号	箱　型	尺寸/ft	状　态	货　特	提单号	箱重/kg	备　注
(自行设定)	AWSU1920306	普通	20	进重		170818	6 400	
(自行设定)	AWSU1930290	普通	40	进重		170818	8 300	
(自行设定)	AWSU1952216	普通	40	进重		170818	8 200	
(自行设定)	AWSU1955160	普通	20	进空		170818	2 300	

任务三　卸船实际作业

集装箱码头的卸船实际作业是指集装箱船进入港口,将进口或中转的集装箱从船上卸下,放入码头集装箱堆场的作业,如图 1-45 所示。卸船要从指令发送开始,指令发送意味

图 1-45　天津港太平洋国际集装箱码头卸船作业

着某个贝位正式作业的开始,所以发指令之前要确保机械已经到位、船舶已靠泊完毕且现场准备作业均已完成。首先船舶控制员进行船舶作业线调度并指派集卡,堆场控制员根据作业线调度方案和卸船堆存计划为指定箱区安排场吊,并通知堆场机械按指令到位。然后单船指导员对船舶作业各岗位布置并落实安全措施,指挥岸桥到位,布置桥边工人监护,保证行车安全,并与船大副(当班副)核对进口资料、大件资料、危险品资料等。整个卸船结束后,码头工作人员根据卸船作业情况编制进口卸船小结。

任务引入

中远太平洋 PACIFIC 号集装箱船已按计划准时靠泊天津港第二港埠有限公司泊位,3个进口集装箱需卸船,具体箱信息如表 1 –3 所示。请模拟码头工作人员完成进口船舶单船实际卸船作业任务。

相关知识

一、集装箱码头装卸工艺

集装箱码头装卸工艺是指将集装箱从船上卸到码头上,再水平搬运至堆场,在堆场进行正确堆放后,再疏运出去,或者将集装箱从内陆集运至码头堆场正确堆放,然后水平搬运至码头前沿再装到船上的全部过程中的机械组合和流程。集装箱码头装卸工艺决定着码头装卸机械设备的配备、码头装卸作业的组织和劳动生产率。

根据集装箱装卸作业的标准与集装箱装卸机械设备的组合形式,可产生不同的作业方式。这些方式就称为集装箱装卸工艺方案。因此,集装箱装卸工艺方案也是各种集装箱装卸机械、各种装卸作业方式的组合体。选择合理的工艺方案,可以提高集装箱运输企业的装卸作业效率,获得最佳的经济效益。

(一)轮胎式龙门起重机装卸工艺方案

1. 主要工艺流程

卸船时,集装箱装卸桥将船上卸下的集装箱装在拖挂车上,运至堆场,再用轮胎式龙门起重机进行卸车和码垛作业;装船时,在堆场由轮胎式龙门起重机将集装箱装上拖挂车,运往码头前沿,等待装卸桥装船,如图 1 –46 所示。

在该方案中,集装箱拖挂车只做水平运输,轮胎式集装箱龙门起重机担任堆、拆垛作业,从而将集装箱拖挂车快速疏运和轮胎式集装箱龙门起重机堆码层数较多的特点结合起来,达到提高集装箱码头装卸效率的目的。我国大型集装箱码头的装卸工艺普遍采用轮胎吊装卸工艺系统。

图1-46 轮胎式龙门起重机装卸工艺流程

2. 轮胎式集装箱龙门起重机装卸工艺方案的特点

1）优点

装卸效率高,可进行大面积连续堆码作业;机械利用率高;机械维修量少,维修费用低,可节省投资和定员;跨距大,堆层高,堆场空间利用率高;易于实现自动控制和堆场装卸作业自动化。

2）缺点

由于搬运需要与集装箱拖挂车联合作业,因此使用的机械数量较多,初次投资较大;由于轮胎式集装箱龙门起重机的轮压较大,对码头的承载能力要求就高,特别是行走车道需要进行加固,因此码头的土建投资较大。

（二）轨道式龙门起重机装卸工艺方案

1. 主要工艺流程

该方案的工艺流程有以下两种类型:

（1）卸船时用集装箱装卸桥将集装箱从船上卸到码头前沿的集装箱拖挂车上,然后拖到堆场,采用轨道式集装箱龙门起重机进行堆码;装船时则相反,在堆场上用轨道式集装箱龙门起重机将集装箱装到集装箱拖挂车上,然后拖到码头前沿,用装卸桥把集装箱装上船,如图1-47所示。

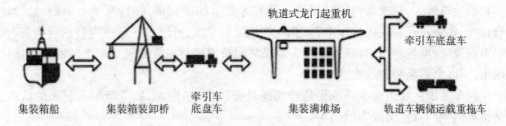

图1-47 轨道式龙门起重机装卸工艺流程

（2）在船和堆场之间不使用水平搬运机械,而是由集装箱装卸桥和轨道式集装箱龙门起重机直接转运。轨道式集装箱龙门起重机将悬臂伸至集装箱装卸桥的内伸距的下方,接力式地将集装箱转送至堆场或进行铁路装卸。

2. 轨道式集装箱龙门起重机装卸工艺方案的特点

1）优点

可靠性好,机械完好率高,维修费用低,能耗省,装卸成本低;跨度大,堆层高,便于铁路装卸,场地利用率高;易实现堆场装卸作业自动化。

2）缺点

轨道式集装箱龙门起重机只能沿轨道运行,不便在堆场之间转移,因而其机动性较轮胎式集装箱龙门起重机差,作业范围受到限制,轨道式龙门起重机相互之间也无法协调作业。另外,由于堆存量大,相应的翻箱率也会增大,该方案初次投资也较高。

轨道式龙门起重机系统适用于场地面积有限,集装箱吞吐量较大,计算机控制程度高的水陆联运码头。

（三）底盘车装卸工艺方案

1. 主要工艺流程

底盘车装卸工艺方案是一种集装箱不落地的作业方式。卸船时,集装箱装卸桥将船上卸下的集装箱直接装在底盘车上,然后由牵引车拉至堆场按顺序存放,存放期间,集装箱与底盘车不脱离;装船的过程则相反,用牵引车将堆场上装有集装箱的底盘车拖至码头前沿,再由集装箱装卸桥将集装箱装到集装箱船上,如图1-48所示。

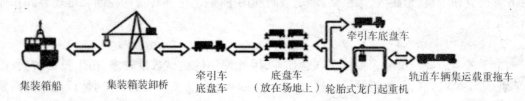

集装箱船　　集装箱装卸桥　　牵引车　　底盘车　　牵引车底盘车
　　　　　　　　　　　　　底盘车　（放在场地上）轮胎式龙门起重机　轨道车辆集运载重拖车

图1-48　底盘车装卸工艺流程

2. 底盘车装卸工艺方案的特点

1) 优点

把集装箱存放在底盘车上,因而堆场上的作业环节少,搬运方便,取箱容易,疏运能力很高,集装箱破损率很低,机动性较好,适用于运距较长的作业条件,特别适合开展"门到门"运输;工作组织简单,对装卸工人和管理人员的技术要求不高。

2) 缺点

初期投资较大,需配备与集装箱堆存量相等数量的底盘车,并且车辆寿命短,故使用费昂贵;由于集装箱存放在底盘车上,只能堆放一层集装箱,所以在一定堆存量的前提下,占用堆场面积较大,堆场利用率较低;由于集装箱装卸桥把集装箱装到底盘车上时的对位操作比较困难,所以会影响装卸效率。

底盘车系统主要适用于码头集装箱的通过量较小、场地大、集装箱码头起步的阶段,特别是整箱门到门货比例较大的码头。

（四）集装箱正面吊装卸工艺方案

1. 主要工艺流程

1) 码头前沿至堆场堆箱作业

用集装箱正面吊从码头前沿吊起重箱,运至堆场堆箱,空载返回码头前沿进行第2次循环作业。

2) 堆场至半挂车的装箱作业

用集装箱正面吊从堆场吊起重箱,运至半挂车上放下,由半挂车运走,然后空载返回堆场准备第2次循环作业。

3) 操作循环作业

正面吊从码头前沿吊运重箱至堆场堆箱,然后在堆场吊运空箱回码头前沿放下,再吊运重箱做第 2 次循环,如图 1-49 所示。

集装箱船

岸桥

正面吊

码头堆场

图 1-49 正面吊装卸工艺流程

2. 集装箱正面吊装卸工艺方案的特点

1) 优点

该方案属于一种落地作业方式,由于集装箱装卸桥卸下的集装箱在码头前沿不需要对位而直接放在地上任何一处,所以可以提高集装箱装卸桥的生产率;能适应狭小的场地条件,通过性较高。

2) 缺点

自重较大,对码头堆场的承载能力要求较高,一般用于吞吐量不大的综合性码头。

目前正面吊的应用尚不广泛,仅在吞吐量较小的集装箱码头有所应用。

(五) 集装箱叉车装卸工艺方案

1. 主要工艺流程

装卸桥将集装箱从船上放到码头前沿,然后由集装箱叉车将其运输到堆场堆码或装车,等待疏运。装船过程则与此相反,如图 1-50 所示。

集装箱船　　集装箱装卸桥　　叉车　　集装箱堆场　　轮胎式龙门起重机 轨道车辆集运载重拖车　叉车　牵引车底盘车

图 1-50 集装箱叉车装卸工艺流程

2. 集装箱叉车装卸工艺方案的特点

1) 优点

操作灵活,适应性较强,机动性大,设备投资小,使用范围广,其最大的优点在于卸船作业时,桥吊作业不需对位,集装箱直接落地,因而提高了卸船效率。

2) 缺点

机械完好率低,维修费用较高,叉车作业由于需要对位,且司机前方视野较差,因此叉车装卸效率较低,并且集装箱破损率较高,满载时前轴负荷及轮压较大,对码头前沿和堆场通道路面的承载能力要求高。另外,由于占用通道面积较大,在相同堆存量的条件下,码头占地面积较大,为了加快装卸速度,集装箱只能成两列堆放,同一堆场面积条件下,堆场的堆存量就较低,堆场利用率也就较低。

（六）集装箱跨运车装卸工艺方案

1. 主要工艺流程

跨运车装卸工艺又称麦逊公司方式（Matson system），欧洲大型集装箱码头的装卸工艺普遍采用跨运车工艺系统，法国 LE HAVRE 港、德国汉堡港、荷兰鹿特丹港等均有广泛应用。卸船时，用码头上集装箱装卸桥将船上集装箱卸至码头前沿的场地上，然后由跨运车运至堆场进行堆垛或给拖挂车装车；装船时，用跨运车拆垛并将集装箱运至码头前沿，再由码头前沿的集装箱装卸桥装船，如图 1-51 所示。

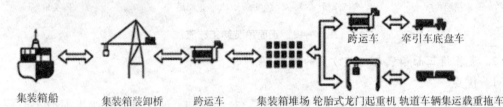

集装箱船　　　集装箱装卸桥　　　跨运车　　　集装箱堆场 轮胎式龙门起重机 轨道车辆集运载重拖车

图 1-51　集装箱跨运车装卸工艺流程

2. 集装箱跨运车装卸工艺方案的特点

1) 优点

作业灵活，机动性强，当作业量发生变化时，可随时重新增减作业线数和跨运车台数，不会影响船舶装卸作业，装卸效率高。集装箱装卸桥将卸下的集装箱直接放在门架下的跨运车作业线上，无须准确对位，有利于提高装卸桥的卸船效率。另外，可节约堆场面积，占用场地面积小。

2) 缺点

跨运车造价较昂贵，且由于液压元件较多，容易损坏，所以故障率较高；对司机的操作熟练程度要求较高；轮压较大，对堆场运行通道和码头前沿要求较高的承载能力；占用通道面积较大，土建工程投资大；不能用于铁路车辆联运作业，等等。

（七）跨运车-龙门吊混合装卸工艺方案

从经济性和装卸性能的观点来看，前 6 种工艺方案各有利弊，对上述方案进行混合使用的跨运车-龙门吊混合装卸工艺是目前世界上一些港口采用的方案。其装卸工艺方案的特点如下：

（1）船边装卸由岸边集装箱装卸桥承担。

（2）进口集装箱的水平运输、堆码和交货装车由跨运车完成。

（3）出口箱的货场和码头前沿之间的水平运输由集装箱半挂车完成，货场的装卸和堆码由轨道式龙门起重机完成。

由于混合系统能充分发挥各种机械的特点，扬长避短，更趋于合理和完善，所以目前世界上很多码头都采用了此种方案。

二、自动化集装箱码头装卸工艺系统

自动化集装箱码头的概念始于 20 世纪 80 年代中期，在劳动力成本昂贵和熟练的劳动力匮乏的地区，自动化运转的集装箱码头首先受到关注，英国泰晤士港、日本川崎港及荷兰

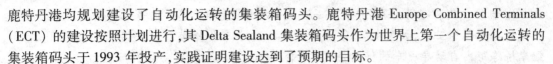

鹿特丹港均规划建设了自动化运转的集装箱码头。鹿特丹港 Europe Combined Terminals（ECT）的建设按照计划进行,其 Delta Sealand 集装箱码头作为世界上第一个自动化运转的集装箱码头于 1993 年投产,实践证明建设达到了预期的目标。

（一）自动化集装箱码头及其优势

集装箱码头自动化（container terminal automation）是指港口装卸系统（生产作业、管理过程）在没有人或较少人的直接参与下,按照预定的生产管理要求,经过自动检测、信息处理、分析判断、操纵控制,实现集装箱装卸操作和转换运输方式的过程。它将员工从繁重的体力劳动、部分脑力劳动及恶劣、危险的工作环境中解放出来,是现代通信与信息技术、计算机网络技术、行业技术、智能控制技术汇集而成的针对集装箱码头的应用。

自动化集装箱码头的优势明显:作业效率稳定性高;避免了人为因素的影响,提高了作业可靠性;系统资源可统一优化调配;作业过程可预测;具有长时间、高强度的作业频率;实现了人机分离,提高了安全性;减少了码头定员,节省了人力成本;提高了设备利用率;降低了劳动强度,改善了职业卫生条件及提高了效益（绿色环保、社会效益和经济效益）等。

（二）自动化集装箱码头的装卸工艺设备

国际自动化集装箱码头的发展大致可以分为三个阶段,根据其设备自动化和管控系统的技术水平可分为三代。其各代典型自动化码头的工艺设备情况如下:

（1）第一代自动化集装箱码头以荷兰鹿特丹港 ECT 码头一期和二期为代表。码头前沿装卸船设备采用半自动化岸边集装箱起重机,水平运输设备采用自动导引车（AGV）,堆场设备采用自动轨道式集装箱龙门式起重机（ARMG）,AGV 及 ARMG 为无人化操纵。此外,新加坡港 PSA 码头、中国香港 HIT 码头等,可以基本实现堆场设备自动化运行,也可作为第一代自动化集装箱码头。

（2）第二代自动化集装箱码头以德国汉堡港 CTA 码头为代表。码头前沿装卸船设备采用双小车半自动化岸边集装箱起重机,水平运输设备采用自动导引车（AGV）,堆场设备采用自动轨道式集装箱龙门式起重机（ARMG）,AGV 及 ARMG 为无人化操纵;堆场装卸工艺为大、小穿越式 ARMG 与 AGV 相结合,ARMG 在堆场两端完成装卸作业。

（3）第三代自动化集装箱码头以荷兰鹿特丹港 Euromax 码头及日本名古屋港 Tobishima 码头为代表,是目前已投入运营的自动化程度最高的自动化集装箱码头。Euromax 码头前沿装卸船设备与前二期类似,水平运输设备采用行驶速度更高的自动导引车（AGV）,堆场设备采用自动轨道式集装箱龙门式起重机（ARMG）,码头管理软件也更先进,岸边集装箱起重机为半自动化操作,AGV 及 ARMG 为无人化操纵;Tobishima 码头前沿装卸船设备采用岸边集装箱起重机,水平运输设备采用自动导引车（AGV）,堆场设备采用轮胎式集装箱龙门式起重机（ARTG）,岸边集装箱起重机采用半自动化操作,AGV 及 ARTG 为无人化操纵。

资料卡

荷兰鹿特丹港 ECT 码头装卸工艺系统

荷兰鹿特丹港 Europe Combined Terminals（ECT）码头的 Delta Sealand、DDE

及 DDW 自动化集装箱码头采用"岸桥—AGV—ARMG"装卸工艺。这是第一代自动化集装箱码头的典型装卸工艺,如图 1-52 所示。岸桥的小车将集装箱从集装箱船上取下后,运到岸桥跨距内自动导引车的停放位置,将集装箱放到相应的自动导引车上面,然后自动导引车按照过程控制系统给定的路线将集装箱水平运输到堆场靠近岸边一侧装卸箱区,等待全自动堆场起重机来卸集装箱。集装箱被卸下后,自动导引车再进行下一个集装箱的水平运输。

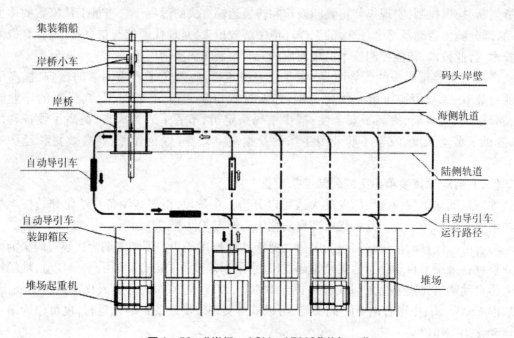

图 1-52 "岸桥—AGV—ARMG"装卸工艺

堆场沿码头岸线垂直方向布置,在堆场靠近码头岸边一侧,全自动堆场起重机接运由自动导引车运来的集装箱,堆放在堆场的指定箱位,或者把堆场上要装船的集装箱装到自动导引车上。而在堆场的另一侧,即靠近陆侧,堆场起重机全自动或通过中控室遥控完成装卸集装箱拖挂车的作业。

荷兰鹿特丹港 Europe Combined Terminals(ECT) 的 Euromax 自动化集装箱码头采用"双小车岸桥—AGV—ARMG"的装卸工艺,如图 1-53 所示。这种工艺系统结合了前两种工艺系统的特点,码头前沿采用了双小车岸边集装箱起重机,提高了作业效率;后方堆场采用了 ECT 已经熟悉的 ARMG 系统。

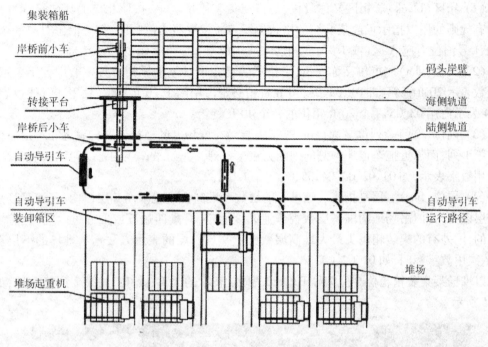

图 1 -53 "双小车岸桥—AGV—ARMG"装卸工艺

三、集装箱码头堆场的场箱位

集装箱码头堆场的场箱位是码头堆放集装箱的区间位置。为了能有效地对堆放在集装箱码头堆场的集装箱进行查找和识别,堆场一般用一组代码来表示集装箱在堆场的存放位置,这个位置即为集装箱堆场位置或场箱位,如图 1 -54 所示。堆场的场箱位的表示方法目前尚不统一,一般由箱区、位、列、层组成,用字母、数字或字母与数字相结合来表示。

图 1 -54　天津太平洋国际集装箱码头场箱位

（1）箱区（block）。箱区又称段位，是指在集装箱堆场上，按照相应的集装箱标准尺度画的有规则的用以指示堆放集装箱的格状位置。通常按照泊位顺序，每个泊位对应一个区。例如，1号泊位对应A区（或1区）。箱区一般用数字和字母表示，如A1、2B。

（2）贝位（slot）。贝位又称间位，是指集装箱在堆场上的纵列位置一般用数字表示，连续奇数表示20 ft标箱，如01、03、05；40 ft货箱必定占用两个20 ft箱位，故用连续偶数表示，如04表示占用03、05两个20 ft箱位的一个40 ft货箱。

（3）列位（row）。列位又称行位，是指集装箱在堆场上的横排位置。靠近非车道一侧的列为第1列，而靠近拖车道那一侧的列则为最末一列。龙门吊作业的每一箱区都有6个列，一般用数字表示，如01、02、03、04、05、06。

（4）层位（tier）。层是指集装箱堆垛的层数。堆高机场地限高8层以内；正面吊场地限高4层以内；龙门吊场地的堆高层数视作业高度而定，有堆四过五或堆五过六的，也有堆六过七的，国外有的集装箱码头最大堆高层数已达9层。层的表示方法是从堆场的下层至上层，依次用数字标明，如01、02、03。

以堆场某集装箱箱位6位编号B10123为例，表示的是B1场01贝第2列第3层，如图1-55所示。

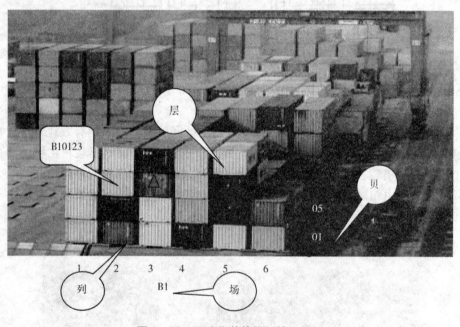

图1-55 码头集装箱堆场箱位示例

数字化运营

船舶控制员下达卸船指令后，首先由桥边理货员根据收到的作业指令，通知机械工拆绑扎、打锁钮，机械工作业结束后必须经指挥手检查无误后方可通知桥吊司机卸船，同时集卡上档接收由桥吊卸下来的箱子；箱子装上集卡后，必须由机械工拆除之前安装的钮锁，并接受桥边验残验封。如果箱体或铅封有问题，需立刻通知单船对残损进行检查并要求船方签残损记录,以便事后交由船舶控制员对残损记录进行归档;如果检验合格且桥边终端接收到任务,就让集卡拖箱至场地指定位置;如果桥边终端未能正常接收任务,则需通知船控,待其解决不能确认的问题后再拖箱进场。卸船确认对码头进口箱卸船业务起着十分重要的作用,可以避免过境箱卸入本港,给码头造成不必要的损失。

集装箱从船上卸载到集卡上后,要卸载到堆场中的位置是由系统自动选位的。卸船箱进场自动选位是指管理系统自动为完成桥吊卸船作业的箱子选择具体的堆场场地位置并生成可供场吊终端看到的落位任务的过程,可由服务器索箱、最优箱位确定和落箱任务发送3个步骤组成。

场吊落位确认是指场吊司机根据场控发出的指令将箱子落到指定箱位的过程。落位确认的主要内容是指确定卸船箱最终堆存位置,以便场地业务控制人员能够及时地查询堆场状态。进口箱场地落位确认可以避免码头发生"丢箱"现象。所谓"丢箱",是指箱子实际落位位置与指定位置不同时,如果不进行卸箱确认,会导致无法通过场地位置搜索到箱子的情况。

在"场吊作业"窗口完成落位作业后,继续回到"桥吊卸船"窗口,此时桥吊对应的集卡已经完成场地作业返回码头前沿,等待船上其他箱子的卸船作业。循环作业桥吊和场吊,直至卸完该贝位所有集装箱为止。

一、岸吊卸船作业

选择"机械看板作业"|"岸吊作业"命令,打开"岸吊登录"对话框。在"岸吊号"下拉列表框中选择当前作业岸吊,单击"确认"按钮,进入"岸吊作业"窗口,如图1–56所示。如果所选岸吊没有被安排卸船任务,则单击"确认"按钮后,系统会自动弹出提示"岸吊没有安排作业线"。

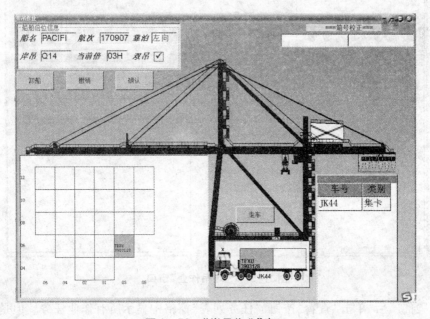

图1–56　"岸吊作业"窗口

"岸吊作业"窗口中"船舶贝位信息"窗格中详细显示了该岸吊的作业信息,包括船名、航次、靠泊方向、作业岸吊、当前贝及"双吊"复选框。这些信息供操作人员仔细核对,核对确认后,即可开始进行卸船作业。其具体步骤如下:

步骤 1　在剖面图上选择要卸的箱。

步骤 2　在集卡区选择集卡,则箱和集卡同时以绿色闪烁显示,表示 TEXU3903128 箱由集卡 JK44 运至场地。

步骤 3　确认无误后,单击"确认"按钮,则剖面图中该箱消失,集卡上该箱由绿色转为黄色,表示箱落入集卡。如果有变动,单击"撤销"按钮,可取消为该箱配备的集卡。

步骤 4　单击"走车"按钮,则集卡离开岸边,驶入场地中该箱的计划箱位。

"卸船"按钮起刷新的作用,如果要撤销前面所有操作,可以单击"卸船"按钮使窗口回到原始状态。另外,双吊是指岸吊同时吊两个 20 ft 箱的情况。在图 1-56 中,如果"当前贝"显示的 12H,则 12H 是 11H 和 13H 的合成,即实际上该贝存放有两个箱子,图 1-56 中显示为 TEXU3903128 和 GATU8140754 两个箱子。因此,在装车时,需要连续确认两次将该贝的两个箱子装到集卡上。

二、场吊落位作业

集卡车把集装箱运至场地后,表示岸边卸船作业完成,开始场地卸箱作业。该作业由场吊来完成,通过"场吊作业"模块来实现。选择"机械作业看板"|"场吊作业"命令,进入"场吊作业"窗口,如图 1-57 所示。

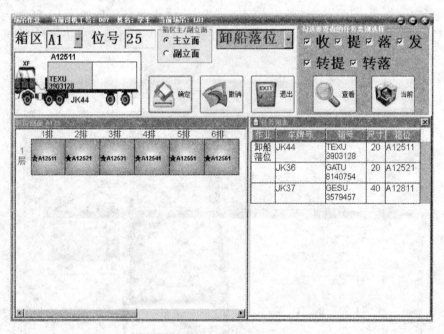

图 1-57 "场吊作业"窗口

进入"窗口"后,单击"查看"按钮,"任务列表"窗格中显示所有作业任务。但是,实际作业中往往是根据作业类型来进行作业的,此时可以在图 1-57 中的红色下拉列表框中选择具体的任务类别,或者是在"勾选要查看的任务类别选择"窗格中清除不需要的任务类别。有时由于操作的需要,还会根据箱区来进行作业,此时在"箱区"下拉列表框中选择希望作业的箱区,再单击"当前"按钮,任务列表就会自动筛选出当前所选箱区的任务。如图 1-57 所示,选择 A1 箱区,"任务列表"窗格中就只显示 A1 箱区的任务。选择好任务列表的确定方式后,在任务列表中单击某一条任务,窗口中集卡内相应位置也会以绿色闪烁显示,并且标注箱号和箱位。同时,窗口中"区位剖面"窗格中就会显示所选箱子所在箱区的剖面图,箱子所在位以绿色闪烁显示。此时单击"确定"按钮,集卡上的箱子就落到了场地中对应的位置,集卡上闪烁的箱子和任务列表中对应的记录消失,场地中闪烁的箱位以红色显示,进口卸船场吊作业完成。

卸船落位时会出现"悬空落位"的情况。所谓悬空落位,是指下面的箱子还未进场,上面的箱子需要落箱的现象。这时主要有两种处理方法:一种是看看后面一个要卸的箱子是否正好在这个悬空的箱子之下,如果是的话就先用鼠标单击这个在下面的箱子,再单击"确认"按钮,即先卸了这个在下面的箱子;当不存在这种凑巧情况的时候,有一种通用的方法,那就是单击这个箱子,再到箱区图中更改它的位置,即直接把它改到可以落位的地方,然后再单击"确认"按钮即可,也就是移箱作业。

三、进口单船小结

当船舶的所有进口箱全部卸船完成后,需要对当前船舶的装卸实绩进行汇总,通过汇总统计,检查卸船过程中是否有遗漏或错误等。这些可通过"进口单船小结"对话框来实现。选择"进口卸船"|"进口单船小结"命令,进入"进口单船小结"对话框,如图 1-58 所示。"进口单船小结"对话框主要完成统计计算功能,这些功能当然由计算机完成,用户只需单击几个命令按钮即可。

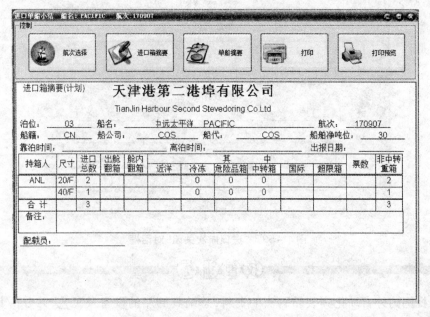

图 1-58　"进口单船小结"对话框

（一）进口箱摘要

单击"进口箱摘要"按钮，系统立即统计当前进口航次的各类卸船数据，并将结果显示于"进口箱摘要（计划）"窗格中，包括持箱人、尺寸、进口总数等数据。在整个进口航次的卸船过程的任何时候（包括进口航次关闭以后），都单击"进口箱摘要"按钮，在"进口箱摘要"窗格中显示的是计划卸箱的情况。

（二）单船摘要

单击"单船摘要"命令按钮，系统立即统计当前进口航次的各类卸船数据，并将结果显示于"单船摘要（实卸）"窗格中。仅当整个卸船过程全部结束以后，才可以单击"单船摘要"按钮，否则所统计的数据没有意义。"单船摘要"窗格显示的是实际卸箱的情况，只要不将相应的历史数据删除，进口航次关闭以后的任何时候都可以单击"单船摘要"按钮。

四、进口航次关闭

卸船作业完成后，应及时将进口航次关闭，以禁止对进口数据做修改，并及时释放被占用的资源，记录卸船作业的结果等。选择"进口卸船"｜"航次关闭与恢复"命令，打开"进口航次关闭"对话框，如图 1－59 所示。

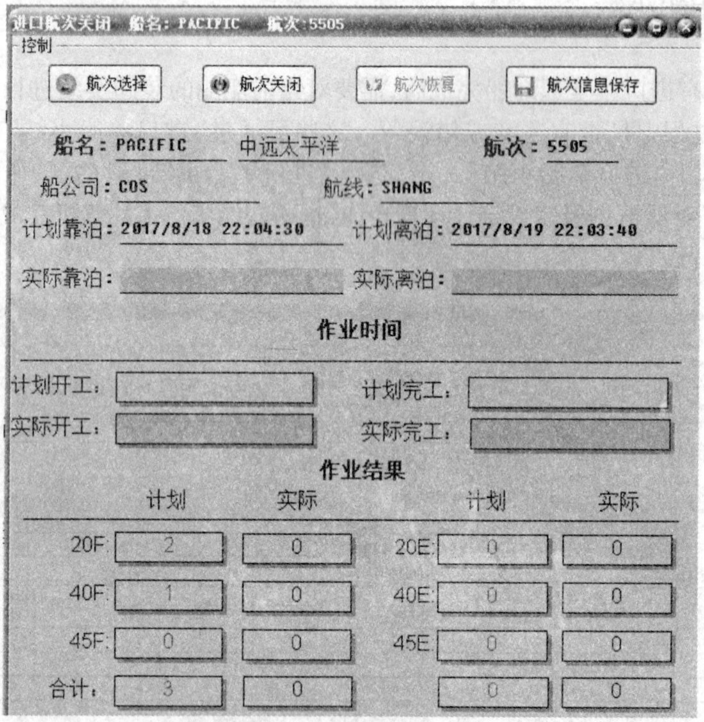

图 1－59　"进口航次关闭"对话框

技能训练

1. 查找国内外自动化集装箱码头的资料，总结其卸船的设备及工艺，并分析其采用的是单一装卸工艺方案还是混合装卸工艺方案。

2. 目前我国各集装箱码头堆场箱位的表示方法尚不统一,那么集装箱码头堆场箱位的表示是否能够做到标准化呢? 如果实现了标准化,会带来什么好处?

3. 参见图 1-55,该箱区为堆放 20 ft 集装箱的 B1 箱区,图中"△"标示的集装箱的场箱位应如何表示? 如果该箱区为堆放 40 ft 集装箱的 B1 箱区,图中"△"标示的集装箱的场箱位又如何表示?

4. 集卡载运集装箱进入集装箱码头堆场时,闸口工作人员分配一个箱位以便于该集装箱存放。如果集卡司机拿到的箱位编号为 A10111,请据此正确填写以下信息。

(1) 前两位编号表示_____位,A1 代表_____。

(2) 中间两位数字表示_____位,01 表示该箱位集装箱尺寸为_____,01 代表_____。

(3) 最后两位数字的前一个数字表示_____位,1 代表_____;最后一个数字表示_____位,1 代表_____。

5. 根据表 1-5 所示的船舶载箱信息,在 TOS 系统中完成单船卸船作业。

表 1-5　船舶载箱

箱　号	箱　型	尺寸/ft	状　态	货　特	提单号	箱重/kg	备　注
AWSU1901780	普通	20	进重		170818	5 300	
AWSU1920306	普通	20	进重		170818	6 400	
AWSU1930290	普通	40	进重		170818	8 300	
AWSU1952216	普通	40	进重		170818	8 200	
AWSU1955160	普通	20	进空		170818	2 300	
AWSU1955853	普通	40	进空		170818	3 500	

项目二

智慧码头进口提箱业务操作

知识目标

1. 了解码头进口提箱作业的内容和步骤。
2. 了解码头进口提箱业务的各个岗位工作任务及岗位职责。
3. 掌握码头进口提箱作业操作过程。

能力目标

1. 能完成码头进口单箱提箱预约和提箱作业。
2. 能完成按箱号预约与单箱提箱作业。
3. 能完成按提单号预约与成批提箱作业。

任务一　提箱预约计划

提箱预约是指客户持有效提箱凭证到码头办理提箱预约计划的过程。以进口重箱为例,预约计划的受理服务部门是码头的大厅受理部门,该部门主要负责集装箱码头的对外窗口服务。客户办理预约手续的前提是已经完成缴费,预约后码头的系统会自动生成一个预约号,提箱卡车司机进港提箱时需要在道口处输入该预约号以便系统进行选箱及中控室安排吊装机械等。

任务引入

天津港收到船公司文件发来的关于 PACIFIC 号的船舶资料、预报信息、船图清单、舱单、船期信息、离港信息及危险货物申报单。请模拟码头工作人员完成进口单箱提箱业务相关作业任务。

船舶装载信息如下:

船代码:PACIFIC　　　航次号:170907　　　贸易性质:一般贸易

泊位代码:2　　　停靠方式:左靠　　　装卸付费:广二运输公司

港口使费:安骏达运输公司 KC20020701

海关编号:N125547　　　船代理:COSCO

运输类型:江海运输　　外贸航线:MDX

计划抵港:2017 年 10 月 21 日 11:45

计划靠泊:2017 年 10 月 21 日 12:45

计划离泊:2017 年 10 月 25 日 07:00

实际抵港:2017 年 10 月 21 日 11:50

实际靠泊:2017 年 10 月 21 日 12:50

实际离泊:2017 年 10 月 25 日 07:30

进口总箱量:3

具体箱信息如表 2 - 1 所示。

表2 - 1　进口箱信息

箱位号	箱　号	箱　型	尺寸/ft	状　态	卸货港	提单号	箱重/kg	备　注
01D0182	GATU8140754	普通	20	进重	天津	170907	5 200	
03H0306	TEXU3903128	普通	20	进重	天津	170907	4 200	
06D0382	GESU3579457	普通	40	进重	天津	170907	8 200	

相关知识

一、集装箱码头进口箱业务流程

(一) 进口箱放行

步骤1　海关和国检放行后,将电子放行信息传送至码头操作系统。

步骤2　收货人或承运人凭提货单(小提单)到业务受理处办理提箱申请。

(1) 危险品箱还需提交海事部门审批的申报单,并且要审核拖运车辆的车队及车辆资质。

(2) 超限箱需至少提前3 个小时电话或邮件预约进场,预约内容包括拖车公司、箱号、车号、超限尺寸、预计进闸时间等。

步骤3　业务受理员审核提货单上的船代章、收货人章(收货人委托书)、海关无纸化进口放行通知书等及运输作业申请人资质,无误后录入进口提箱申请。

步骤4　系统自动比对提箱申请信息和海关、国检电子放行信息,无误后系统生成提箱计划。无电子放行信息的,需要由收货人或承运人提供海关或国检的纸面放行联系函。

(二) 进口箱提箱

步骤1　拖车凭设备交接单(EIR)到码头闸口办理提箱申请。

步骤2　闸口文员核对提箱人资格,录入提箱申请,打印进场小票。

步骤3　拖车可将箱门朝向不方便收货人卸货的集装箱运至固定吊调箱门区进行调箱门的作业。

(三) 进口箱出场

步骤1　拖车将集装箱运至出场闸口办理出场手续。闸口员核对 EIR 与实际车号、箱号后录入相应信息,系统自动校验提箱申请和提箱计划,无误后签收 EIR,打印出场小票给拖车,并放行出闸。

步骤2　拖车司机对集装箱外观和铅封如果有异议,应及时告知闸口验箱员处理。

二、集装箱码头提箱作业

码头上所讲的提箱作业一般都是指进口重箱的提箱,这是集装箱码头提箱作业最主要的业务内容。对于进口重箱而言,提箱业务属于整个进口业务流程中的第二阶段,第一阶段则是卸船作业。码头是一个集疏运的枢纽点,进口业务是一个由集到疏的过程,"疏"主要是指在提箱阶段堆场内的集装箱被疏运至货主仓库的过程,因此就决定了提箱过程的物流特点是随机的、离散的。

进口重箱的提箱过程一般可分为三个阶段,即计划阶段、收费阶段和作业阶段。在这三个阶段中,提箱业务所涉及的部门或单位有客户本身、受理部、银行、承运人、道口、场内吊车等,各环节相互依托,环环相扣。其流程关系如图2-1所示。

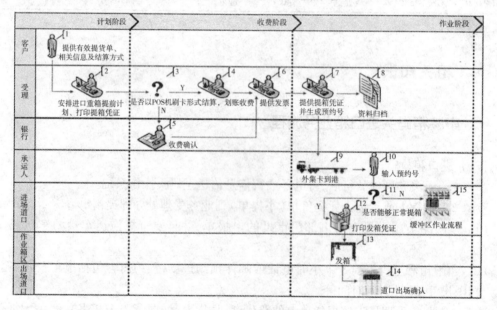

图2-1　进口重箱提箱作业流程

进口重箱的提箱作业流程如表2-2所示。

表2-2　进口重箱提箱作业流程描述

编　号	岗　位	说　　明
1	客户	客户持内容准确规范的有效提货单,提出申请整箱作业的时间,告知单位代码并提出结算方式要求
2	受理	安排进口重箱提箱计划、打印提箱凭证
3	受理/银行	客户直接刷卡或到银行柜台付账
4	受理	结清费用,提供发票
5	受理	核对相关收费凭证,提供提箱凭证,并生成预约号
6	受理	资料归档

（续表）

编 号	岗 位	说 明
7	承运人	外集卡至港区
8	承运人	司机在进场道口输入预约号
9	进场道口	判断能否正常进港
10	进场道口	如果能够正常进港,根据预约号打印发箱凭证
11	作业箱区	按照作业队列发箱
12	出场道口	核对计算机信息、设备交接单与重箱实际情况。确认无误后,收取设备交接单和发箱凭证,系统出场确认,开具出门证
13	进场道口	如不能正常进港,进入缓冲区办理提箱手续

作业阶段分为四个步骤:提箱预约;提箱作业进场;堆场提箱作业;提箱车辆出场。

（一）提箱预约

提箱预约的方式按照提箱批量可分为单箱预约和成批预约两种。其中,单箱预约一般是指按箱号预约,成批预约则包括按提单号预约、按持箱人预约及组合预约模式。

成批预约是指为多个集装箱统一制订预约计划,在提箱时这些箱子可不分先后地提给货主。因此,成批提箱计划的合理安排及道口处的自动选箱可以大大降低场地提箱时的翻箱概率。举例说明,如果某个客户要提 30 个集装箱,而 30 个集装箱中的部分箱子堆存在一起,存在压箱现象,如果进行单箱预约,则很可能被压在下面的箱子先要被提走,这样就造成了不必要的翻箱,但如果是成批预约,码头就可以先把上面的集装箱提给客户,从而避免翻箱。

针对不同的集装箱及不同的客户需求,成批提箱主要有按提单号预约、按持箱人预约和组合预约几种模式。

按提单号预约是指对于进口重箱,如果客户的提单是一票多箱(一个提单号多个集装箱)的,大厅受理员一般可采用按提单号预约的方式,如图 2-2 所示。

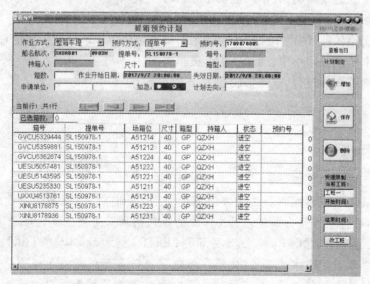

图 2-2　按提单号预约

按提单号预约的一般流程如下：

步骤1 根据客户提单，选择船名航次，输入提单号，从而在场地内查找已经卸船并且尚未被预约过的进口箱，如图2-3所示。

步骤2 选箱。根据提单上客户要求提的箱子箱号，在如图2-3所示界面中查询出的集装箱列表中选择客户要提的几个箱子。当箱子数量较大时，要注意核对箱子数量。

已选箱数： 0

箱号	提单号	场箱位	尺寸	箱型	持箱人	状态	预约号
GVCU5329444	SL150978-1	A51214	40	GP	QZXH	进空	
GVCU5359881	SL150978-1	A51212	40	GP	QZXH	进空	
GVCU5362674	SL150978-1	A51224	40	GP	QZXH	进空	
UESU5057481	SL150978-1	A51222	40	GP	QZXH	进空	
UESU5143595	SL150978-1	A51221	40	GP	QZXH	进空	
UESU5235330	SL150978-1	A51211	40	GP	QZXH	进空	

图2-3 按提单号查箱

步骤3 核对箱信息。检查系统中显示的箱信息与纸质提单上的箱信息是否有出入。

步骤4 指导缴费。即受理员指导客户进行缴费工作。

步骤5 制作预约计划。缴费后便可以将该提单的预约计划提交，并打印提箱凭证，以供集卡司机提箱时使用。

客户预约后即可拿到码头打印的提箱凭证，上面有提箱的预约号，之后便可在合适的时间委托承运公司到码头提箱。提箱车辆（集卡）进入码头堆场提箱之前首先需要经过进场道口办理提箱车辆登记手续。

车辆进场的手续办理工作由码头进场道口员负责。针对提箱车辆（空车）进场业务，道口员要辅助集卡司机完成以下作业：登记车牌号；查找预约记录；计算翻箱数；生成提箱任务，打印小票。

集装箱码头提箱作业的信息流是一个闭环，其中提箱车辆进场登记就是该闭环中不可或缺的一部分。其主要意义如下：

（1）严格管理进场车辆，有预约记录才能放行。

（2）翻箱预计算，减少不必要的提箱、翻箱。

（3）生成提箱任务，使得中控和指定箱区的场吊司机可提前获取提箱信息并做好准备。

（4）为集卡司机打印小票，通知外集卡提箱去向。

（5）记录提箱作业过程，以备日后查阅和工作统计。

 资料卡

智能闸口

集装箱码头道口或称闸口是进出集装箱的"咽喉要道"。随着集装箱吞吐量的不断增长，传统闸口的通过能力作为集装箱码头作业的瓶颈问题日益突出。近年来EDI技术的进一步推广使用，箱号识别（OCR）技术、车号识别（RFID）技术、箱体检查（CCTV）技术及其他相关技术的成熟和应用成本的降低，使得许多集装箱码头开始着力于将传统的闸口改造成为基于以上技术的智能闸口，并在实际的应用中大大改善了码头闸口的通过能力。智能闸口将RFID、OCR、CCTV、DVR、EDI和实时控制等先进技术予以有机结合，由核心控制模块根据业务过程控制各个部分运作,自动识别车号和箱号,通过视频完成箱体验残的远程检测,对识别和检测出来的信息按监控及操作需求进行转换,从而实现了码头管理系统的实时交互,完成了集装箱闸口管理和控制的智能化。

智能闸口的组成如图2-4所示。

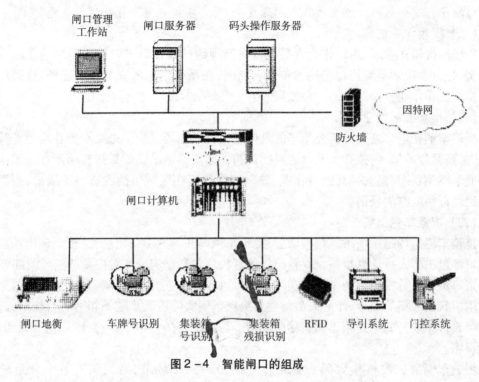

图2-4　智能闸口的组成

资料卡

免费堆存期

一般码头对于进口卸货都有免费的堆存期,根据各港口的不同情况,通常为3~15天不等。大部分港口的免费堆存期可以在网上查询到。免费堆存期(free storage period)是指集装箱在码头存放的免费时间,超出这一时间,有些港口为了加强港口周转率,会强制货主将箱子提走;有些港口则采用征收滞箱费的形式作为处罚,而滞箱费和堆存费经常是递增费率,其目的也是为了加快箱子周转率。

码头堆存箱的费用有诸多种类,通常会公布给各相关当事人。但由于名称类似,所以在实际业务中容易被混淆,现归纳如下:

①免租期(free demurrage)。这是指货物抵港后集装箱在码头内的免费租用期。

②免租期(free detention)。这是指货物抵港后集装箱拖离码头外的免费租用期。

③免存期(free storage)。这是指集装箱堆存在码头的免费堆存期。

其中,①、②两项是由船公司决定的,因此可向船公司申请。一般情况下,所申请和批复的免费期为:free time＝free demurrage＋free detention。正常情况下,在目的港的免费期为7天。有的船公司也批准14天的免费期,但如果想申请21天的免费期则难度

很大,除非是稳定客户或船公司在港的集装箱量非常充足的情况下才会被获准。应该了解demurrage和detention的区别,而storage是码头向船公司收取的集装箱堆存费,故免存期的时间取决于码头,不是船公司。

面对这一规定,最好的方法是,力争使货主在国际通常的时间限制内及时清理货物通关并归还箱子。这样就可以避免堆存费问题发生,而不要把希望寄托在过度的免费上。

（二）提箱作业进场

在场吊提箱作业时,道口作业人员根据提箱预约计划在道口对前来提箱的车辆进行信息核实,并自动搜索集装箱在场地的位置。同时,在系统内生成一个提箱任务,该提箱任务即场控为提箱作业安排机械的主要依据。

（三）堆场提箱作业

提箱车辆在道口处获得所提箱子的具体场箱位后进场。为了避免车辆在场地等待时间过长,提高服务质量,场控必须及时为当前提箱任务安排场吊。如果待提箱所在区域正好有场吊处于空闲状态,则安排其进行作业;如果待提箱所在区域当前没有空闲场吊,则需从其他箱区就近调度空闲场吊。

（四）提箱车辆出场

提箱车辆出场是指场吊提箱确认后,提箱车辆离开场地准备出场,提箱车辆出场前必须在道口经过工作人员信息校核。提箱出场信息校核包括车牌号和对应集装箱号两部分。

道口工作人员根据出场车辆的实际车牌号,在系统内选择该车辆,对应车辆上就会显示该车辆所载集装箱的箱号,作业人员需要与提箱车辆实际所载集装箱箱号进行核对,核对无误方可放行车辆。如果提箱车辆实际所载箱子与系统内指定箱子不符,则车辆需返回堆场,重新提箱。

提箱车辆信息校核作为码头提箱作业的最后一个环节,对码头有着十分重要的意义——可以避免错提箱给码头造成的重大损失。

 资料卡

上海洋山深水港四期自动化码头

上海洋山深水港四期拥有2 350 m的岸线,一次性建成7个泊位,如图2-5所示。开港后,将形成400万TEU/年的吞吐能力。后期将继续扩大规模,最终有26台岸桥、约120台轨道吊和超过130辆AGV投入使用,吞吐量将达到630万TEU/年。目前,已经完成调试的首批10台桥吊、40台轨道吊、50台自动导引车(AGV)将投入开港试生产。

洋山四期采用全自动化集装箱码头建设方案,与传统集装箱码头相比,其创新发展理念和更高技术含量主要体现在以下几个方面:

① 规模位居全球之首。洋山四期总用地面积223万 m²,共建设7个集装箱泊位,集装箱码头岸线总长2 350 m,设计年通过能力初期为400万TEU,远期为630万TEU。

② 巧妙的堆场布局。与一至三期工程相比,四期工程的堆场面积小得多,得益于全自动化码头方案的采用。作业线与码头垂直布置并采用高密度堆垛方式后,大幅度提高了土地与深水岸线资源的利用率,实现了集装箱在港内运输距离的最短化。

图2-5　上海洋山深水港四期自动化码头

③ 生产作业环境全面改善。码头装卸作业采用"远程操控双小车集装箱桥吊＋自动导引车＋自动操控轨道式龙门起重机"的生产方案,远程操控让驾驶人员可以在办公室内通过远程操作台控制桥吊和轨道吊,5 名远程操作轨道吊的女司机不再需要爬上几十米高的桥吊,1 个司机可以管理 6 台轨道吊,动动手指,就能装卸集装箱,如图2-6 所示;自动导引车让码头前沿的水平运输实现了无人化;生产管控系统让船舶和堆场计划、配载计划、生产作业路计划等全部交由系统自动生成,显著降低了码头各个环节的人力资源成本,实现了码头作业从传统劳动密集型向自动化、智能化的革命性转变,可以提供 24 小时全天候、高效、绿色、安全的服务。

图2-6　远程操作轨道吊的女司机

洋山四期采用上港集团自主研发的全自动化码头智能生产管理控制系统(TOS 系统)和振华重工自主研发的智能控制系统(ECS 系统),两者组成了这个全新码头的"大脑"与"神经",如图2-7 所示。这两套系统的研制与应用,令四期工程成为真正的全自动化码头。TOS 系统覆盖自动化码头全部业务环节,衔接上海港的各大数据信息平台,提供智能的生产计划模块、实时作业调度系统及自动监控调整的过程控制系统。ECS 系统取代了传统设备上的操作人员,给港口设备赋予了智能化。ECS 系统把一辆辆 AGV 小车变成一个个智能的 AGV 车队,把一台台场桥起重机变成一个个智能化的堆场,把一座座岸桥起重机变成能自主作业的巨型机器人。同时,ECS 把这些智能化设备和系统有机地协调起来,使它们能够密切地配合,自动高效地完成码头操作系统 TOS 的装卸任务,从而实现整个的码头智能化运作。

图 2-7　TOS 系统岸桥双吊具装卸

三、集装箱卡车甩挂运输

甩挂运输(swap trailer transport)就是带有动力的机动车将随车拖带的承载装置,包括半挂车、全挂车甚至货车底盘上的货箱甩留在目的地后,再拖带其他装满货物的装置返回原地,或者驶向新的地点。运输方式如图 2-8 所示。这种一辆带有动力的主车,连续拖带两个以上承载装置的运输方式被称为甩挂运输。甩挂运输是用牵引车拖带挂车至目的地,将挂车甩下后,换上新的挂车运往另一个目的地的运输方式。甩挂运输是提高道路货运和物流效率的重要手段,早已成为欧美和日本等发达国家和地区的主流运输方式。但在我国,甩挂运输的发展一直步履艰难。甩挂运输中遇到的诸如养路费、交强险等种种问题给相关物流企业带来了不能承受之重。相关滞后的政策制约了甩挂运输的快速发展,如何保证甩挂运输的发展,亟待各方积极行动。

图 2-8　甩挂运输方式

甩挂运输在我国沿海港口城市已经在使用了,这种方式也就是一台牵引车配置 3 至 4 台半挂车(见图 2-9),在货物运输地高速运转的运输方式。甩挂运输能大大提高运输车辆的周转使用效率,提高运输能力,降低成本。集装箱运输方式之所以先进,在于不但可以使用甩挂运输让牵引车的运输作业与集装箱挂车的卸货作业同时进行,从而提高效率,同时集装箱运输还具有安全性高、国际标准统一、全球编号规范一致、海铁陆空多式联运等优点。

图2-9　集装箱半挂车

在现有的条件下实现高效运输,正是甩挂运输的优势所在。在相同的运输条件下,汽车运输生产效率的提高取决于汽车的载重量、平均技术速度和装卸停歇时间3个主要因素。甩挂运输把汽车运输列车化,可以相应地提高车辆每运次的载重量,从而提高运输生产效率。甩挂运输具有提高车辆作业效率、降低企业运营成本、降低油料消耗等特点。据测算,甩挂运输可以提高车辆运输效率30%以上,降低成本约30%,可以使汽车燃油消耗量降低20%~30%。

在实际应用中,与传统运输模式相比,甩挂运输体现出如下优势:

(1)能够增加牵引车的有效工作时间,加快牵引车周转率,降低牵引车的购置费用,减少驾驶员的雇用成本。在甩挂运输的工作模式中,一辆牵引车按计划或根据调度指令分时段拖挂不同的挂车完成货运需求。在这个过程中,牵引车到达目的地后不必等待装卸货物,卸下需卸货的挂车后再挂上已装好货物的挂车行驶至下一个目的地。这样不但消除了牵引车的等待装卸时间,还提高了驾驶员的工作效率,也最大限度地消除了不同场站装卸效率的差异。以福州到南京为例,如果采用普通单车运输,装货、卸货各需要5个多小时,而采用甩挂运输后,不仅装卸时间节省了10个小时,而且由于牵引车跑得比普通车快,使路上行程也减少了3个小时,如此一来,便可以节约13个小时左右。

(2)能够大幅度降低油料消耗,节能减排,有利于保护环境。甩挂运输"一车一挂"或"一车多挂"的形式,均提高了牵引车的工作效率和挂车的吨位利用率,减少了车辆对道路的占用,降低了能源消耗,减少了汽车排放污染。粗略测算,如果全国道路货运业能将甩挂运输周转量比重提高到10%,则每年可节省燃油折合300~400万t标准煤,相应地减少二氧化碳排放650~850万t。

(3)能有效降低相关物流成本,减少货损货差,满足生产企业实现零库存需求。首先是能减少货损货差,减少事故理赔。甩挂运输一般采用的是全密封厢式车或集装箱进行货物运输,在保证货物交接的准确、及时的同时,密封式的箱体降低了货损货差概率,降低了货物运输过程中丢包风险,且防晒、防雨、防盗,保障货物运输安全,从而减少了事故理赔。其次,能响应生产企业JIT需求,实现零存库。在传统车辆运输模式下,不可避免地会产生装卸货环节,以及存在存放承接装卸货物的仓库。而在甩挂运输运作过程中,挂车在装卸货物时与牵引车分离,其功能相当于一个临时性的"专用仓库",因而甩挂运输创造的时间效益及增强货品的流动性可以及时响应制造企业 JIT 的货运要求,满足生产厂家"零库存"的需要,进而降低企业的物流成本。

(4) 能够适应发展现代物流的要求,促进多式联运发展。甩挂运输的优势除了在道路运输方面突显外,在多式联运中的作用也非常显著。发达国家从 20 世纪 40 年代就开始在铁路中进行的驮背运输、在海运中采用的滚装运输这些运输形式都是以甩挂运输为基础的。如今我国大力推行的"区港联动"模式也是在甩挂运输的基础发展而来的,因为利用标准化、专业化的装卸设备,甩挂运输模式可以有效提高公路和铁路、船舶之间的装卸效率,提高铁路和船舶的容积利用率,实现不同运输方式的无缝对接,在陆路和海运外贸运输中发挥着重要作用。

资料卡

物联网是指将无处不在的末端设备(devices)和设施(facilities),包括具备"内在智能"的传感器、移动终端、工业系统、楼控系统、家庭智能设施、视频监控系统等与"外在使能"(enabled)的,如贴上 RFID 的各种资产(assets)、携带无线终端的个人与车辆等"智能化物件或动物"或者"智能尘埃"(mote),通过各种无线或者有线的长距离或短距离通信网络实现互联互通(M2M)、应用大集成(grand integration),以及基于云计算的SaaS 营运等模式,在内联网(intranet)、外联网(extranet)、互联网(Internet)环境下,采用适当的信息安全保障机制,提供安全可控乃至个性化的实时在线监测、定位追溯、报警联动、调度指挥、预案管理、远程控制、安全防范、远程维保、在线升级、统计报表、决策支持、领导桌面(集中展示的 cockpit dashboard)等管理和服务功能,实现对"万物"的"高效、节能、安全、环保"的"管、控、营"一体化。

随着物联网、云计算、大数据等技术的进一步成熟和应用,未来的港口将是"智慧"的港口,港口传统的 IT 架构及运营维护管理模式将发生变革,港口 IT 基础设施将会基于资源化的云计算数据中心、虚拟化园区网、物联网来实现,并且会大量采用虚拟化、IPv6、WLAN、融合安全等技术。这种新的模式和架构,带来的将是效率和满意度的大幅提升,港口物物之间的互联,工作人员或客户可以随时查看港口集装箱、机械设备、车辆的状态、位置等信息,也可以在几天甚至几个小时内获得所需要的 IT 软硬件资源并快速部署所需要的业务。总之,港口信息建设需要"创新 IT 赋能变革"。在这场变革中,港口行业智慧港口的产品和解决方案包括以下几个组成部分:

① 港务集团云计算数据中心。通过港务集团云计算数据中心建设,为港务集团及各码头分公司提供灵活、弹性、按需分配的 IT 服务,为港口物联网应用提供计算支撑平台,各种IT 需求将在云计算模式下得到快速响应和满足,进而大幅提升港口运行效率。港务集团云计算解决方案针对港口 EDI、ERP、物流、调度等业务可以实现动态资源扩展 (DRX),解决业务高峰时段底层硬件资源的动态调度,从而确保业务突发情况下系统能够稳定可靠地提供服务;分布式零存储技术可以灵活地扩展系统存储资源,并整合服务器硬盘空间,让用户轻松获得高性价比的 PB 级存储空间,为港口大数据分析应用提供海量存储空间。

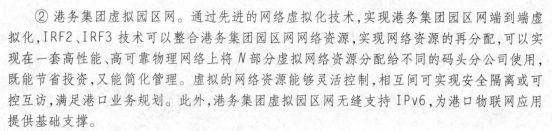

② 港务集团虚拟园区网。通过先进的网络虚拟化技术,实现港务集团园区网端到端虚拟化,IRF2、IRF3 技术可以整合港务集团园区网网络资源,实现网络资源的再分配,可以实现在一套高性能、高可靠物理网络上将 N 部分虚拟网络资源分配给不同的码头分公司使用,既能节省投资,又能简化管理。虚拟的网络资源能够灵活控制,相互间可实现安全隔离或可控互访,满足港口业务规划。此外,港务集团虚拟园区网无缝支持 IPv6,为港口物联网应用提供基础支撑。

③ 港口码头室外无线网络。专业级的室外无线解决方案具备 IP66 等级,能够稳定工作于 -40~65℃环境,适用于港口室外复杂环境,为港口堆场、码头室外作业区手持终端、车载终端、RFID 读写器、无线监控、无线语音等提供无线 Wi-Fi 接入。

完整、开放、标准的港务集团云计算解决方案的交付,实现了港务集团云计算、网络深度融合,通过自动化、智能化、全融合的方式,为港务集团构建了简单、易用、动态、弹性的新 IT 基础架构,助力港口更加智慧化。

智慧港口旨在建设 3E 级港口,即:在港口运营上卓越(Excel),进一步提升运营效率,利用自动化及智能化机械设备,实现更高的运营效率;在生态圈构建上保持开放(Extend),延伸服务范围,不再局限于"货物装卸",改变原本封闭的运作模式,转向与供应链上下游的利益相关方展开协同和合作,彻底打通物流运输的海陆节点,为货主、物流公司、航运企业及联盟提供更具价值的优质服务;在可持续的创新业务上积极拓展(Explore),拓展业务范围,充分利用港口身处供应链中心的先天优势,通过对各方面信息的收集、分析和整合,获取行业洞察并开发新的商业模式,确立价值增长点。

思考:1. 在智慧码头系统中如何发挥甩挂运输的优势?

2. 移动互联网下甩挂运输如何满足 JIT 的货运要求?

四、进口集装箱箱货交付

为了使集装箱码头的卸船工作能够顺利进行,防止进口货物在码头堆场的积压,同时不使集装箱闲置,加速箱周转,在集装箱运输中,一般都由船公司先向收货人发出提货通知,收货人接到提货通知后,凭正本提单到船公司换取提货单,随附费用账单和交货记录两联。收货人持上述单证随其他进口货物报关、包验单证办理完"一关三检"、放箱、理货和陆管处手续后,到码头办理提货手续。

进口集装箱箱货交付作业,根据货物交付条款 DOOR、CY、CFS 对应三种作业方式:整箱提运作业、拆箱提货(落驳)作业和仓库提货作业。

(一)整箱提运作业

1. 码头提箱计划申请

(1)收货人要求进口集装箱整箱提运,应在提运作业前一天到集装箱码头受理台办理整箱提运作业申请手续。

(2)码头受理台业务员检查申请人的提货单手续(图章)是否齐全,并按船名、航次和提单号查询计算机舱单内的箱号、品名、标记、件数。核对无误后,直接在计算机系统中受理计划,同时打印提箱凭证交申请人作为提箱依据。提箱凭证的内容主要有船名、航次、箱号、堆场位置、作业时间等项目。

2. 码头检查口办理提箱手续

在整箱提运的当日,货主或内陆承运人凭提箱凭证、IC卡和出场设备交接单到码头进场检查口办理提箱手续。检查口文员验收单证,确认无误后,通过计算机打印重箱发箱凭证交集卡司机。集卡司机根据发箱凭证上的场箱位,进入指定堆场提箱。

发箱凭证上的内容主要有船名、航次、箱号、堆场位置、作业时间、集卡车号等项目。

3. 码头堆场发箱

集卡司机进入指定堆场后,将发箱凭证交堆场员,核对无误后,堆场员指挥轮胎吊司机按指定的箱号发箱,在发箱凭证上签字后,交还给集卡司机。

4. 码头检查口出场交接

在集装箱装集卡后,集卡司机将集卡驶至出场检查口,并将堆场员签字过的发箱凭证交出场检查口业务员。业务员核对箱号、车号后,打印出场门票,并在出场设备交接单上进行交接确认,集卡凭门票出码头大门。

(二) 拆箱提货作业

进口集装箱拆箱作业可分为拆箱车提、拆箱落驳、拆箱装火车。

1. 作业计划申请

2. 堆场发箱

3. 拆箱发货和交接

堆场员根据拆箱计划申请单及控制室的移动指令指挥轮胎吊和集卡将集装箱移入货运站。货运站业务员核对箱号,检查铅封完好后,在移动指令上签收。

移动完毕后,堆场员将拆箱计划申请单和经货运站业务员签收的移动指令交控制室堆场控制员。

4. 空箱归位

(三) 仓库提货作业

1. CFS 条款箱拆箱计划安排

码头受理台业务员根据进口卸船资料,编制进口集装箱拆箱计划申请单。

2. 堆场发箱

控制室堆场业务员根据拆箱计划申请单,编制集装箱移动指令,根据需要一式数联,部分交堆场员,部分交货运站业务员使用。堆场员根据集装箱移动指令指挥轮胎吊和集卡将集装箱移至拆箱区。

3. 拆箱、货进仓库

货运站根据拆箱计划申请单和进口集装箱舱单,按货物流向布置拆箱的具体要求。货运站拆箱的要求是必须一箱一清,拆完为止,并在做完箱内清扫工作后关好箱门。

拆箱作业时,货运站理货员应与外轮理货员做好当面交接,查点货物的件数,验明包装和残损。

拆箱作业完毕,货运站理货员还应按船名、航次、分别缮制拆箱日报表和残损溢短报告,并会同外轮理货员签字,然后货运站理货员在外轮拆箱理货单上签字。

如果在拆箱过程中发现箱残损或导致箱体坏损,应立即停止作业,并及时通知外轮理货员确认。

4. 空箱归位

由货运站理货员编制空箱报表，堆场计划员安排归箱箱位计划。中控室按归箱计划收空箱归入指定箱位，并在计算机中做好跟踪记录。

5. 收货人提货计划申请

收货人凭海运提单换取提货单（小提单），在办理各项申报通关手续后，到码头受理台申请提货。码头在收取相应费用后，打印提货凭证交收货人。费用主要有港务港建费、堆存费、拆箱费、制冷费、码垛费等。

6. 仓库发货和交接

码头仓库管理员根据昼夜作业计划中的库提作业计划，安排好机械和劳动力。接到收货人提货凭证，同计划及仓库台账和桩脚牌核对后发货，并在交货记录上与收货人做好交接记录，且开具出门证。

 资料卡

集装箱进口业务中检查口的任务

1. 提运重箱

收货人办妥报关报验等进口手续后，通常委托集装箱卡车司机凭提货单到码头办理提运进口重箱手续。集装箱卡车司机在检查口向业务人员递交提箱凭证和集装箱设备交接单，检查口审核单证后，将箱号、箱型、尺寸、提单号及作业号、集装箱卡车车牌号等信息输入计算机，由计算机打印发箱凭证交集装箱卡车司机。集装箱卡车载箱后驶经出场检查口，司机递交发箱凭证，检查口业务人员核对所载运集装箱的箱号，并与司机检验箱体和封志，共同在集装箱设备交接单上签字确认后，集装箱卡车拖重箱驶离码头。

2. 回空箱进场

收货人完成拆箱后，还应负责将空箱按时返回指定的还箱点。如果还箱点为码头，应由检查口办理回空箱进场手续，集装箱卡车司机在检查口向业务人员递交集装箱设备交接单，检查口将箱号、箱型、尺寸、持箱人及集装箱卡车车牌号等信息输入计算机。验箱员与集装箱卡车司机共同检验箱体，如果箱体良好，双方在集装箱设备交接单上无批注签字确认；如果箱体有损坏，由检查口人员在集装箱设备交接单上如实批注后双方签字确认。完成验箱及其单证手续后，由计算机打印收箱凭证交司机，集装箱卡车驶到指定的堆场箱区卸箱后，经出场检查口递交收箱凭证，再驶离码头。

五、智慧港口

（一）智慧港口的概念

智慧港口（smart port）是以信息物理系统为结构框架，通过高新技术的创新应用，使物流供给方和需求方共同融入集疏运一体化系统，极大提升港口及其相关物流园区对信息的综合处理能力和对相关资源的优化配置能力，智能监管、智能服务、自动装卸成为其主要呈现形式，并能为现代物流业提供高安全、高效率和高品质服务的一类新型港口。智慧港口由智能管理、自主装卸、智能政务、智能商务等功能构成。

（二）智慧港口的主要特征

1. 全面感知

全面感知是所有深层次智能化应用的基础,智能监测的结果是现场数据的全面数字化,包括现场物联网、远程传输网络及数据集成管理(筛选、质量控制、标准化和数据整合)。

2. 智能决策

智能决策是指在基础决策信息感知和收集的基础上,明确决策目标及约束条件,对复杂计划、高度等问题快速做出有效决策。

3. 自主装卸

自主装卸是指在智能决策的基础上,设备自主识别确定装卸对象、作业目标,并安全、高效、自动地完成作业任务。

4. 全程参与

全程参与是指通过云计算、移动互联网技术的应用,使港口相关方可以随时随地利用多种终端设备,全面融入统一云平台,通过广泛联系、深入交互,使港口综合信息平台能最大限度地优化整合多方需求与供给,使各方需求得到即时响应。

5. 持续创新

港口可持续创新是指通过港口相关方的广泛参与和深入交互,通过港口管理者与智能信息系统的人机交互,智能信息系统的自主学习,使得港口具备持续创新和自我完善的功能。这是智慧港口最主要特征之一。

（三）智慧港口的主要技术

1. 物联网技术

物联网指的是将各种信息传感设备,如射频识别(RFID)装置、红外线感应器、全球定位系统、激光扫描器等装置与互联网结合起来而形成的一个巨大网络。

2. 云计算技术

云计算是一种基于互联网的应用与服务方式,通过这种方式,共享的软硬件资源和信息可以按需求提供给计算机与其他设备。

3. 移动互联网技术

移动互联网技术是一种通过智能移动终端,采用移动无线通信方式获取业务和服务的新兴业态,包含终端、软件和应用3个层面。

4. 大数据技术

大数据也称为巨量数据、海量数据、大资料,指的是所涉及的数据量规模巨大到无法通过人工在合理时间内整理成为人类所能解读的信息,必须借由计算机对数据进行统计、比对、解析方能得出客观结果。

5. 人工智能技术

人工智能也称机器智能,是计算机科学的一个分支,主要研究应用人工方法和技术,模仿、延伸和扩展人的智能,实现机器智能。人工智能应用领域广泛,涉及问题求解、机器学习、专家系统、模式识别、机器人学等领域。

6. 系统仿真与模拟技术

系统仿真是一门研究系统建模与仿真理论、方法、技术及应用的综合性科学技术;模拟

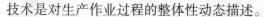

技术是对生产作业过程的整体性动态描述。

7. 设备智能诊断与评估

设备智能诊断与评估就是通过网络与专家知识对设备的状态进行监测,判断其是否正常。当出现异常时分析其产生的原因、部位和严重程度,并预报其发展趋势。

8. 装卸机器视觉与自主控制

装卸机器视觉是指通过非接触的传感器自动地接收和处理一个真实物体的图像,获得装卸所需信息;自主控制是实现在此基础上的信息处理、决策和自动装卸控制。

9. 港口绿色能源系统

港口绿色能源系统主要是引导港口运营的各个环节实现零排放、零污染和能源的高效、综合利用。

(四) 智慧型集装箱码头

智慧型集装箱码头是指具有高度自主装卸能力与自主管理能力的集装箱码头。自主装卸能力主要包括岸边作业自动化、水平运输自动化、堆场作业自动化;自主管理能力主要包括资源分配智能化、生产组织智能化、作业计划智能化。智慧型集装箱码头进出口业务流程主要由信息感知智能化、生产组织智能化、装卸作业智能化、商务智能化和闸口智能化等组成。管理智能化和装卸自动化已经成为下一代集装箱码头发展的必然趋势,"高效"与"协同"将成为衡量智慧型集装箱码头设计水平的重要指标。

资料卡

港口如何变得智能? 从识别集装箱号做起

集装箱号是集装箱在整个港区进行装卸船、堆放、验残、出关等作业时流转的依据,整个港口大数据系统正是围绕集装箱号展开的。但集装箱号运用现行技术手段识别的准确率仅为80%~85%,还必须提前接入港口数据库,且难以识别有瑕疵的集装箱标记,因此各港口还要配备大量的理货人员专门记录集装箱号再人工录入系统。这不仅导致人力成本上升,而且会为理货人员带来安全隐患。

2016年12月,上海西井科技开发了全球首套类脑智慧港口系统WellOcean。WellOcean专注于智慧理货,在舟山港旗下的大榭招商国际码头全面投入使用,首次实现了集装箱码头的无人智慧理货。集装箱的作业通常在露天环境,易受到港口所在地气候、光线条件等影响,而WellOcean则不惧风雨、光线强弱等自然条件限制。根据港口统计,港口理货人员记录集装箱号的平均准确率为92%,而它接近了100%,已经超越了人类的平均准确率。形象的比喻是,阿尔法狗学习了围棋棋谱战胜了人类,WellOcean系统学习了识别集装箱号后超越了理货人员,并且已经可以适应各种极端情况和复杂环境。

数字化操作

一、单箱提箱预约受理

货代或货主要进行提箱之前,需要进行提箱预约。选择"大厅受理"│"提箱预约受理"命令,打开"提箱预约"对话框,如图2–10所示。

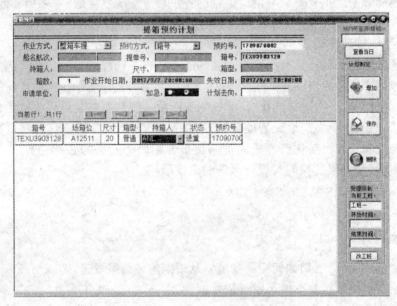

图2–10　单箱"提箱预约"对话框

"提箱预约"对话框主要有由三个部分组成:位于上半部分的窗格用于指定提箱预约计划;下半部分的窗格显示所有已受理箱,同时具有统计总箱数和已提、未提箱数;右边列主要是操作或设定按钮。

首先要在堆场中找一个进口箱,选择"中控调度"│"全场监控"命令。一般情况下,进行单箱提箱作业时按箱号预约。在"计划制定"选项组中,单击"增加"按钮;"预约方式"选择"箱号";"箱号"文本框变为可编辑状态,输入箱号。输入其他信息后单击"保存"按钮。

"增加"按钮用于新增一条预约记录;"查看当日"按钮用来查询当天提箱预约记录;"预约号查询(模糊)"文本框方便用户根据预约号进行模糊查询。预约号前6位是年、月、日,因此查询时可以根据需要调整查询范围。例如,如果要查询2008年11月2号的预约情况,可输入"081102",按回车键显示查询结果;如要查看2008年11月整个月的预约情况,则输入"0811"。每次新增提箱预约计划时,系统都会自动给出一个预约号,用于唯一确定该预约计划。"改工班"按钮用于工班的切换。这里分为两个工班,工班改变后,工班的起讫时间也自动改变。

二、成批提箱预约受理

货代或货主要进行提箱之前,需要进行提箱预约。选择"大厅受理"|"提箱预约受理"命令,打开"提箱预约"对话框,预约方式选择按提单号,如图 2 - 11 所示。

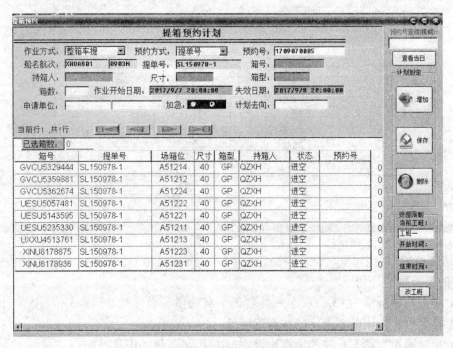

图 2 - 11 成批"提箱预约"对话框

在"计划制定"选项组中,单击"增加"按钮,"预约方式"选择"提单号"后,"船名航次"和"提单号"文本框变为可编辑状态。输入船名航次和提单号后按回车键,出现可选的集装箱信息,选中要提箱的箱号后单击"保存"按钮。

三、直提箱预约受理

货代或货主在进行直提箱之前,需要进行提箱预约。选择"大厅受理"|"直提箱预约受理"命令,打开"直提箱预约"对话框,如图 2 - 12 所示。

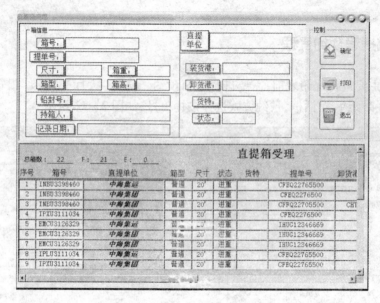

图 2-12 "直提箱预约"对话框

技能训练

1. 请按照如下命名要求,自行编制 3 个不同的集装箱箱号,分别在 TOS 系统中完成单箱、双箱的提箱预约计划。

（1）集装箱箱号第 1～3 位取本人姓名 3 个字的拼音首字母（不足 3 位,用 X 补齐）,4 字及以上姓名可直接用前 3 个字的拼音首字母。

（2）集装箱箱号第 5、6 位为所在班级（如 01,不足 2 位的用 0 补齐）。

（3）集装箱箱号第 7、8 位为学号后两位（如学号 09）。

（4）集装箱箱号第 9、10 位为所编制集装箱的顺序数（如 01 表示第 1 个集装箱）。

（5）集装箱箱号第 11 位为计算出的核对数。

2. 请查找相关资料,搜集国内外至少 1 个智慧码头案例,并分析物联网技术、云计算技术、移动互联网技术、大数据技术和人工智能技术等前沿技术在集装箱码头的综合应用。

任务二　提箱作业进场管理

提箱预约结束后,货主或货代即可在有效期内去码头提箱。提箱车辆进场时在道口进行登记,指定其提箱任务。这主要由提箱作业进场管理实现。

任务引入

天津港收到船公司发来的关于 PACIFIC 号的船舶资料、预报信息、船图清单、舱单、船期信息、离港信息及危险货物申报单。请模拟码头工作人员完成进口单箱提箱业务的相关

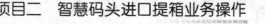

作业任务,并完成每个角色中的内容。

船舶装载信息如下:

船代码:PACIFIC   航次号:5505

堆存方式:进口大计划   贸易性质:一般贸易

泊位代码:2   停靠方式:直接停靠

装卸付费:广二运输公司   港口使费:安骏达运输公司[KC20020701]

海关编号:N125547   船代理:COSCO

运输类型:江海运输   外贸航线:MDX

计划靠泊:2017 年 10 月 21 日 12:45

计划离泊:2017 年 10 月 25 日 07:00

实际靠泊:2017 年 10 月 21 日 12:50

实际离泊:2017 年 10 月 25 日 07:30

进口总箱量:3

具体箱信息如表 2 -3 所示。

表2 -3 进口箱信息

箱位号	箱 号	箱 型	尺寸/ft	状 态	货 特	提单号	箱重/kg	备 注
01D0182	GATU8140754	普通	20	进重		170818	5 200	
03H0306	TEXU3903128	普通	20	进重		170818	4 200	
06D0382	LCNN3202732	普通	40	进重		170818	8 200	

相关知识

一、集装箱进口货运的前期工作

进口交易前的准备工作主要有:编制进口计划报批;用货部门根据国家批准的进口计划或地方批准的进口项目,填制进口登记卡;进口登记卡送进出口公司审查,进出口公司的进口部门做准备工作,磋商进口交易,签订进口贸易合同。

交易磋商(business negotiation)是通过信件、电报、电传等形式进行的。在实际业务中,交易磋商的整个过程一般分为"询盘""发盘""还盘"和"接受"四个环节。

(一) 询盘

询盘(enquiry)是为洽购或销售某项商品,向对方提出关于交易条件的询问,又称询价。在进口贸易中,我方向外询盘是邀请对方发盘。在实际业务中,一般采用"订一询三",即进口一批货物同时向几家出口商询盘,邀请它们发盘。

(二) 发盘

发盘(offer)是买卖双方向对方提出各项交易条件,并愿意按这些条件达成交易、订立合同的一种肯定的表示。

（三）还盘

还盘（counter-offer）是受盘人对发盘内容不完全同意而提出的修改或变更的表示。我方收到几家出口商的来盘后，对盘中各项交易条件进行全面分析、比较，选择适当的对象进行还盘。

（四）接受

接受（acceptance）是指买方或卖方同意对方在发盘中提出的交易条件，并愿按这些条件与对方达成交易、订立合同的一种肯定的表示。

二、集装箱进口运输业务

（一）集装箱进口货运程序和有关单证

集装箱的进口货运程序大致如下：当卸货港的船公司或者船公司的代理人在接到装货港的船公司或船公司的代理人寄来的有关货运单证后，联系集装箱装卸作业码头，为船舶进港和卸货做好必要的准备工作。船舶到港后，代办各种船舶和货物的进口手续，组织卸货和进口箱在码头堆场的存放或在集装箱货运站进行拆箱。与此同时，在卸货港的船公司或船公司的代理人向收货人发出到货通知，要求货主能尽快提货。货主通过银行取得提单后，即可根据到货通知，凭提单到船公司或船公司的代理人那里换取提货单，凭提货单到码头堆场或 CFS 提取货物。

集装箱进口货运业务的有关单证主要有：进口载货清单、进口载货运费清单、货物舱单、积载图、装箱单、提单、提货单、卸货报告、交货记录、疏港清单、特殊货物清单、装船货物残损单等。

（二）船公司在进口货运中的有关业务

1. 做好卸船的准备工作

集装箱运输的最大优越性就在于它的快速性、简洁性。但是，如果在船舶到港前没有做好合理的卸船计划，必定会影响集装箱的装卸作业，集装箱就有可能滞留在码头上，使码头的正常工作陷入混乱，削弱集装箱运输的优越性。因此，在船舶驶离装货港前，船公司及其代理人就已经在装货港为在卸货港所需进行的业务开始做准备工作。对船公司有关业务人员来说，应尽快制订出船舶预计到港的计划，并从装货港代理处得到有关的单证。这些单证主要有以下几个：

（1）提单或场站收据副本。提单或场站收据副本的主要作用是缮制到货通知、提货通知、提货单、载货清单及交货通知书、交货凭证和动植物清单等，并据此答复货主的各种货物咨询。

（2）积载计划。积载计划的主要作用是作为编制卸船计划、码头堆存计划和有关设备交接保管的资料凭证。

（3）装箱单。装箱单（container load plan CLP）的主要作用是办理进口货物的报关和纳税手续，以及货物从码头堆场运出的有关手续。

（4）集装箱清单。集装箱清单（container list）的主要作用是向海关办理暂时进口手续、临时卸货手续及设备管理的依据等。另外，集装箱清单还可作为核对冷藏箱及其他特种箱的依据。

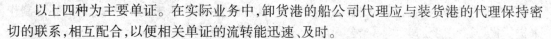

以上四种为主要单证。在实际业务中,卸货港的船公司代理应与装货港的代理保持密切的联系,相互配合,以便相关单证的流转能迅速、及时。

2. 向集装箱码头堆场提交单证

卸货港的船公司代理人在收到装货港寄来的单证后,在船舶到港前,将这些单证及自行缮制的相关单证送交集装箱码头堆场。

3. 卸货与货物的交付

卸货与货物的交付工作主要由集装箱码头安排完成。但货主在收到到货通知后,对提货工作向船代提出一些要求,船代在尽可能满足收货人的要求后,及时通知码头经营人,协同做好安排。

4. 签发提货单

卸货港的船公司或其代理人在收到正本提单后,向提单持有人签发提货单,提货单不具备提单那样的流动性,持单人根据提货单到堆场提货。

(三)集装箱货运站在进口货运中的有关业务

集装箱货运站主要有内陆港口型和货物集散型两种:前一种主要设在港口以外,后一种一般设在港口附近。

如果进口集装箱是拼箱,则集装箱货运站从堆场接受重箱后,在货运站进行拆箱作业。货物从集装箱内取出后,根据提单进行分类,然后交付给收货人。这是集装箱货运站在进口货运中的主要业务。此外,对于未交付货物,也是由集装箱货运站按规定进行保管和处理。

1. 有关单证的交接

集装箱货运站在船舶到港前的一定期限内,从船公司或其代理处得到如下单证:提单或场站收据副本、装箱单、货物舱单、残损报告、特殊货物清单、危险货物清单、冷藏箱清单。

集装箱货运站根据这些单证,做好各项准备工作。

2. 发出交货通知

集装箱货运站必须与码头堆场联系,商定拼装集装箱的提箱时间,货运站据此制订拆箱作业计划,并向收货人发出交货通知。通知上的交货日期是集装箱货运站计算集装箱保管费和搬移拖运费的依据。

3. 接受堆场重箱

集装箱货运站与码头堆场取得联系后,从码头提取门到站、场到站和站到站的集装箱,货运站与码头堆场进行交接时,双方必须在装箱单和设备交接单上签字。

4. 拆箱

集装箱进入货运站后,货运站经营人按制订的拆箱计划及有关单证从箱中取出货物,并进行分类整理,等待货主前来提取货物。在货物提空后,集装箱货运站应将空箱及时归还码头堆场。

5. 交货

货主到集装箱货运站提货时,必须出示船公司或其代理人处由提单换取的提货单,凭提货单提取货物,并由双方负责人员在交货记录上签字。如果货物的外表状况有异常现象,货运站有关人员必须在交货记录上做出批注,然后由双方负责人员在交货记录上签字。

6. 缮制有关报告

集装箱货运站在将货物提交收货人之后,必须将交货报告送交船公司或船公司的代理人,交货报告将成为船公司处理货物赔偿责任的依据。对于积压未提的货物,货运站应制作未提货报告送交船公司,以便船公司能及时采取相应的措施。

数字化操作

一、单箱提箱业务

提箱预约结束后,货主或货代即可在有效期内去码头提箱,提箱车辆进场时在道口进行登记,指定其提箱任务。这主要由"提箱车辆进场"对话框实现。选择"道口办理"|"提箱进场"命令,打开"提箱车辆进场"对话框,如图2-13所示。

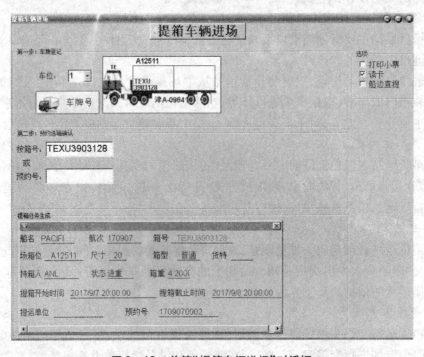

图2-13 单箱"提箱车辆进场"对话框

打开"提箱车辆进场"对话框后,先选择车辆,如果是单个箱子,则在"按箱号"文本框内输入箱号,按回车键确认;否则输入预约号,按回车键后,弹出该预约号所含箱子信息对话框。单击翻箱次数最小的箱子记录,确认后弹出该箱子相关信息对话框。信息核对无误后,单击"下一车"按钮,提第2个箱子。根据翻箱次数从小到大依次进行,直到所有箱子提完。如果要撤销已提的箱子,单击"下一车"按钮,选择要撤销的任务所在的车辆,该任务就会又显示在选中的集卡上。单击集卡,弹出是否撤销任务的对话框,确定后即可撤销任务。同时,可以查看提箱作业场吊监控,如图2-14所示。

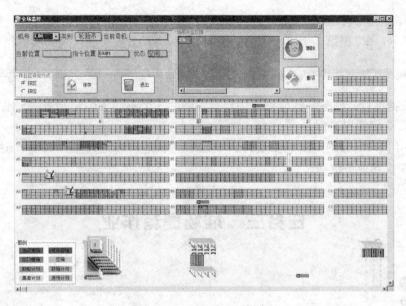

图2-14 提箱作业场吊监控

二、成批提箱业务

提箱预约完成后,码头提箱车辆进场时在道口进行登记,指定其提箱任务,同样是由提箱车辆进场界面来实现。选择"道口办理"|"提箱进场"命令,打开"提箱车辆进场"对话框,如图2-15所示。

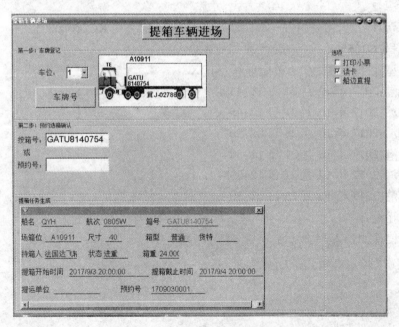

图2-15 成批"提箱车辆进场"对话框

在该对话框中,先选择车辆,然后输入预约号,按回车键,弹出该预约号所含箱子信息的

信息框。单击翻箱次数最小的箱子记录,确认后弹出该箱子相关信息提示框。信息核对无误后,单击"下一车"提第2个箱子,根据翻箱次数从小到大依次进行直到所有箱子提完。

技能训练

1. 请依据项目二任务一技能训练中自行编制的3个不同集装箱箱号,分别在TOS系统中完成单箱、双箱的提箱作业。

2. 以小组形式,分别扮演码头受理人员、承运人、进出场道口工作人员、场控等码头人员,完整码头提箱业务流程。

任务三　堆场提箱作业

任务引入

天津港收到船公司发来的关于 PACIFIC 号的船舶资料、预报信息、船图清单、舱单、船期信息、离港信息及危险货物申报单。请模拟码头工作人员完成进口单箱提箱业务的相关作业任务。

船舶装载信息如下:

船代码:PACIFIC　　　　航次号:170907　　　贸易性质:一般贸易

泊位代码:2　　　　　　停靠方式:左靠

装卸付费:广二运输公司　　港口使费:安骏达运输公司 KC20020701

海关编号:N125547　　　船代理:COSCO

运输类型:江海运输　　　外贸航线:MDX

计划抵港:2017 年 10 月 21 日 11:45

计划靠泊:2017 年 10 月 21 日 12:45

计划离泊:2017 年 10 月 25 日 07:00

实际抵港:2017 年 10 月 21 日 11:50

实际靠泊:2017 年 10 月 21 日 12:50

实际离泊:2017 年 10 月 25 日 07:30

进口总箱量:3

具体箱信息如表 2 -4 所示。

表2-4　进口箱信息

箱位号	箱　号	箱　型	尺寸/ft	状　态	卸货港	提单号	箱重/kg	备　注
01D0182	GATU8140754	普通	20	进重	天津	170907	5 200	
03H0306	TEXU3903128	普通	20	进重	天津	170907	4 200	
06D0382	GESU3579457	普通	40	进重	天津	170907	8 200	

相关知识

一、集装箱运输单证

所谓单证(document),就是在进出口业务中应用的单据和证书,凭借这种文件来处理货物的交付、运输、保险、商检、结汇等,是信息的载体。单证工作贯穿于企业的外销、进货、运输、收汇的整个过程。

单证工作是进出口业务中的一个重要组成部分,是进出口贸易不可缺少的手段。从贸易合同签订开始,到发货地装运货物出口、目的地进口卸货,直到收货人提货的整个过程,每个环节都需要缮制、处理、交接和传达相应的单证,以满足商业、运输、银行、保险、海关及政府机关处理对外贸易等多方面的信息需要。

就集装箱运输业务而言,单证是参与集装箱运输业务的有关各方权利、义务、责任转移和互通信息的凭证。集装箱运输单证主要分为进口运输单证、出口运输单证两大类。主要的出口运输单证包括有:集装箱货物托运单(booking note)、装箱单(Container Load Plan or U-nit Packing List,CLP or UPL)、设备交接单(Equipment Receipt,ER)、场站收据(Dock Receipt,DR)、提单(bill of lading)、集装箱载货清单(container list)、预配船图(Pre BAY Plan,PBP)、积载图(BAY plan)等;主要的进口运输单证有:提单(bill of lading)、货物舱单(cargo manifest)、船舶积载图(BAY plan)、集装箱清单(container list)、装箱单(container load plan)、设备交接单(Equipment Receipt,ER)、提货单(delivery order)、交货记录(cargo receipt)等。

现代集装箱运输单证有如下特点:

(1)集装箱托运单、场站收据、设备交接单、装箱单等单证在件杂货运输中都不曾有过。这些单证的使用充分体现了集装箱运输高效率和高效益的优越性,是集装箱运输特有的单证。

(2)由于集装箱运输不断向多式联运的方向发展,所以在发达国家集装箱提单一般都是联运提单,即承运人的责任范围已延伸至码头或内陆交货地。

(3)集装箱船舶运输速度快,船舶在港停泊时间短,而单证的工作量又大大多于件杂货运输。使用计算机处理单证在很多先进港口已广泛采用,信息的处理效率大为提高。特别是在涉及集装箱的运输各部门在计算机联网后,通过EDI网络实现信息数据的交换,从根本上简化了单证流转程序。

资料卡

集装箱码头装卸作业费

THC(Terminal handling Charge) 简称码头操作费,也叫码头处理费,是国际班轮公会和航线组织联合从 2002 年 1 月 15 日起向中国货主征收的附加费用。具体的标准为:20 ft 干货集装箱加收 370 元人民币;40 ft 干货集装箱加收 560 元人民币;20 ft 冷藏集装箱加收 410 元人民币;40 ft 冷藏集装箱加收 610 元人民币。对于广东、广西、云南、海南四省,原来收取的 ORC(Original Receipt Charge),也就是始发地接货费,改为 THC,其标准维持为 20 ft 集装箱加收 141 美元,40 ft 集装箱加收 209 美元。对此费用,货主和船公司之间存在较大的争议。货主认为按班轮条款,码头操作费应该已包含在运费里了,因此加收 THC 属于不合理收费,但船公司却称收取此项费用是降低成本的机制,用于抵销向码头经营商支付的装卸作业费用。这一争议至今未见解决,因而此费用仍在继续收取。

二、提货方式

(一) 凭正本提单换取提货单提货

代理人凭全套正本提单到船公司或其代理处换取提货单,进口报关完毕后,海关在提货单上加盖放行章,到集装箱码头或货运站办理提货手续。

(二) 凭保函提货

在集装箱进口业务中,原则上承运人在任何情况下都应凭正本提单交付货物。但在实务中,可能出现正本提单尚未到达,而收货人要求提货的情况。此时,船公司及其代理为保证自己的利益,应谨慎处理无单放货的问题,换单保函样本如图 2 - 16 所示。具体可采用以下几种方式:

1. 凭银行保函提货

卸货港代理向提货人提供船公司提单保函的标准格式,要求提货人按此格式出具保函,并要求由一流银行在保函上有效签字盖章(法人章、担保专用章或进出口业务专用章)。卸货港代理请装货港代理联系提单上的发货人,取得发货人同意在此情况下将货放给提货人的书面保证,提货人就可以办理提货手续了。

2. 凭协议保函提货

针对那些与集装箱班轮公司有良好合作关系且实力雄厚、信誉良好的大货主,船公司同意接受其公司出具的保函并签署相关的协议。协议签署后,提货人只要按票出具提货保函,便可及时提货。这种方式一般适用于近洋航线进口货物的提货。

3. 凭支票或现金担保提货

原则上,船公司可以接受收货人提供的支票或现金担保。但金额至少应是货价的200%。

换单保函

致：_____
关于：船名(航次)：_____
　　提单号：_____
　　箱型、箱量：_____
　　到付运费金额：_____
　　付费地：_____
　　联系公司：_____
　　联系人：_____
　　电话：_____ 传真：_____ 电子邮件：_____

由于上述货物的正本提单在邮寄途中，为了及时办理海关手续，我司要求凭副本提单换取贵司的二程正本提单，我司保证在两周内向贵司提交全程正本提单。考虑到贵司可能承担的风险、责任、损失，我司同意并保证如下：

1. 由于按照我们的请求，对于贵司、贵司雇员及代理由此可能承担的责任或承受任何形式的损害及经济损失，均由我们无条件承担赔偿责任并保证你们不受任何损失。

2. 若贵司或者贵司雇员或代理因此被起诉或者卷入其他司法程序时，我司保证将随时提供足够的法律费用，包括但不限于律师费、司法费、差旅费或其他一切相关费用。

3. 一旦发生索赔，我们将完全不涉及贵司而直接与索赔人解决该项索赔，并赔偿你们由此所支付的任何款项或所产生的任何责任。

4. 如果贵司费用始终没有安全进账，贵司有权采取包括法律途径在内的措施，向我方直接追讨上述费用，而无须提供任何其他证明业务发生的材料。

5. 本保函适用中国法律并接受中国海事法院管辖。

6. 本保函有效期为贰年，从该保函签发之日起。

申请方(公司全称)：
公章：
日期：
备注：1. 本担保函正本有效；2. 本担保函内容必须用正楷字体填写；3. 本担保函涂改无效；4. 本担保函必须加盖申请方公章。

图2-16 换单保函样本

数字化操作

一、场吊作业

提箱车辆进场时在"提箱车辆进场"对话框中只是将一定的任务指定给车辆，真正的提箱作业在车子进场后由场吊进行。"场吊作业"对话框如图2-17所示，选择"口门提箱"作业列表项，在"任务列表"中显示所有提箱作业。按序单击其中某一任务，堆场中箱子所在位置和车辆都会以绿色闪烁。单击"确定"按钮，箱子被提走，堆场中对应位置由橘黄色变为浅红色，车辆上变成黄色。如果要撤销操作，单击"撤销"按钮，弹出"提箱、发箱撤销"对话框。单击要撤销的任务，弹出"是否确定删除"提示框，确定删除后就撤销了该条提箱作业。

需要注意的一点是，在场吊进行提箱作业时会出现压箱情况，即所要提的箱子被其他箱子压住，场吊无法直接提箱，此时需要先进行移箱作业。选择移箱作业，先将压箱移到旁边位置，然后再提要提的箱子，如图2-18所示。

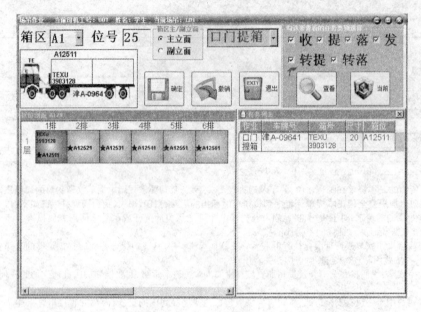

图 2-17　场吊进行提箱作业

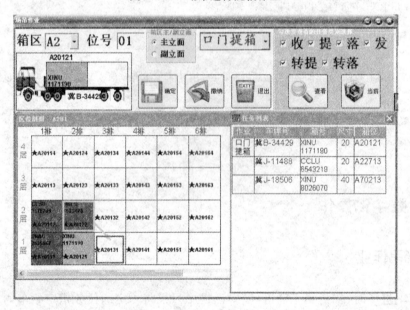

图 2-18　场吊进行移箱作业

二、提箱出场

选择"道口办理"|"车辆出场"命令,打开"车辆出场"对话框,如图 2-19 所示。

单击"下一车"按钮,在"车辆选择"列表框中选择当前集卡,集卡上由空箱变为黄色,并显示箱号和场区位置,以供道口人员进行核实。确认无误后,单击"出场确认"按钮,集卡就可以提箱出场。如果确认后发现还存在问题,则可以单击"撤销"按钮,撤销此次提箱出场。出场确认如图 2-20 所示。

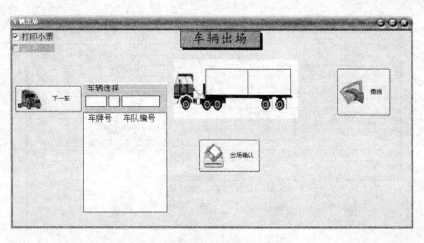

图 2-19　"车辆出场"对话框

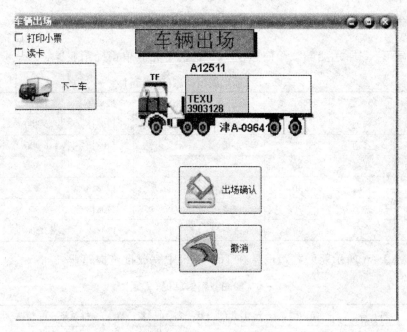

图 2-20　车辆出场确认

三、提箱动态

"提箱动态"对话框用于查看每一箱子的当前物流状态。箱子的物流状态分为在场和在车两种,区别就在于箱子是否上车。选择"大厅受理"|"提箱动态"命令,打开"提箱动态"对话框。单击"刷新"按钮,所有被预约的箱子都会显示在对话框内,如图 2-21 所示。

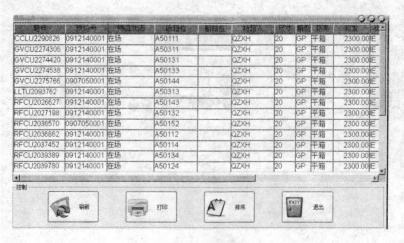

图2-21 提箱动态

技能训练

1. 根据表2-5所示船舶载箱信息在 TOS 系统中完成单箱提箱业务。

表2-5 船舶载箱信息（第1题）

箱 号	箱 型	尺寸/ft	状 态	货 特	提单号	箱重/kg	备 注
AWSU1901780	普通	20	进重		170818	5 300	
AWSU1920306	普通	20	进重		170818	6 400	
AWSU1930290	普通	40	进重		170818	8 300	
AWSU1952216	普通	40	进重		170818	8 200	
AWSU1955160	普通	20	进空		170818	2 300	
AWSU1955853	普通	40	进空		170818	3 500	

2. 根据表2-6所示船舶载箱信息在 TOS 系统中完成批量提箱业务。

表2-6 船舶载箱信息（第2题）

箱位号	箱 号	箱 型	尺寸/ft	状 态	货 特	提单号	箱重/kg	备 注
（自行设定）	AWSU1901780	普通	20	进重		170818	5 300	
（自行设定）	AWSU1920306	普通	20	进重		170818	6 400	
（自行设定）	AWSU1930290	普通	40	进重		170818	8 300	
（自行设定）	AWSU1952216	普通	40	进重		170818	8 200	
（自行设定）	AWSU1955160	普通	20	进空		170818	2 300	
（自行设定）	AWSU1955853	普通	40	进空		170818	3 500	

3. 请总结码头提箱操作流程，并分析在操作中碰到的问题和解决途径。

项目三

智慧码头出口集港业务操作

知识目标

1. 了解集装箱船舶、集装箱码头出口业务。
2. 熟悉出口舱单和集装箱码头出口箱作业的设施设备。
3. 掌握出口箱作业流程。

能力目标

1. 能根据出口舱单进行出口箱信息的录入和校核。
2. 能完成出口箱作业的计划与调度操作。
3. 能完成出口箱的实际作业操作。

任务一 出口箱信息预录

出口舱单是按照提单号序列编制的船舶所载进口集装箱详细内容的汇总资料,主要内容涉及提单的信息、货物详细情况及箱子的信息等。它是集装箱码头安排装船作业的重要单证。

随着集装箱运输规模的不断扩大,装卸箱量迅速增长,船图和舱单中大量的集装箱信息如果依靠传真后手工输入的方式,不但会大大降低信息获取的速度,浪费作业时间,更有可能造成误输入,为装卸作业流畅进行造成隐患。因此,各大港口目前多使用 EDI 技术,即电子数据交换技术,由 EDI 中心对指定数据进行统一编码,使得数据传输电子化,港方通过解码获取信息。

采用电子数据交换(EDI)方式交换数据时,其数据的载体为报文。联合国行政、商业和运输业电子数据交换(UN/EDIFACT)是国际通用的 EDI 标准。为了与国际接轨,促进交通运输 EDI 的应用,我国交通运输部在《国际集装箱运输电子信息传输和运作系统及示范工程》中电子报文应用的基础上,经与数据交换各方协议商定,进一步修改完善了报文标准。该版本中的船图、进口舱单、装卸报告、溢卸/短卸/残损报告、堆存报告与《交通运输 EDI 信息网络(一期)工程》发布的平台文件的格式一致。

报文是 EDI 系统中传送用户数据的信息载体,有特定的格式结构及语法规则。用户在传送报文时,必须把用户自有的数据格式转换成国际报文的格式。而用户计算机应用系统中的数据格式千差万别,为了使用户数据格式方便地转换为国际报文格式,国际上常用的做法是设计一个平台文件(flat file),由用户自行编制一个映射程序(也叫抽取程序),从用户数据库中抽取出生成报文需要的数据,按一定格式组成一个平台文件,再用一个通用的翻译程序将平台文件翻译成国际报文,然后通过 EDI 通信网络发往自己的贸易伙伴。如果是接收报文,则是上述过程的逆向进行。所不同的是,用户要编制一个数据库的更新程序,将接收到的由报文翻译过来的平台文件的数据存放到用户应用系统的数据库中。这个过程可用图 3－1 表示。

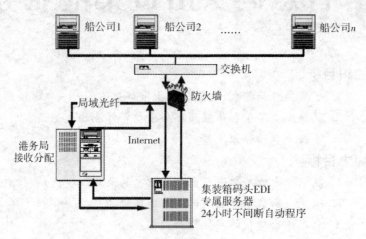

图 3－1　EDI 系统

集装箱码头信息部的工作人员会通过 E-mail 或 FTP 等数据传输途径获取出口舱单 EDI 文件。原始的 EDI 文件实际上是以".edi"为扩展名的文本文件,其内容是编码。然而,码头作业管理人员需要使用的信息是类目分明的数据表及图形化的堆存结构图。因此,集装箱码头生产系统中必须有指定模块来完成对 EDI 文件的解码工作。

显然,通过 EDI 导入出口舱单信息,码头作业人员可以大大减轻工作量,提高信息准确度。由此可知,信息的编码和解码一定是有标准的、有规则的。出口舱单 EDI 平台文件的具体转换标准如下。

发送方、接收方:船公司、船舶代理→集装箱码头、理货、港监等

其功能是:该平台文件对应于 IFCSUM 报文的舱单子集,提供某一航次运输货物的信息,说明承运人、运输方式、运输工具、设备及联运货物的细节。舱单是船舶运载集装箱货物的证明,是船舶办理进出口报关手续的必要单证,也是码头做好装卸船准备的业务单据。

相应的单证为出口舱单,即出口装载清单。

任务引入

天津港收到船公司发来的关于 PACIFIC 号的船舶资料、预报信息、船图清单、舱单、船期信息、离港信息及危险货物申报单。请模拟码头工作人员完成出口箱信息预录的相关作业任务。

船舶装载信息如下:

船代码:PACIFIC　　　航次号:170907　　　贸易性质:一般贸易

泊位代码:2　　　停靠方式:左靠　　　装卸付费:广二运输公司

港口使费:安骏达运输公司 KC20020701

海关编号:N125547　　　船代理:COSCO

运输类型:江海运输

外贸航线:MDX

计划抵港:2017 年 10 月 21 日 11:45

计划靠泊:2017 年 10 月 21 日 12:45

计划离泊:2017 年 10 月 25 日 07:00

实际抵港:2017 年 10 月 21 日 11:50

实际靠泊:2017 年 10 月 21 日 12:50

实际离泊:2017 年 10 月 25 日 07:30

进口总箱量:3

具体箱信息如表 3 −1 所示。

表 3 −1　出口箱信息

箱　号	箱　型	尺寸/ft	状　态	目的港	提单号	箱重/kg	备　注
CLHU3544231	普通	20	出重	纽约	170907	5 300	
CLHU3931170	普通	20	出重	纽约	170907	4 300	
CLHU3515887	普通	40	出重	纽约	170907	9 300	

 相关知识

一、出口箱信息预录

出口箱信息预录的主要目的是在集港时,根据出口箱的箱号,获取该箱的各种属性,以便于进场选位。

出口箱预录的主要内容有箱号、尺寸、卸货港、吨级、目的港、铅封号等,通常在集装箱号之后还要加注海关查验后作为封箱的铅制关封号。集装箱被卸下船的港口称为目的港,即出口箱最终所到达的港口。箱子净重指的是出口箱内货物的总质量,该质量不考虑集装箱本身的质量,单位为吨;箱子毛重指的是出口箱内货物与集装箱本身的质量之和,单位为吨。

二、出口舱单报文

船图记录某个航次的集装箱在船上的具体装载位置,同时记录装载的集装箱的具体箱信息和装卸要求等信息。船图是装卸船作业的依据,内容主要分为两部分,即箱信息和堆存位置。

箱信息主要包括箱号、尺寸、箱高、箱型、货特、持箱人、装货港、卸货港、中转港、状态;堆存位置是集装箱在船上的积载位置,称为船箱位(slot number),它由贝、列、层三个维度构成。船箱位共有6位数字,其中前2个数字是贝位号,中间2个数字是列位号,后2个数字是层位号。

出口舱单是按照提单号序列编制的船舶所载出口集装箱详细内容的汇总资料,其主要内容涉及提单的信息、货物详细情况及箱子的信息等。它是集装箱码头安排卸船作业的重要单证,也是安排收货人提运作业的原始依据。提单信息主要由提单号、交付条款、装货港、中转港、卸货港构成;货物信息包括货物序号、货类代码、唛头数、货总件数、总质量、总体积等信息;集装箱信息的构成主要包括箱号、尺寸、箱高、箱型等,与出口船图中箱信息的对应内容相同。在出口舱单中,一类货物信息往往对应多条集装箱信息。

出口舱单和出口船图是集装箱出口业务中至关重要且必不可少的信息文件,出口船图信息是针对集装箱本身的,一箱一单;出口舱单则是针对票的,即一票一单。船图信息中不包括运输合同信息和货物的信息,而舱单中也不包括箱子船箱位的信息。出口船图主要用于卸船作业的安排,出口舱单则主要用于提箱受理及为CFS拆箱作业等提供数据。它们从两个侧面反映了出口箱的箱信息。

资料卡

下面的内容是某一出口船图部分报文的编码。

```
00:BAPLIE:BAYPLAN:9:CUSTHY:GS2:200907060932:CNTSN:CNTSN'
10:ASJ5:安盛集5:CN:0927::石湖－天津:20090706:20090707:CNTSN:天津:
    CNSTG:汕头'
11:QZAS:泉州安盛船务有限公司'
50:CLHU3544210:20GP:F:0030282:::::0:0:0:0:0:21000:0:QZAT:安通'
51:ATLQZTJ1700860'
52:CNQZJ:泉州:CNTSN:天津'
50:TEXU3986863:20GP:F:0170204:::::0:0:0:0:0:21000:0:QZAT:安通'
51:ATLQZTJ0800197'
52:CNQZJ:泉州:CNTSN:天津'
50:GESU3576210:20GP:F:0110306:::::0:0:0:0:0:21000:0:QZAT:安通'
51:ATLQZTJ1700866'
52:CNQZJ:泉州:CNTSN:天津'
50:GESU3363200:20GP:F:0090004:::::0:0:0:0:0:21000:0:QZAT:安通'
51:ATLQZTJ1700858'
52:CNQZJ:泉州:CNTSN:天津'
```

```
50:ATLU0005642:20GP:F:0010104:::::0:0:0:0:0:21000:0:QZAT:安通'
51:ATLQZTJ101848'
52:CNQZJ:泉州:CNTSN:天津'
50:GESU3575913:20GP:F:0110106:::::0:0:0:0:0:21000:0:QZAT:安通'
```

51:ATLQZTJ0700109'

52:CNQZJ:泉州:CNTSN:天津'

50:XINU1402849:20GP:F:0230304::::0:0:0:0:0:21000:0:QZAT:安通'

51:ATLQZTJ1800423B'

52:CNQZJ:泉州:CNTSN:天津'

50:UETU2005683:20GP:F:0190406::::0:0:0:0:0:21000:0:QZAT:安通'

51:ATLQZTJ1100585'

52:CNQZJ:泉州:CNTSN:天津'

50:CLHU3548767:20GP:F:0050004::::0:0:0:0:0:21000:0:QZAT:安通'

51:ATLQZTJ1100600'

52:CNQZJ:泉州:CNTSN:天津'

50:TGHU3024913:20GP:F:0170006::::0:0:0:0:0:21000:0:QZAT:安通'

51:ATLQZTJ1700876'

52:CNQZJ:泉州:CNTSN:天津'

50:XINU1428782:20GP:F:0230006::::0:0:0:0:0:21000:0:QZAT:安通'

51:ATLQZTJ0800197'

52:CNQZJ:泉州:CNTSN:天津'

99:649'

（1）船图 EDI 平台文件的具体转换标准。

① 发送方，接收方：

进口——卸港船舶代理→码头、理货、港监。

出口——装港码头预配→理货、港监→装港船舶代理。

② 功能。报文提供一个航次的船舶装载集装箱和货物的有关信息及其集装箱在船上的贝位，是船方进行下一挂港装、卸的重要资料，也是港方安排装船、卸船作业的依据。

③ 相应单证为进口船图、出口船图。

④ 记录结构如下：

00 头记录	M1	
01 其他接收方	C1	
10 描述船舶有关的基本数据项目	M1	
11 描述船舶有关的补充信息	M1	
50 集装箱信息	M9999	
51 提单号信息	C1	
52 地点信息	M1	
53 可选卸货港信息	C1	
54 危险品信息	C1	
55 货物描述	C9	
99 尾记录	M1	

显然，通过 EDI 导入船图信息，在减轻码头作业人员工作量的同时，也提高了船图信息传输的准确性。船图信息的编码和解码可以参考我国交通部制定的《船图（BAPLIE）EDI 平

台文件格式》。

资料卡

与出口船图类似,为了减少或避免手工输入造成的失误及提高信息获取速度,各大港口都采用 EDI 技术获取出口舱单信息。集装箱码头信息部的工作人员以 E-mail 或 FTP 等数据传输途径获取舱单文本文件,原始的文本文件是以".txt"为扩展名的文件。下面是某一舱单的部分报文编码。

```
00:IFCSUM:MAINFEST:9:CUSTHY:GS2:200907060933:CNXIN:CNXIN'
10:000309070116:安盛集5:CN:0927::石湖-天津:20090707:20090707:
    CNTSN:天津:CNSTG:汕头'
11:00030673:泉州安通物流有限公司'
12:ATLQZTJ1900259::::::CNQZJ:泉州:DR-DR:20090701:N'
13:CNTSN:天津:CNTSN:天津::::'
16::磁灶'
17::吴晋发'
41:1::1:PK:PACKAGE:0:0:0'
44:N/A'
47:瓷砖'
51:TGHU3876735:498495:22G1:F:0:21000:2300:0:::::::QZAT:安通'
51:UETU2036344:498336:22G1:F:0:21000:2300:0:::::::QZAT:安通'
51:GESU3577602:498387:22G1:F:0:21000:2300:0:::::::QZAT:安通'
51:GVCU2146373:497801:22G1:F:0:21000:2300:0:::::::QZAT:安通'
12:ATLQZTJ1900262::::::CNQZJ:泉州:DR-DR:20090701:N'
13:CNTSN:天津:CNTSN:天津::::'
16::水头0'
17::黄灿林'
41:1::1:PK:PACKAGE:0:0:0'
44:N/A'
47:板材'
51:LLTU2030430:497344:22G1:F:0:21000:2300:0:::::::QZAT:安通'
51:UETU2005615:497524:22G1:F:0:21000:2300:0:::::::QZAT:安通'
51:CLHU3574663:497594:22G1:F:0:21000:2300:0:::::::QZAT:安通'
51:CLHU3815631:497033:22G1:F:0:21000:2300:0:::::::QZAT:安通'
51:ATLU0004796:497583:22G1:F:0:21000:2300:0:::::::QZAT:安通'
12:ATLQZTJ1900260::::::CNQZJ:泉州:DR-DR:20090701:N'
13:CNTSN:天津:CNTSN:天津::::'
16::磁灶'
```

17::苏东良'

41:1::1:PK:PACKAGE:0:0:0'

44:N/A'

47:瓷砖'

12:ATLQZTJ1700876A:::::CNQZJ:泉州:CY-DR:20090701:N'

13:CNTSN:天津:CNTSN:天津:::'

16::郭少泽'

17::郭少康'

41:1::1:PK:PACKAGE:0:0:0'

44:N/A'

47:板材'

51:ATLU0007326:255937:22G1:F:0:21000:2300:0:::::::QZAT:安通'

51:CNCU2564835:93024:22G1:F:0:21000:2300:0:::::::QZAT:安通'

51:GESU3576102:470096:22G1:F:0:21000:2300:0:::::::QZAT:安通'

99:855'

（2）舱单 EDI 平台文件的具体转换标准。

① 发送方，接收方：

船公司、船舶代理→集装箱码头、理货、港监等。

② 功能。平台文件对应于 IFCSUM 报文的舱单子集，提供某一航次运输货物的信息，说明承运人、运输方式、运输工具、设备及联运货物的细节。舱单是船舶运载集装箱货物的证明，是船舶办理进出口报关手续的必要单证，也是码头做好装卸船准备的业务单据。

③ 相应单证为出口舱单（出口舱单采用出口装载清单）。

④ 记录结构如下：

00 头记录	M1
01 其他接收方	C1
10 描述船舶有关的基本数据项目	M1
11 描述船舶有关的补充信息	M1
12 提单的第一个记录	M9999
13 提单的地点信息	M1
16 发货人信息	C1
17 收货人信息	C1
18 第一通知人信息	C1
41 货物信息	M999
43 危险品、冷藏箱信息	C1
44 唛头	C9
47 货物描述	C9
51 该类货物中的箱信息	M999
99 尾记录	M1

在集装箱码头生产系统中用指定模块来完成对 EDI 文件的解码工作,从而为码头作业管理人员提供类目分明的数据表及图形化的堆存结构图。

与船图文件一样,舱单文件信息的编码和解码遵守我国交通运输部制定的《舱单报文(IFCSUM)平台文件》规定的标准。

出口集装箱信息是出口船图和出口舱单共有的构成内容,出口集装箱的信息校验就是指对出口船图和出口舱单中的箱数据进行校核。由于从船图和舱单生成到录入中间需经过很多环节,任何一个环节的疏忽都可能造成信息的偏差,如货代错报信息、人工录入或经 EDI 传送过程中所产生的错误等,因此在实际作业前必须进行信息校验,以便可以及时联系船公司进行信息的纠正,有效提高出口箱数据的质量,保证出口箱资料的正确性。

船图舱单的校核有不一致和溢箱两种情况。船图和舱单不一致是指船图与舱单中同一集装箱记录中某些信息不符,这些不符的信息可能是除箱号以外的任何一项或多项信息;溢箱是指船图中包含某一(或某些)集装箱而出口舱单中不存在对应记录,或者舱单中存在某一(或某些)集装箱而船图中不存在的情况,也有可能两种情况兼而有之。

如果只出现船图溢箱的情况,说明舱单的输入有所遗漏,这时应记录下这个缺舱单的箱子的箱号,到舱单录入中去增加记录,然后再回到本界面继续校核,直至通过为止。

如果只出现舱单溢箱的情况,说明船图中缺少已经在舱单中输入的箱子,这时要进行核查。如果属于船图输漏的问题,需要到船图录入中进行添加,并返回继续校核,直至无误。

如果两种问题都存在,则有可能是前两种问题的叠加,但更可能是由于一个箱号输错造成的。这时应该对缺、溢的箱号进行查看、核对,改正其中错误的那个箱号,船图和舱单中的溢箱问题即可同时得到解决。

经过校核后,最终船图和舱单上的所有集装箱信息都应完全相同,既不存在不一致的现象,也没有溢箱情况,为随后的卸船作业顺利进行提供有效保障。

(一)预配清单和清洁舱单报文文件名的组成

格式:8 位文件名,3 位扩展名

预配清单:XXXXXXXX. DPE

清洁舱单:XXXXXXXX. DMT

两者文件名为船舶编号,其含义如下:

(1)第 1 位为进出口标志,出口舱单为 E。

(2)第 2 位、第 3 位为年号,如 2001 年为 01。

(3)第 4 位至第 7 位为顺序号。

(4)第 8 位为船代公司代码(查阅公司代码表)。

(二)报文文件组成

报文文件的组成,如表 3-2 所示。

表 3-2　报文文件组成

中文名称	字段名	长度	备注
操作类型	OP_TYPE	3 字符	ADD:增加;MOD:修改
交换数据类型	DATA_TYPE	3 字符	与文件扩展名相同
运输工具编号	SHIP_ID	12 字符	

（续表）

中文名称	字段名	长度	备注
航次号	VOYAGE_NO	4 字符	
运输工具名称（英文）	SHIP_NAME_EN	26 字符	
提单记录数	REC_CNT	6 数字	
集装箱记录数	CNT_COUNT	6 数字	
发送日期	SEND_DATE	6 字符	
发送时间	SEND_DATE	8 数字	
发送单位代码	SEND_DATE	10 数字	
发送单位名称	SEND_DATE	30 数字	

（三）提单关系记录

提单关系的记录，如表3-3所示。

表3-3　报文文件组成

中文名称	字段名	长度	备注
提单号	OP_TYPE	20 字符	原14位
商品名称	DATA_TYPE	30 字符	
质量	SHIP_ID	9 数字	单位为千克（kg）
件数	VOYAGE_NO	9 数字	
包装种类	SHIP_NAME_EN	6 字符	
集装箱数	REC_CNT	4 数字	
体积	CNT_COUNT	9 数字	
发货人	SEND_DATE	30 字符	
收货人	SEND_DATE	30 字符	
合同号	SEND_DATE	40 字符	
目的港	SEND_DATE	20 字符	
备注1	NOTE_1	20 字符	
备注2	NOTE_2	20 字符	
卸货港	PORT_OF_DISCHARGE	5 字符	
舱主代码	SLOT_OWNER_CODE	5 字符	
申报公司	DECLARANT_CODE	17 字符	如果没有，可提供船代
场站代码	DEPOT_OPERATOR	9 字符	
车队代码	HAULIER_CODE	10 字符	可选项

（四）集装箱关系记录

集装箱关系的记录，如表3-4所示。

表3-4　集装箱关系记录

中文名称	字段名	长度	备注
提单号	OP_TYPE	20字符	原14位
集装箱号	CONTAINER_NUMBER	11字符	
尺寸类型	CONTAINER_TYPE	4字符	ISO V84/V95
箱持有人	CONTAINER_OPERATOR_CODE	5字符	
箱总质量	CONTA_WT	11数字	
箱内货物件数	CON_PACK_NO	9数字	
箱内货物体积	CON_VOL	10数字	
铅封号	SEAL_NO	17字符	
箱状态	CONTAINER_STATUS	1字符	E/F
拼箱标志	CON_FLAG	1字符	Y/N
危险品货物标志	DANGEROUS_GOODS_I	1字符	Y/N
冷藏箱标志	REEFER_BOX_INDICATOR	1字符	Y/N
超高标志	OVER_HEIGHT_INDICATOR	1字符	Y/N
超宽标志	OVER_WIDTH_I	1字符	Y/N
超长标志	OVER_LENGTH_I	1字符	Y/N
冷藏箱温度	REEGER_TEMPERATURE	5字符	
单箱质量限制	MAX_WEIGHT_LIMI	7数字	可选项
特殊箱说明	SPECIAL_DETAILS	12字符	2位代码

三、港口 EDI

(一) 港口 EDI 基本概述

1. EDI 概念

EDI(Electric Data Interchange,电子数据交换)是一种利用计算机进行商务处理的新方法,是指在商业贸易伙伴之间将按标准、协议规范化和格式化的经济信息通过电子数据网络,在计算机系统之间进行自动交换和处理。

2. EDI 的特点

(1) EDI 是在企业和企业之间传输商业文件数据。

(2) EDI 传输的文件数据都采用共同的标准。

(3) EDI 一般是增值网和专用网来传输数据。

(4) EDI 数据的传输是从计算机到计算机的自动传输,不需人工介入操作。

3. EDI 的组成

数据标准化、EDI 软件和硬件、通信网络是构成 EDI 系统的三要素。其中,EDI 软件和硬件是 EDI 的条件;数据标准化是 EDI 的特征;通信网络是 EDI 应用的基础。

4. EDI 的工作流程

EDI 的工作流程,如图3-2所示。

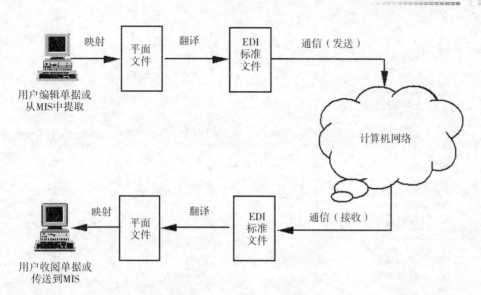

图 3-2　EDI 的工作流程

（二）港口 EDI 发展的必要性

随着网络时代的到来及我国加入 WTO，传统的 EDI 系统已经不再能满足国际集装箱运输的需要，为了更好地与国际接轨，集装箱航运企业 EDI 系统还应与有关企业、海关、运输部门、银行、客户、商检等机构的 EDI 系统协同工作。同时，由于互联网技术在中国的发展日益成熟，这就提出了基于因特网方式的电子数据交换。

首先，港口 EDI 的发展是与国际接轨的必然选择。作为现代化港口，应顺应国际港口发展趋势，与国际港口运作惯例接轨。许多国家和地区纷纷应用 EDI 办理海关手续，其中一些国家甚至对不采用这种方式报关的船舶进行惩罚。由此可见，EDI 的应用已直接影响到贸易和运输的展开。要参与国际竞争，要建设现代化港口，必须加快 EDI 技术的发展。

其次，EDI 是推动港口向物流中心发展的必要条件。如今，国际贸易正从货物贸易向服务贸易和信息技术及其产品贸易等领域延伸，以网络技术为基础的电子商务已成为国际贸易的重要方式。航运企业为了向货主提供方便快捷的信息服务，推动港口物流业的标准化和信息化，要利用 EDI 建立集装箱货物、航线与商务等信息服务中心，以及与主要港口、代理、货主和海关、银行、保险、商检部门之间的横向联系网络系统。

最后，EDI 是提高港口服务效率的必然需要。目前，货物运输仍是大多数港口的主要业务，但我国的港口装卸效率没有得到充分利用。例如，码头设施没有得到充分利用，船舶在港口非生产性停泊时间长，严重影响了港航双方的利益。这与信息流通不畅有关。采用 EDI 技术后，则可建立一个包括港、航、货和有关部门的一套生产实时控制系统。港方可以通过现场传来的信息随时改变安排，船方可以及时提供各种电子文件，货方可以根据合理安排货物装船和疏运，加快办理各种通关手续，缩短货物在港滞留时间。

（三）EDI 在港口物流中的应用

随着我国 EDI 在港口物流中应用的不断发展，港口口岸已实现了与船代、货代、理货、港务局、集装箱码头、内陆集疏运场站、海关、商检、卫检、动植物检、银行和保险等单位之间的电子数据交换，如图 3-3 所示。

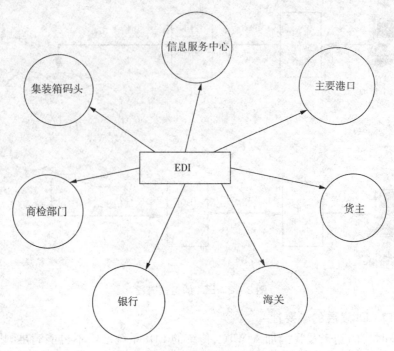

图 3-3 EDI 在港口物流中的应用

(四) EDI 的运作模式

物流 EDI 的运作模式,如图 3-4 所示。它仍基于中心的概念,即通常建立一个区域性的 EDI 中心,同时建立一个 VAN 网络,用户以会员方式加入到 EDI 中心,购买 EDI 中心的服务,交纳基本费用(注册费、信息服务费、传输费、邮箱管理费)和增值服务费(报文转换费、港航信息查询、存证服务费及其他特殊服务费)。这种基于 VAN 技术的 EDI 应用系统,入网用户需对报文格式与数据结构进行变更,以计算机可读的方式将订单、发票、提货单、海关申

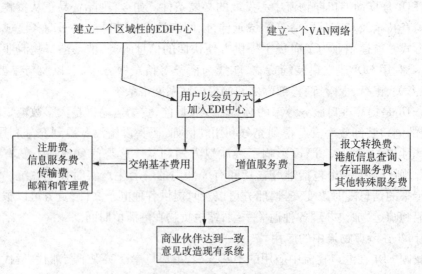

图 3-4 EDI 的运作模式

报单、进出口许可证等往来的信息,按照协议将标准化的文件通过网络传送。因此,需要同商业伙伴达成一致意见,然后改造现有的系统,购买(或开发)相应的转换软件,购买VAN服务。而这对中小企业来说难以轻易实现,所以一般用廉价的因特网代替昂贵的VAN进行电子数据交换,即建立因特网和EDI的联系。现在,基于因特网的EDI成为新一代的EDI,成为港口物流EDI技术应用趋势。

(五)EDI系统存在的问题

因特网使传统的EDI走出了困惑,集装箱运输采用基于因特网的EDI模式进行信息处理的前景诱人。但是,当前发展因特网的EDI系统还存在一些有待解决的问题。

首先是因特网的EDI系统所要求的安全性问题。在系统使用中存在冒名、篡改、泄露、抵赖等因素的威胁,因而提高数据交换的可靠性,是进一步发展的需要。

其次是因特网的EDI系统所要求的标准化问题。标准化是因特网的EDI推广应用的基础。当今标准化存在两个方面的问题,第一是标准本身还不够完善,有待于进一步统一,如EDI报文标准就存在用户标准、行业标准及国际标准三个层次的标准;第二是人们对标准化问题还没有统一的认识,企业、个人为了方便,一般较多地都采用用户标准或行业标准,这给信息的国际化带来了许多障碍。

最后是因特网的EDI系统所涉及的法律问题。由于EDI取消了纸面单证,所以使用计算机存储介质上的信息及用网络数据交换来取代传统的单证和以单证交换为主要内容的商务操作。那么,计算机存储介质上的信息能否像纸面单证那样具有法律效力,是摆在开发EDI应用系统和物流企业面前的一个非常现实的问题。

(六)EDI系统中问题的对策

第一,对于安全性问题,要完善集装箱运输EDI报文运作的安全机制。为避免冒名、篡改、泄露、抵赖等因素的威胁,提高数据交换的可靠性,必须采用当前流行的加密、解密及电子签名技术,在EDI报文运作中建立和完善身份鉴别、数据完整性、数据保密、防止责任抵赖等相应的安全机制。

第二,进一步统一标准,提高标准化程度,加强人们对标准化问题的统一认识。

第三,对于因特网的EDI系统所涉及的法律问题,有关部门要对计算机存储介质上的信息具有法律效力给予肯定,规范商业行为。

第四,强化EDI能力,因为陆域集装箱中转站是港口EDI中心的端点,开发或强化EDI能力,以便使更多的中转站加入到EDI系统中,这是完善我国集装箱港口EDI中心功能的重要环节。

第五,进一步开发电子商务。要鼓励货主在港口EDI中心网络上公布货源信息,并辅以完整的船期、运价、泊位装卸、输送、堆存、物流配送等信息,使货运交易在网上进行,实现无纸化、无窗口的电子商务运作。

数字化运营

出口舱单描述了一个航次出口箱的箱货资料。出口舱单的及时到达可以帮助码头更有效地安排进场计划,使出口箱进入道口时减少因数据录入而消耗的时间,提高进场速度。出口舱单原则上要求通过 EDI 接收入库,但在实际作业中仍需手工录入。

选择"出口装船"丨"出口舱单录入"命令,在弹出的"出口航次选择"对话框中选择选择出口航次,打开"出口舱单手工录入"对话框,如图 3-5 所示。

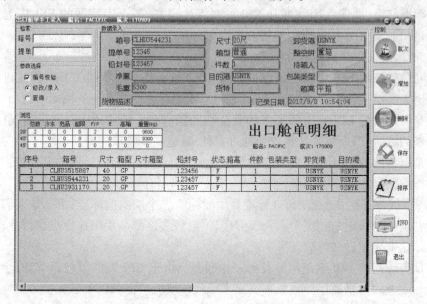

图 3-5 "出口舱单手工录入"对话框

"出口舱单明细"窗格显示了本航次所有已录入的出口舱单及相关信息。该窗格既可以录入新的舱单信息,也可以对已经录入的舱单进行修改,还可以根据需要进行查询。

选中"参数选择"选项组中的"修改/录入"单选按钮(打开对话框时默认为此状态),则录入新舱单时,单击"增加"按钮,"数据录入"选项组新增一条记录。根据手头资料逐一录入舱单信息,并通过"保存"按钮保存。如果要修改已存舱单信息,在"出口舱单明细"窗格中找到需修改的记录,选中使之处于高亮显示状态,此时"数据录入"选项组中会出现该舱单的详细信息,在需要修改的项目上进行修改,并通过"入库"按钮保存修改。在进行舱单查找时,如果"出口舱单明细"窗格中记录太多,而用户又已知箱号或提单号,则可以在对话框左上角的"检索"选项组中通过检索进行查找,提高查找速度。

一、清空数据

以"国泰(GUOTA)"船为例,请先将航次"国泰"的信息删掉。操作方法为:选择"船舶航次"丨"整船数据清空"命令",打开"数据清空"对话框,如图 3-6 所示;单击"出口整船数据删除"按钮,输入出口航次"国泰"后确定,删除完毕。此时,"国泰"航次的数据是空的,可以进行 EDI 导入了,如图 3-7 所示。

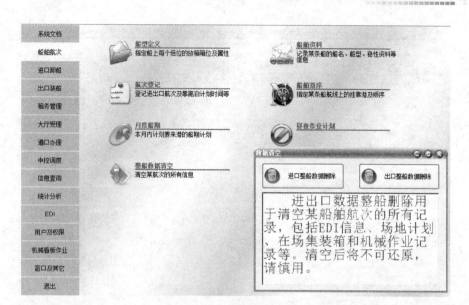

图 3-6 整船数据清空

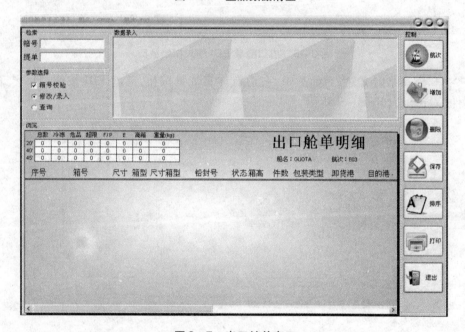

图 3-7 出口舱单窗口

二、出口舱单 EDI 导入

以"国泰（GUOTA）"船为例，选择"EDI""出口舱单录入"命令"，在打开的"出口航次选择"对话框中，选择出口航次"国泰（GUOTA）"，进入出口舱单录入窗口，如图 3-8 所示。

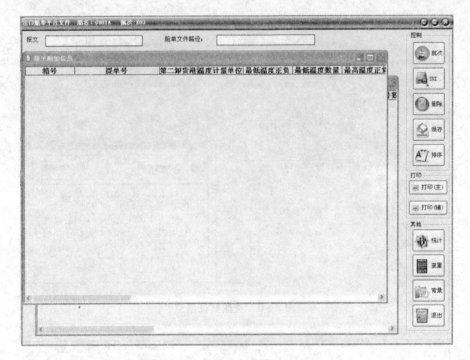

图3-8　出口舱单 EDI 导入初始窗口

在"出口舱单平台文件"对话框中,右边有许多工具按钮,单击 EDI 按钮,打开"请选择EDI 文件"对话框,如图3-9所示。

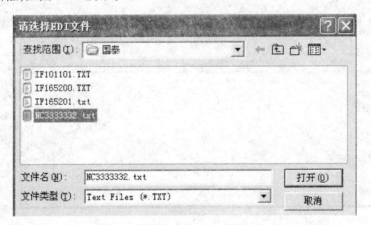

图3-9　"请选择 EDI 文件"对话框

选择要导入的文件,单击"打开"按钮,"箱子信息""箱子附加信息"数据表就会显示在对话框中,如图3-10所示。单击"保存"按钮,将导入的数据保存至数据库当中,并提示"数据保存成功"。

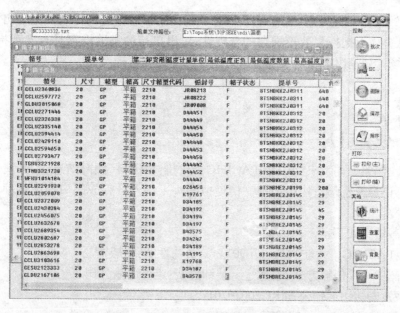

图 3-10　出口舱单 EDI 导入完成

技能训练

1. 通过网络资源自行选定至少 1 艘集装箱船舶,查找资源后提交该艘集装箱船舶出口舱单文件,并在 TOS 系统中完成相关数据记录。网络资源可参考如下网站:

中国港口　http://www.chinaports.com/

船队在线　http://www.hifleet.com/prelogin.do? id=0.08872786722318593

船讯网　http://www.shipxy.com/Monitor

2. 请自行设定至少 1 个箱号、箱位号,或者根据表 3-5 所示的船舶载箱信息,完成出口集装箱的信息校验。

表 3-5　船舶载箱信息

箱位号	箱　号	箱　型	尺寸/ft	状　态	货　特	提单号	箱重/kg	备　注
(自行设定)	AWSU1901780	普通	20	出重		170818	5 300	
(自行设定)	AWSU1920306	普通	20	出重		170818	6 400	
(自行设定)	AWSU1930290	普通	40	出重		170818	8 300	
(自行设定)	AWSU1952216	普通	40	出重		170818	8 200	
(自行设定)	AWSU1955160	普通	20	出重		170818	2 300	
(自行设定)	AWSU1955853	普通	40	出重		170818	3 500	

任务二　出口箱进场计划

出口箱进场计划是出口箱业务中最基础和最核心的环节,合理的出口箱进场计划将为船舶配载、装船时设备的调度奠定良好的基础;反之,出口箱的无序堆存将为配载和设备调度带来很大困难。在出口箱贝位堆存状态杂乱的情况下,即使对发箱顺序和设备调度策略进行优化,也无法保证装船作业的流畅性。同时,由于出口箱进场计划发生于出口箱进场之前,有利于从整体上把握集港箱堆存的合理性,对出口箱的集港堆存具有宏观指导作用,因此出口箱进场计划是出口箱后续业务有效组织的前提和基础。

任务引入

天津港收到船公司发来的关于 PACIFIC 号的船舶资料、预报信息、船图清单、舱单、船期信息、离港信息及危险货物申报单。请模拟码头工作人员完成出口箱信息预录的相关作业任务。

船舶装载信息如下:

船代码:PACIFIC　　　航次号:170907　　　贸易性质:一般贸易

泊位代码:2　　停靠方式:左靠　　装卸付费:广二运输公司

港口使费:安骏达运输公司 KC20020701

海关编号:N125547　　　船代理:COSCO

运输类型:江海运输

外贸航线:MDX

计划抵港:2017 年 10 月 21 日 11:45

计划靠泊:2017 年 10 月 21 日 12:45

计划离泊:2017 年 10 月 25 日 07:00

实际抵港:2017 年 10 月 21 日 11:50

实际靠泊:2017 年 10 月 21 日 12:50

实际离泊:2017 年 10 月 25 日 07:30

进口总箱量:3

具体箱信息如表 3-6 所示。

表 3-6　出口箱信息

箱　号	箱　型	尺寸/ft	状　态	目的港	提单号	箱重/kg	备　注
CLHU3544231	普通	20	出重	纽约	170907	5300	
CLHU3931170	普通	20	出重	纽约	170907	4300	
CLHU3515887	普通	40	出重	纽约	170907	9300	

相关知识

一、出口箱进场

出口箱进场是指货主或拼箱人将装满货物的集装箱重新运进堆场,准备装船。发货人或集装箱货运站将已装箱的集装箱货物运至码头堆场时,堆场大门要对其核对订舱单、场站

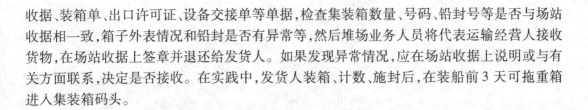

收据、装箱单、出口许可证、设备交接单等单据,检查集装箱数量、号码、铅封号等是否与场站收据相一致,箱子外表情况和铅封是否有异常等,然后堆场业务人员将代表运输经营人接收货物,在场站收据上签章并退还给发货人。如果发现异常情况,应在场站收据上说明或与有关方面联系,决定是否接收。在实践中,发货人装箱、计数、施封后,在装船前 3 天可拖重箱进入集装箱码头。

二、出口箱进场计划

(一)出口箱进场计划基本概述

出口箱进场计划是根据船名、航次、出口箱预到资料,并结合集装箱码头堆场目前的实际情况编制的。

由于出口箱进场计划都是对同一类的出口箱指定堆放范围,所以出口箱分类是做好进场计划的基础和前提。出口箱分类需综合考虑集装箱船舶航次、尺寸、卸货港、质量等级、箱型和货特等具体信息。一般情况下,可以根据出口箱的具体信息,对其进行由细至粗的分类。分类越细,其场地计划难度越大,占用的场地位置也将较多,但对船舶配载和装船发箱具有积极影响;分类越粗,其场地计划的复杂程度会降低,但将增加船舶配载的难度和装船发箱时的翻箱率。

(二)出口箱进场计划的目的

出口箱进场计划的目的在于方便配载、顺利装船。由于配载、装船与出口箱的堆存位置紧密相关,因此可以降低船舶装船时间,降低装船成本,提高码头服务质量。

(三)出口箱进场计划的对象

出口箱进场计划包括的对象包括出口箱分类、箱区计划、计划精度控制(位串计划)。

1. 出口箱分类

出口箱分类是根据出口箱的船舶航次、尺寸、卸货港、重量等级、箱型和货特 6 个属性,对其进行分类。箱区计划是为某一个航次的所有出口箱指定堆放的箱区;;区内位计划就是将某一类出口箱指定到箱区内的某一个或几个位;位串计划则为将某一类出口箱指定到箱区内的某个位内的具体排。

2. 箱区计划

箱区计划为船舶的集港箱划分堆存区域,给该船舶的集港箱分配箱区。由于每个堆场箱区通常最多配置两台场桥,为满足多台岸桥并行同步作业的要求,在制定箱区计划时,应根据预计的作业线数,将集港箱分配到多个箱区,以便装船时多个箱区同时发箱,保证岸桥作业效率。同时,为了提高装船效率,必须平衡分配在各箱区的自然箱量。箱区计划的总体目标就是提高装船效率和降低码头装卸成本。具体到实际操作时,箱区计划应尽量满足以下目标:各箱区到集装箱船所靠泊位的水平运输距离最短;各箱区内分配的出口箱量均衡;装船时能并行发箱。

3. 计划精度控制(位串计划)

计划精度控制是指在计划好的箱区内为每一类出口箱计划具体堆放范围,包括两种方式,分别为按位计划和按排计划,其中按排计划又称为按串计划。按位计划就是同一位内只能计划同一类的出口箱,按排计划就是同一位的同一排内只能计划同一类的出口箱。

资料卡

S港有300个需装载RFID电子标签的集装箱。集装箱分别从货主端与集装箱仓储端两种不同特性的作业模式开始进行实施,所有要实施集装箱均在S港码头装船。

系统分为两种作业模式:一种是针对储运中心的出口集装箱加装RFID电子标签实施;另一种是直接在货主端的出口集装箱加装RFID电子标签实施。两种作业模式的集装箱,均由集装箱卡车将集装箱运送到S港口码头的集装箱堆场。以下分别按作业特性说明:

1. 储运中心与货主端

储运中心的集装箱作业主要是货主将货物运送至储运中心,在出口货物经海关核准放行后,由储运中心进行货物装箱作业,并在完成装箱作业的集装箱上加装电子标签锁,同时以手持终端机启动RFID电子标签锁。

在货主端的作业模式是货主完成出口集装箱装箱作业后,在集装箱上加装RFID电子标签并以手持终端机启动RFID电子标签,再由集装箱运输公司将集装箱运往码头集装箱堆场。待集装箱进入港口后,系统透过RFID读取器实时记录集装箱到达的时间和集装箱的安全状态,并实时将信息传至TSS(Transportation Security System,运输安全管理系统)。

目前定义RFID产品的工作频率有低频、高频和甚高频的频率范围内的符合不同标准的不同产品,而且不同频段的RFID产品有不同的特性。其中,感应器有无源和有源两种方式。

其实,RFID技术首先在低频得到了广泛的应用和推广。该频率主要是通过电感耦合的方式进行工作,也就是在读写器线圈和感应器线圈间存在着变压器耦合作用,通过读写器交变场的作用在感应器天线中感应的电压被整流,可作为供电电压使用。磁场区域能够很好地被定义,但是场强下降得太快。

储运中心与货主除了以手持终端机启动RFID电子标签,将集装箱信息通过无线局域网或GPRS传输方式传送至TSS外,还必须同时通过网络登录事先预设的账号,在TSS上维护测试集装箱的舱单资料。

2. 集装箱装船港

集装箱进场信息经过码头集装箱堆场的港口管理系统确认后,集装箱堆场的集装箱监控作业就开始由RFID监控读取器进行全程监控。当集装箱开始装船作业时,架设在船边的桥式起重机上的RFID读取器记载集装箱装船作业的时间,同时确认该集装箱的安全状态,确保装上船的集装箱为Secured状态,然后集装箱船即可经由海运路线前往国外某港。

3. 集装箱卸船港

集装箱船进港停靠码头后,经由卸货用桥式起重机将集装箱调至集装箱堆场后,由当地的安全作业人员以手持终端机取得集装箱到港的信息,再由安全作业人员以手持终端机解除RFID电子标签的功能,最后用工具将RFID电子标签自集装箱上剪下。

4. 收货人端

部分集装箱是直接运送到当地收货人所在位置的,收货人在收到集装箱之后,直接剪断电子标签的插拴,完成集装箱安全旅程。

三、出口箱进场报文

报文是由码头、场站提供的集装箱进出门的动态信息(即收箱、提箱信息),不包括装卸船的集装箱信息,供船公司箱营部门及时掌握集装箱的集疏运情况,以便有效地跟踪集装箱动态。

报文包括头记录(见表3-7)、其他接收方(见表3-8)、描述船舶及箱经营人的数据项(见表3-9)、描述箱信息的有关项目(见表3-10)、残损描述(见表3-11)、集疏运承运人信息(见表3-12)、尾记录(见表3-13)等部分,其记录结构如图3-11所示。

表3-7 头记录

记录00	HEAD RECORD	头记录			M
序 号	字 段 名		格 式	注 释	标 记
1	RECORD ID	记录类型标识	9(2)	00	M
2	MESSAGE TYPE	报文类型	X(6)	CODECO	M
3	FILE DESCRIPTION	文件说明	X(35)	GATE - IN REPORT 或 GATE - OUT REPORT	C
4	FILE FUNCTION	文件功能	X(2)	9:原始;2:增加; 3:删除;4:变更	M
5	SENDER CODE	发送方代码	X(13)		M
6	RECEIVER CODE	接收方代码	X(13)		M
7	FILECREATE TIME	文件建立时间	9(12)	CCYYMMDDHHMM	M
8	SENDER PORT CODE	发送港代码	X(5)		C
9	RECEIVER PORT CODE	接收港代码	X(5)		C

表3-8 其他接收方

记录01	OTHER RECEIVERS	其他接收方			C
序 号	字 段 名		格 式	注 释	标 记
1	RECORD ID	记录类型标识	9(2)	01	M
2	RECEIVER CODE	接收方代码	X(13)		M
3	RECEIVER CODE(1-8)	接收方代码	X(13)		C

表3-9 描述船舶及箱经营人的数据项

记录10	VSL. &VOY. &CTN. OPERATOR FIELDS	描述船舶及箱经营人的数据项			M
序 号	字 段 名		格 式	注 释	标 记
1	RECORD ID	记录类型标识	9(2)	10	M
2	VESSEL CODE	船名代码	X(9)		C
3	VESSEL	船名	X(35)		C
4	VOYAGE	航次	X(6)	包括航向	C
5	CTN. OPERATOR CODE	箱经营人代码	X(13)		C/M
6	CTN. OPERATOR	箱经营人	X(35)		M/C

说明:对重箱必须使用该记录,说明船名代码、船名、航次等。

表 3-10　描述箱信息的有关项目

记录50	CONTAINER INFORMATION	描述箱信息的有关项目			M
序号	字段名		格式	注释	标记
1	RECORD ID	记录类型标识	9(2)	50	M
2	CTN. NO.	箱号	X(12)		M
3	CTN. SIZE & TYPE	集装箱尺寸类型	X(4)		M
4	CTN. STATUS	集装箱状态	X(1)	E:空;F:整;L:拼;N:新	M
5	PPS. OF GATE IN/OUT	进出场目的	X(1)	I:进口;E:出口;V:装箱;D:拆箱;T:移场;B:报废出场	M
6	EIR NO.	设备交接单号	X(17)		C
7	B/L NO.	提单号	X(20)		C
8	GROSS WEIGHT	箱毛重	9(5).9		C
9	SEAL NO.	铅封号	X(10)		C
10	GATE IN TIME	进门时间	9(12)	CCYYMMDDHHMM	M/C
11	GATE OUT TIME	出门时间	9(12)	CCYYMMDDHHMM	M/C
12	SPEC. CTN. FLAG	特种箱标记	X(3)	R:冷藏箱;D:危险品箱;O:非标箱	C

说明:对进门箱只填进门时间,出门箱只填出门时间。

表 3-11　残损描述

记录51	DAMAGE INFORMATION	残损描述			C
序号	字段名		格式	注释	标记
1	RECORDID	记录类型标识	9(2)	51	M
2	DAMAGE TYPE CODE	残损类型代码	X(3)		M//C
3	DAMAGE TYPE	残损类型	X(35)		C/M
4	DAMAGE AREA CODE	残损范围代码	X(4)		M/C
5	DAMAGE AREA	残损范围	X(35)		C/M
6	DAMAGE SEVERITY	残损程度	X(35)		C

表 3-12　集疏运承运人信息

记录52	CARRIER INFORMATION	集疏运承运人信息			C
序号	字段名		格式	注释	标记
1	RECORD ID	记录类型标识	9(2)	52	M
2	MODE OF TRANSPORT	运输方式	X(1)	1:水运;2:铁路运输;3:公路运输	M
3	TRAILER TRADEMARK	拖车牌号/车次	X(17)		C
4	CARRIER CODE	承运人代码	X(13)		C/M
5	CARRIER	承运人	X(35)		M/C
6	FROM/TO	来自/到何处	X(35)		C

说明:对进门箱只填来自何处,出门箱只填到何处。

表 3 – 13　尾记录

记录 99	TRAILER RECORD 尾记录			M	
序　号	字 段 名		格　式	注　释	标　记
1	RECORD ID	记录类型标识	9(2)	99	M
2	RECORD TOTAL OF FILE	记录总数	9(6)	包括头、尾记录	M

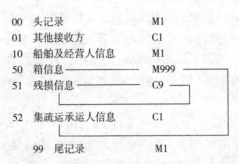

00	头记录	M1
01	其他接收方	C1
10	船舶及经营人信息	M1
50	箱信息	M999
51	残损信息	C9
52	集疏运承运人信息	C1
99	尾记录	M1

图 3 – 11　记录结构

出口箱进场报文样例,如图 3 – 12 所示。

```
00:CODECO:GATE - IN REPORT:9:COSHCT:FREQIN:0701311415:20070131141504. in:'
10:CYA:COSCO YANTIAN:006W:COS:COS'
50:CBHU2909103:40RH:F:E::COSU99467950:27090::200701310013::R'
10:HZH:HAN ZHONG HE:0175E:COS:COS'
50:CAXU6573997:20GP:F:E::COSU33904950:8090::200701311324::R'
50:GVCU4012521:40GP:F:E::COSU38252850:14060::200701311136::R'
50:TGHU3810419:20GP:F:E::COSU25237630:17330::200701311253::R'
50:CBHU3274347:20GP:F:E::COSU25237620:14800::200701310737::R'
50:IPXU3274617:20GP:F:E::COSU25237830:16435::200701311253::R'
50:TCKU2554888:20GP:F:E::COSU25233580:21230::200701311218::R'
50:CBHU3118766:20GP:F:E::COSU25237580:14790::200701310737::R'
50:CBHU2910700:40RH:F:E::COSU38252830:19670::200701311309::R'
50:CBHU9936672:40HC:F:E::COSU25237350:10836::200701311242::R'
50:GESU3306468:20GP:F:E::COSU33900040:22500::200701311218::R'
50:IPXU3267773:20GP:F:E::COSU25236690:21734::200701310934::R'
50:CRLU3801874:20RF:F:E::COSU25238040:14540::200701310015::R'
50:GATU1293005:20GP:F:E::COSU15132070:17730::200701311355::R'
50:CBHU3485756:20GP:F:E::COSU25237300:15220::200701311025::R'
○○○○○○○○○○○○○○○○○ (省略了部分中间内容)
50:TTNU5767760:40GP:F:E::COSU99748570:23460::200701311159::D'
99:343'
            ****** END OF DATA ******
```

图 3 – 12　出口箱进场报文样例

四、出口箱分港分吨

(一) 出口箱分港分吨基本概述

出口箱分港分吨是指将一个航次的所有出口箱根据尺寸、卸货港和吨级进行分类。

(二) 分港分吨的意义

分港分吨是制订出口箱进场计划和选位的基础,也是船舶配载的基础。分港分吨有利于提高装船效率,增加船舶稳性,避免中途港倒箱。

（三）分港分吨的内容

出口箱分港分吨的主要内容为对每一个航次的所有出口箱按照其尺寸、卸货港、吨级、箱型和货种信息等属性进行分类。同一航次、同一尺寸、同一吨级、同一箱型和同一货种的出口箱属于同一类箱。

（四）分港分吨的步骤

（1）通过出口舱单查询该航次的所有出口箱的尺寸和卸货港,并选择某一个尺寸和卸货港。

（2）为选中的尺寸和卸货港记录添加吨位等级,每个等级代表了一定的吨级范围。各尺寸各卸货港的吨级数量一般与该航次的箱量、船舶稳性要求有关,如果箱量较少,船舶稳性要求不是很高,则吨级数量可以划分得较少;如果箱量较大且船舶稳性要求较高,则吨级划分得较细。

（3）新增尺寸和卸货港。由于受到时间的限制,出口舱单录入不及时,或者有些临时的业务没有使用出口舱单,导致使用出口舱单导入的信息不能满足实际作业,此时应新增尺寸和卸货港,并对该新增记录进行等级划分,增加新记录。

数字化运营

装船出口的集装箱必须在船舶到港前提前进场,做好装船准备,所以集装箱码头计划部门必须先编制出口箱进场计划。出口箱进场计划是根据船名、航次、出口箱预到资料,并结合集装箱码头堆场目前的实际情况编制的。在编制出口箱进场计划的过程中,应综合考虑该航次未来船舶配载图编制情况和堆场的实际使用情况,以便保证出口箱顺利装船。

选择"出口装船"|"出口箱进场计划"命令,在弹出的"出口航次选择"对话框上选择所需的出口航次,打开"出口箱进场计划"对话框,如图 3-13 所示。

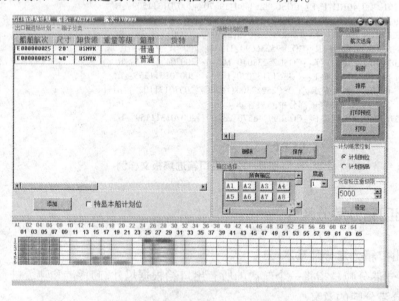

图 3-13 "出口箱进场计划"对话框

根据功能的不同将"出口箱进场计划"对话框分为"箱子分类""场地计划位置""箱区选择""计划精度控制"和"设定轻压重权限"等几个选项组。下面按选项组进行详细说明。

一、箱子分类

单击本选项组中的"添加"按钮,新增一条记录。记录包括船舶航次、尺寸、卸货港、重量等级、箱型和货种六个项目,可以根据需要输入每一个项目的具体信息。但是在实际操作时,为了减少操作步骤,避免人为判断的偏差,并不需要将箱子如此细化。实际上,只要指定了船舶航次和尺寸,系统就会根据已经制定的规则自动分配进场箱场地位置。

二、箱区选择及箱位指定

在新增记录并设置好尺寸后,在"箱区选择"选项组中选择计划箱区,并设定层高,对话框下方空白处会出现该箱区的俯视图。在相应的位上按住鼠标左键拖动,如果是多个不连续的位,只要逐个拖动即可。然后松开鼠标左键,"场地计划位置"选项组中就会出现刚刚拖动的场地位置。完成后单击此选项组中的"保存"按钮,前面拖动过的位会以绿色显示,表明该位已做计划,并且会弹出计划保存成功的消息框。在实际的作业中,一类箱子往往堆存在场地的多个不同的区中,此时只要用相同的方法和步骤依次对各箱区做计划即可。有时需要对已做计划的箱子进行撤销,这时在"场地计划位置"中选中需要撤销的位,单击"删除"按钮,然后单击"保存"按钮,则在"场地计划位置"和场地俯视图中,该位对应的计划就会消失。如果要全部删除,只要连续单击"删除"按钮即可,当全部箱位都删除后再进行保存,对应的该类箱子分类也会消失了。

三、计划精度控制

"计划精度控制"选项组有"计划到位"和"计划到串"两个单选按钮,作用与项目一任务二卸船堆存计划中的相同。

四、设定轻压重极限

轻压重极限是指箱子实际进场落位时轻箱压重箱情况下最大的质量差。场地堆箱时一般遵守重压轻的规则,但是为了灵活使用场地位置,当两箱质量相差不大的时候,也可以轻压重,因此产生了轻压重极限。在设置轻压重极限时,在选项组的微调框中,通过上下箭头调节质量,调好后单击"设定"按钮进行保存。

五、其他

在"航次选择"选项组中可以通过单击"航次选择"按钮进行航次选择;"列表显示控制"选项组中的"刷新"按钮用来刷新对话框,在所做改变没有被保存以前可以通过"刷新"按钮

恢复。另外,还可以通过双击场地俯视图中的某一位查看该位的场地剖面图。"特显本船计划位"复选框用来以绿色突出显示本航次所属计划箱位。

技能训练

1. 通过网络资源自行选定至少 1 个集装箱堆场贝位,查找资源后提交该堆场的堆存计划文件。

2. 请自行设定至少 1 个箱号、箱位号,或者根据表 3 – 14 所示的船舶载箱信息,完成出口集装箱的堆存计划。

表 3 – 14　船舶载箱信息

箱位号	箱　号	箱　型	尺寸/ft	状　态	货　特	提单号	箱重/kg	备　注
(自行设定)	AWSU1901780	普通	20	出重		170818	5 300	
(自行设定)	AWSU1920306	普通	20	出重		170818	6 400	
(自行设定)	AWSU1930290	普通	40	出重		170818	8 300	
(自行设定)	AWSU1952216	普通	40	出重		170818	8 200	
(自行设定)	AWSU1955160	普通	20	出重		170818	2 300	
(自行设定)	AWSU1955853	普通	40	出重		170818	3 500	

任务三　出口箱进场选位

出口箱进场计划完成后,接着应进行出口箱进场选位和口门收箱作业。出口箱进场选位是指根据该箱的具体资料和该箱所属航次的进场计划,为其指定一个具体的堆场堆存位置;场桥口门收箱即场桥司机将出口箱堆存到堆场后,通过车载终端,将该箱的最终堆存位置保存到码头生产系统的数据库中。在出口箱的集港过程中,前后工序具有依托关系,只有进行了前面的工序,才能进行后续操作;只有进行了出口箱进场选位,才能进行场桥口门收箱。

任务引入

天津港收到船公司发来的关于 PACIFIC 号的船舶资料、预报信息、船图清单、舱单、船期信息、离港信息及危险货物申报单。请模拟码头工作人员完成出口箱进场选位的相关作业任务。

船舶装载信息如下:

船代码:PACIFIC　　航次号:170907　　贸易性质:一般贸易

泊位代码:2　　停靠方式:左靠　　装卸付费:广二运输公司

港口使费:安骏达运输公司 KC20020701

海关编号:N125547　　船代理:COSCO

运输类型:江海运输

外贸航线:MDX

计划抵港:2017 年 10 月 21 日 11:45

计划靠泊:2017 年 10 月 21 日 12:45

计划离泊:2017 年 10 月 25 日 07:00

实际抵港:2017 年 10 月 21 日 11:50

实际靠泊:2017 年 10 月 21 日 12:50

实际离泊:2017 年 10 月 25 日 07:30

进口总箱量:3

具体箱信息如表 3 -15 所示。

表 3 - 15　出口箱信息

箱　号	箱　型	尺寸/ft	状　态	货　特	提单号	箱重/kg	备　注
CLHU3544231	普通	20	出重	纽约	170907	5 300	
CLHU3931170	普通	20	出重	纽约	170907	4 300	
CLHU3515887	普通	40	出重	纽约	170907	9 300	

相关知识

一、集装箱堆场

堆场内通常存放空箱、重箱、危险货物箱等,同时又分进口箱、出口箱,而且箱的结构尺寸也不尽一样,箱主也不同。这些都使堆场的管理变得困难。堆场策划的目的就是要克服这些困难,充分利用有限的堆场面积,合理划分堆场,给每一个集装箱配置理想的位置,提高堆场利用率和码头生产的作业效率。

堆场(见图 3 - 14)是集装箱码头堆放集装箱的场地,是集装箱码头最大的工作场所。堆场面积大,需要存放的集装箱数量、种类繁多。为提高码头作业效率,堆场又可分为前方堆场和后方堆场两个部分。

(一) 前方堆场

前方堆场位于码头前沿和后方堆场之间,主要用于出口集装箱或进口集装箱的临时堆放。

(二) 后方堆场

后方堆场仅靠前方堆场,是码头堆放集装箱的主要部分,用于堆放和保管各种重箱与空箱。

图 3-14　堆场

资料卡

2017 年 5 月,载箱量为 13 386 TEU 的集装箱船"中远法国"在青岛港全自动化集装箱码头 106 泊位靠泊作业。与传统码头不同的是,青岛港全自动化集装箱码头实现了全自动化码头从概念设计到商业运营,开创了全自动化集装箱作业的新纪元。

青岛港全自动化集装箱码头位于前湾港区四期 5~10 泊位,岸线长 2 088 m,纵深 784 m,前沿水深 -20 m,年通过能力 520 万 TEU,可停靠世界最大的 20 000 TEU 以上的集装箱船舶,首期 2 个泊位投入运营。码头由青岛新前湾集装箱码头有限责任公司运营管理,由青岛港自主构建全球领先的智能生产控制系统,采用世界一流的全自动化技术设备,颠覆了传统集装箱码头的作业模式、管理模式,实现了决策智能化、生产流程化、操作自动化、现场无人化、能源绿色化。在全自动化码头目前的两个泊位作业中,后方生产控制中心 9 个远程操控员承担了传统码头 60 多人的工作,减少操作人员约 85%,提升作业效率约 30%,码头设计作业效率可达每小时 40 自然箱,是当今世界自动化程度最高、装卸效率最快的集装箱码头。

自动化码头起源于欧洲,目前全球自动化码头的单机平均作业效率在每小时 20 个自然箱左右,传统人工码头的单机平均作业效率为 25~28 个自然箱。全自动化码头因为建设难度大、成本高、收益慢被称为"贵族码头"。经过近 7 个月的商业运营,青岛港自动化码头平均效率从运营时每小时 26 个自然箱提升到 11 月份的每小时 35 个自然箱,船舶准班率保持 100%。

青岛港是世界集装箱第七大港,拥有目前世界上最大的码头和最高的效率。面对全球工业 4.0 和"互联网 +"的发展趋势,青岛港以全自动化集装箱码头等项目为重点加快建设智慧港口,推进港口转型升级、创新发展。

二、集装箱堆场的分配

（一）堆场内箱区的分类

（1）按进出口业务可划分为进口箱区、出口箱区和中转箱区。

（2）按集装箱货种可分为普通箱区、危险品箱区、冷藏箱区、特种箱区和中转箱区。

危险品箱区、冷藏箱区因有特殊设备，如冷藏箱区有电源插座、危险品箱区有喷淋装置及隔离栏，所以该类箱区是相对固定的。中转箱区虽无特殊设备，但由于海关部门有特殊要求，因此该箱区也是固定的。

（3）按集装箱空、重箱可分为空箱区、重箱区。

空箱的位置标示不同于重箱的位置标示，一般只规定区位和段位，而没有行位和间位。因为空箱很少有指定箱号的，即如果船公司或者代理人或客户要去堆场取空箱装货，只要是取该船公司的空箱就可以了，而不必非要领取某一个号码的空箱。一般在码头堆场会划分出几个空箱区，将其用于专门存放空箱，每个区分为若干区段。空箱区要求根据尺码的不同及箱型的不同，按不同的持箱人分开堆放。

（二）堆场分配基本原则

（1）重、空箱分开堆放。

（2）20 ft、40 ft 和 45 ft 集装箱分开堆放。

（3）冷藏箱、危险品箱、特种重箱应堆放在相应的专用箱区。

（4）进口箱和出口箱分开堆放。

（5）转箱按海关指定的中转箱区堆放。

（6）出口重箱按装船要求分港、分吨位堆放。

（7）空箱按不同的持箱人、不同的尺码、不同的箱型分开堆放，污箱、坏箱分开堆放。

（8）重箱按堆场载荷要求堆放。

（三）集装箱进场策划的基本原则

（1）按照就近原则，尽量安排出口集装箱摆放在靠近桥位的龙门吊作业区，以避免远距离操作。

（2）提高装船效率原则，在出口箱配载装船时，尽量减少翻箱。具体做法如下：

① 按堆放。同一排内，堆放同一港口、同一吨级的箱。但同一位内不同的排，可以堆放不同的港口、不同吨级的箱。

② 按位堆放。同一位内，堆放同一港口、同一吨级的箱。

③ 按位、排堆放。同一位内，堆放同一港口、同一吨级的箱，而该位的同一排内，堆放相同港口、相同吨级的箱。

（3）质量特性原则，即将重箱放置时，比较重的箱子放到下面；在同一位中，较重的箱堆放于靠近车道的第2排，较轻的箱堆放在最里面两排，中间等级的箱堆放于较中间的排。重吨级的箱可以压较轻吨级的箱。

（4）先入先出原则。

（5）面对通道原则，即方便堆高机更有效地提取箱子。

（6）特性原则，即将同一特征的放到一起，如退租箱、坏箱。

（7）平衡原则，即根据空箱场和龙门吊作业区的密度及可以使用的机械，进行合理的调节操作，从而有效地使用有限的堆场位置，避免因操作量过于集中而造成生产效率低。

（8）储位标记原则，即将集装箱堆场分贝，每个贝存放相同箱属相同类型的箱子。

 数字化运营

在制订完出口箱进场计划后，接下来就是箱子实际进场，为了使箱子进场后顺利地找到自己所在的位置，进场前要在道口进行进场选位。目前，许多先进的集装箱码头已经使用了RFID自动识别车辆及箱子信息，但对于有些码头仍需要道口员人工输入相关信息。

选择"道口办理"|"进场选位"命令，打开"出口箱道口进场选位"对话框，如图3-15所示。

对于有RFID的集装箱码头，车辆进场时就会自动读取信息。人工操作时，主要分为车辆选择和出口箱资料录入两个步骤。

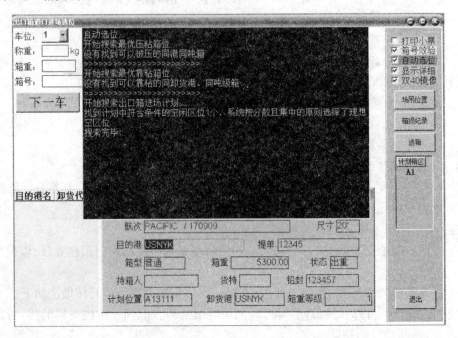

图3-15 "出口箱道口进场选位"对话框

一、车辆选择

选中"自动选位"复选框后，单击"下一车"按钮，进行车辆选择。选择时，在"车辆选择"下文本框的第1个空格内输入车牌号汉语拼音首字母的大写，如J，则下边会弹出一个列表框，显示已经录入的所有车辆中车牌号汉语拼音首字母为大写J的，如图3-16所示。随后输入所要选择车辆在显示框中的序号，如"冀"则在J后面输入2，此时中间空格内就会自动跳上所选车辆的车牌号汉字"冀"，最后在最后一个空格内输入完整的车牌号。在进行输入的时候,系统会自动根据每一个输入的字母与已经录入的车辆进行匹配,并筛选,到出现所需车辆时,单击该条记录进行选择。

再次单击"下一车"按钮,进行其他箱子的进场选位,此时前一车的相关资料会自动清空。在进行车辆选择的时候,可以直接选择已经登记过的车辆。如果是第一次来的车辆,就要在"车辆选择"中输入该车辆相关信息,然后系统会提示是否进行车辆录入。

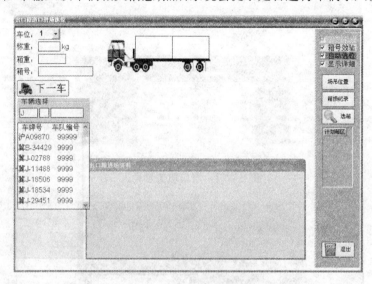

图3-16 车辆选择

二、出口箱资料录入

在本对话框中录入出口箱资料有两种不同的方式。第一种方法是,选好车辆后在"箱号"文本框中输入进场箱箱号,按回车键后"出口箱进场资料"窗格会自动新增一条空记录,单击"航次"栏,在自动弹出的列表中选择该箱所属航次,系统会根据前面已经录入的出口舱单情况,自动生成相应的信息。对于个别默认信息,按手头资料进行输入。最后,用鼠标单击"计划位置"文本框,弹出黑色自动选位搜索进程框,搜索完毕后,用鼠标右键单击进程框,进程框自动隐去,同时,车上相应的车位会显示蓝色,表示车子已进场选位,如图3-17所示。如果计划位置已满,则在自动搜索进程结束时会弹出提示框,提示操作人员进行手动选位。如图3-18所示。此时,需要到出口箱进场计划中重新制订计划。

第二种方法是,操作人员可以通过单击窗口右侧的"选箱"按钮来选择进场箱,免去手工输入箱号这一步。具体操作是:单击"选箱"按钮,在打出的"出口航次选择"对话框中选择出口航次,弹出该航次所有计划的进场箱信息。该弹出窗口有"航次选择""刷新""随机"和"排序"四个按钮:"航次选择"按钮用于选位操作时进行航次间的切换;"刷新"按钮用于刷新窗口;"随机"按钮可以用来对窗口中的箱子进行随机选位;"排序"按钮用来对窗口中的箱子根据不同的属性进行排列。要为某个箱子选位,只要双击该箱所在行,就会进行自动选位搜索。

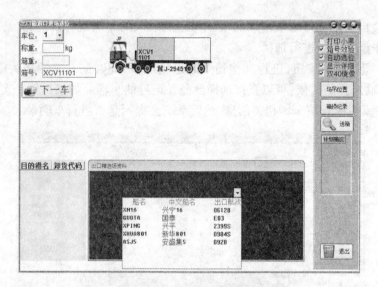

图 3 - 17　出口箱信息录入

图 3 - 18　手动选位

　　对于这两种方法,相同的一点是:如果是同一车的两个车位,只要连续选择两个箱子即可;如果一车已装满,则通过选择下一车继续选位。如果要撤销已经选位的记录,单击箱子在车上的位置,会弹出删除确认提示框,确认删除即可。

技能训练

　　1. 通过网络资源自行选定至少 1 个集装箱堆场贝位,查找资源后提交该堆场的选位记录文件。

　　2. 请自行设定至少 1 个箱号、箱位号,或者根据表 3 - 16 所示的船舶载箱信息,完成出口集装箱的堆场选位任务。

表3-16 船舶载箱信息

箱位号	箱 号	箱 型	尺寸/ft	状 态	货 特	提单号	箱重/kg	备 注
自行设定	AWSU1901780	普通	20	出重		170818	5 300	
自行设定	AWSU1920306	普通	20	出重		170818	6 400	
自行设定	AWSU1930290	普通	40	出重		170818	8 300	
自行设定	AWSU1952216	普通	40	出重		170818	8 200	
自行设定	AWSU1955160	普通	20	出重		170818	2 300	
自行设定	AWSU1955853	普通	40	出重		170818	3 500	

任务四　场吊口门收箱作业

　　出口箱进场选位和口门收箱作业作为出口箱集港作业的后续工作,是对堆存计划的执行过程。由于堆存计划对集装箱的位置只具体到位或串,而集装箱到港时具有很大的随机性,因此需要根据当时堆场的情况,根据制定好的规则和堆存策略对其进行动态的箱位选择,为其选择一个具体的位置。口门收箱作业则是场吊司机将出口箱落到动态选位选好的指定位置,并通过车载系统,将出口箱的实际堆存位置保存到数据库中。

任务引入

　　天津港收到船公司发来的关于 PACIFIC 号的船舶资料、预报信息、船图清单、舱单、船期信息、离港信息及危险货物申报单。请模拟码头工作人员完成出口箱口门收箱作业的相关作业任务。

　　船舶装载信息如下:

　　船代码:PACIFIC　　　航次号:170907　　贸易性质:一般贸易

　　泊位代码:2　　　停靠方式:左靠　　装卸付费:广二运输公司

　　港口使费:安骏达运输公司 KC20020701

　　海关编号:N125547　　　船代理:COSCO

　　运输类型:江海运输

　　外贸航线:MDX

　　计划抵港:2017 年 10 月 21 日 11:45

　　计划靠泊:2017 年 10 月 21 日 12:45

　　计划离泊:2017 年 10 月 25 日 07:00

　　实际抵港:2017 年 10 月 21 日 11:50

　　实际靠泊:2017 年 10 月 21 日 12:50

　　实际离泊:2017 年 10 月 25 日 07:30

　　进口总箱量:3

　　具体箱信息如表 3-17 所示。

表3-17 出口箱信息

箱 号	箱型	尺寸/ft	状 态	目的港	提单号	箱重/kg	备 注
CLHU3544231	普通	20	出重	纽约	170907	5 300	
CLHU3931170	普通	20	出重	纽约	170907	4 300	
CLHU3515887	普通	40	出重	纽约	170907	9 300	

相关知识

一、收箱业务

收箱业务一般是指出口重箱集港时堆场收箱交接,或者码头货运站装箱后重箱返回堆场交接及受船公司委托的交接。前两种重箱,在堆场出口区域内进行交接,而返空箱的交接则在堆场专门设置的空箱堆存区域内进行。

二、收箱作业的流程

(1)公路承运人凭设备交接单和其他相应业务单证,在码头检查进场通道与堆场理货员办理集装箱进场交接。

(2)公路承运人将拖车开到闸口地磅上称重,过磅理货员用计算机输入箱号、箱型、车号,打印过磅计量单。

(3)闸口理货员核对设备交接单,检查箱体、箱号、铅封、船名、航次、车队、车号后双方签字。

(4)闸口理货员在出口箱入场单上加盖箱检章、过磅章。

(5)运箱人将拖车开到堆场指定场位卸箱。

(6)堆场箱控部门根据堆场积载计划安排,指挥场地机械将重箱卸到指定场位、箱位。

(7)堆场理货员编制箱位图并输入计算机,供调度部门编制出口装船计划。

空箱返回进场业务是码头堆场受船公司委托进行的,进场交接程序与出口重箱交接相同。码头堆场对进场空箱按不同船公司分别堆码。

资料卡

台风来临,码头如何确保集装箱安全

集装箱码头堆场临近海岸线,堆存的集装箱数量和经济价值都相当高。当集装箱码头堆场可能遭受台风威胁的情况下,预防是主要原则。必须做好抗台工作,保证堆场集装箱货物的安全,减少海损事故发生。那么,台风来了,码头是通过哪些方式来确保集装箱安全的呢?

集装箱码头堆场的堆存原则如下:

① 空重分开原则。同一贝位(bay)内空箱、重箱严禁混放。

② 高度限制原则。一般来说，重箱最高不超过5层，单列重箱不超过1层，双列重箱不超过两层。空箱应该紧密堆码，最高不超过6层。

③ 堆码整齐原则。箱体上下堆码整齐，角件对齐角件，以便于D形塞古操作，重箱排和排之间相距不超过50 cm，并且要平行，便于桥锁加固。

④ 尽量放低放平原则。在加固前先倒柜，尽量将贝位内的柜子放低放平。

堆场防台程序如下：

(1) 台风48小时内能影响本地区的情况。

首先，应该在接收到台风警报一小时内，制订出首批加固区域计划、倒柜整理计划。首批防台区域计划应该选择风口、海侧、独立贝、危险贝，以及将危品贝作为首批加固对象，列出表格清单，安排人员设备到位。首批倒柜整理计划应根据防台区域计划，按照防台道具基本原则进行堆场箱整理，形成防台任务。

然后，根据首批加固区域计划、倒柜整理计划的指令要求，在10小时内连续下达加固区域计划，适时制订集装箱收箱计划。注意，在计划制订过程中不要对正在作业和24小时内将要作业的贝位产生较大影响。

再次，结合船期，根据在场出口箱的分布、进口重箱的日期，制定重箱加固区域计划，以保证台风解除后能迅速有效地恢复生产。

(2) 台风24小时内可能影响或已经影响本区域，平均风力达6至7级的情况。

扩大加固区域，加大倒柜力度，可根据机械设备实际情况扩大集中收箱范围。对全场80%的重箱和60%的空箱下达加固区域计划及倒柜整理计划。应将不影响作业区域的预留时间缩短为8小时。

(3) 台风12小时内可能影响或已经影响本区域，平均风力达8级以上或更高级别的情况。

进行最终加固后，全部现场人员撤离现场，停止一切堆场作业，保证堆场人员的人身安全。

三、冷藏集装箱收箱

(一) 出口冷藏集装箱收箱操作流程

出口冷藏集装箱收箱操作流程由核对箱信息、检查冷箱箱体、检查冷箱机组、联系胎吊收箱等程序组成。

1. 核对箱信息

箱信息包括卸箱场位、船名航次、设定温度；冷箱机组包括压缩机、控制面板、蒸发器风扇、电源插头、电缆线等；冷箱箱体包括箱体表面有无缺损(凹凸、破漏、开裂、断裂、污渍)、铅封是否完好等。收发箱人员收取小票后首先核对上面的箱号与集装箱上的箱号是否吻合，核对冷箱实际场位是否正确。

2. 检查冷箱箱体

对箱子进行六面观察，注意外部是否有损伤、变形、破口等异样情况，门锁是否完整，有无铅封。

3. 检查冷箱机组

收发箱人员要"试电",把集装箱的插头就近接到现场的插座上,开机 5 秒,观察机组是否正常运转,显示屏是否显示、亮灯,注意显示屏上有无报警代码闪烁,实际温度与系统设定温度是否一样。

4. 联系胎吊收箱

如果以上步骤无任何问题,收发箱人员可以通过高频与胎吊人员联系,通知可以将箱子落到场地上。

5. 通电

箱子落到场地后,收发箱人员需尽快给箱子通上电,以免箱子因长时间断电导致箱内货物损坏,也方便下一步温度监控人员对该箱子的监控。

(二)提高冷藏集装箱收箱操作效率的对策与建议

1. 冷藏箱收箱效率低下的原因

在整个冷藏集装箱作业流程中,导致冷藏箱收箱效率低下的原因有很多,有客观的,也有主观的。分别就 5 个环节进行现状调查后,发现影响冷藏箱收箱操作效率的主要因素是"检查冷箱机组操作耗时"。造成检查冷箱机组操作耗时的原因有很多,通过调查分析,认为主要有以下几点:

(1)人员因素。收发箱人员业务技能不熟悉,检查操作杂乱无序,缺少专项业务培训;作业人员积极性不高,工作责任心不强。

(2)管理因素。交接班衔接不好;交接班制度不规范;考核不严;场地作业调度指挥存在问题;计划、控制、现场信息沟通不畅,未按计划顺序作业。

(3)设备因素。电插座故障;维修不及时;考核不严。

(4)其他原因。环境因素;收箱人员配置相对紧张;恶劣天气影响,等等。

2. 冷藏集装箱收箱操作效率低下的解决方法

大力加强并提高集疏运能力,加强港口与各种运输方式的衔接与协调,港口企业对外竞争力就会得到质的提升。通过分析造成冷藏集装箱收箱效率低下的最主要原因,我们认为可以从以下几个方面来改善或提高:

(1)加强人员专项业务培训,训练有素的员工是优化业务流程、成功运营集装箱码头必须具备的三项要素之一;明确操作规程和标准,消除不必要的操作环节,理顺操作工序。主要的工作程序应该更加细化并且标准化,可以做以下 8 个步骤的规范:

① 核对箱号是否正确。

② 核对收箱场位是否正确。

③ (通电)核对设定温度是否正确。

④ 查看箱体。检查箱体各面有无碰撞、擦伤、割伤、变形、破洞,凹凹是否超标。

⑤ 查看电缆。检查 400 V 插头和电缆,电缆长度不得短于 15 m。

⑥ 查看机组。观察机组面板机件是否有丢失、损坏。

⑦ 查看箱门。检查门封是否完好。

⑧ 通电进行试机检查。开机 5 秒机组是否正常运转;核对显示屏是否显示、亮灯(设定温度、显示温度、指示灯等);听蒸发风机是否正常运转;注意显示屏有无报警代码闪烁;检查压缩机马达是否正常运转。

（2）交班会前交班班组的班长必须收集和统计本班组作业的详细内容,与接班班组的班长交代好安全、生产、代办事宜、注意事项等,介绍上班作业情况。交班会后,立即进行作业交接,收发箱人员马上到现场进行交接,不耽误生产。这是提高操作效率的一个很重要的环节,主要依靠作业人员的自觉性和工作积极性。

（3）目前,很多港口场地拖车数量众多,不好控制,结果有时拖车跑位混乱,交通堵塞得不到及时疏导,导致场地机械调配不及时,造成作业停顿。这种偶发事件不仅影响冷藏集装箱操作,并且也会影响其他现场作业,大大降低港口装卸效率。鉴于这种情况,港口应从大局出发认真解决问题。例如,给场地指导员配有专门的场地巡逻车,以方便在场地进行疏导和监控。

（4）完全建立起集装箱码头中控员指挥作业生产的模式。应从管理上强调以港口生产作业计划为主要依据,进行现场生产作业计划的实施和对现场生产情况的监视与控制,做好生产组织指挥好现场的作业模式。可以先确立值班经理的作业理念,再将生产组织责任加到生产调度身上,使生产调度主动去接受和反馈信息,做好事前预控、过程把控、事后弥补。要从收发箱计划开始,做好归、并、转计划,为出口作业打好基础;执行进口卸船计划,确保卸船场地到位率,减少发箱时的翻倒。

（5）收发箱人员收箱试电时,有些插座不好,需要换到另一个,难免耽搁很长时间。遇到这种情况,发现插座不好要及时上报,联系维修人员修理。

数字化运营

集装箱集港作业主要是对要出口的集装箱进行堆场堆存位置的安排。其作业流程包括出口进场选位作业和场吊口门收箱作业。

选择"机械作业看板"|"场吊作业"命令,打开"场吊作业"对话框,如图3-19所示。

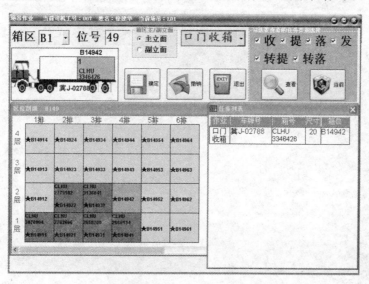

图3-19　"场吊作业"对话框

在"场吊作业"对话框中选择"口门收箱","任务列表"窗格中显示所有收箱作业。单击任务,堆场中箱子所在位置和车辆都会以绿色闪烁。单击"确定"按钮,箱子被卸下,堆场中对应的位置会由天蓝色变为蓝色,车辆上天蓝色箱子卸下后箱位变白色。场吊司机将通过车载系统确认,将出口箱的实际堆存位置保存到数据库中,集港作业完成。

技能训练

1. 通过网络资源自行选定至少 1 个集装箱码头公司,查找资源后提交该码头的口门收箱作业文件。

2. 请自行设定至少 1 个箱号、箱位号,或者根据表 3 – 18 所示的船舶载箱信息,完成出口集装箱的口门收箱作业资料的整理。

表 3 – 18   船舶载箱信息

箱位号	箱　号	箱　型	尺寸/ft	状　态	货　特	提单号	箱重/kg	备　注
(自行设定)	AWSU1901780	普通	20	出重		170818	5 300	
(自行设定)	AWSU1920306	普通	20	出重		170818	6 400	
(自行设定)	AWSU1930290	普通	40	出重		170818	8 300	
(自行设定)	AWSU1952216	普通	40	出重		170818	8 200	
(自行设定)	AWSU1955160	普通	20	出重		170818	2 300	
(自行设定)	AWSU1955853	普通	40	出重		170818	3 500	

项目四

智慧码头出口装船业务操作

知识目标

1. 了解场站收据、海关放行业务。
2. 熟悉集装箱码头出口装船工艺流程。
3. 掌握集装箱船配积载业务。

能力目标

1. 能完成场站收据数据的录入与海关放行的操作。
2. 能完成出口集装箱的配载操作。
3. 能完成装船的机械调度和实际作业操作。

任务一 装船作业信息收集与处理

集装箱码头的整个出口业务从集港到装船是一个由疏到集的过程,与进口业务正好相反。集装箱码头的出口装船业务的作业流程与卸船业务流程相似,也可以分为信息收集与处理、资源计划与调度和实际装船作业三大环节。装船作业是集装箱码头出口业务的第二阶段(第一阶段为集港)(见图4-1),该阶段的主要任务是将集港的出口集装箱进行复核、放行确认、配载和最终的实际装船。出口箱信息复核、放行确认是出口装船业务中至关重要的环节,出口箱在完成集港作业、实际装船之前必须进行出口箱信息的收集与处理。

图4-1 天津港太平洋国际集装箱码头装船作业

 任务引入

天津港收到船公司发来的关于 PACIFIC 号的船舶资料、预报信息、船图清单、舱单、船期信息、离港信息及危险货物申报单。请模拟码头工作人员完成出口箱信息的收集与处理。

船舶装载信息如下：

船代码：PACIFIC　　　航次号：170907　　　贸易性质：一般贸易

泊位代码：2　　　　　停靠方式：左靠　　　装卸付费：广二运输公司

港口使费：安骏达运输公司 KC20020701

海关编号：N125547　　　船代理：COSCO

运输类型：江海运输

外贸航线：MDX

计划抵港：2017 年 10 月 21 日 11：45

计划靠泊：2017 年 10 月 21 日 12：45

计划离泊：2017 年 10 月 25 日 07：00

实际抵港：2017 年 10 月 21 日 11：50

实际靠泊：2017 年 10 月 21 日 12：50

实际离泊：2017 年 10 月 25 日 07：30

进口总箱量：3

具体箱信息如表 4 −1 所示。

表 4 −1　出口箱信息

箱　号	箱　型	尺寸/ft	状　态	卸货港	提单号	箱重/kg	备　注
CLHU3544231	普通	20	重	纽约	170908	5 300	
CLHU3931170	普通	20	重	纽约	170908	4 300	
CLHU3515887	普通	40	重	纽约	170908	9 300	

 相关知识

一、集装箱码头出口业务

（一）船舶到港前的业务

与进口业务一样，集装箱码头要顺利地完成出口集装箱装船作业，必须预先收到出口集装箱的单证资料，以便做好各项准备工作。因此，集装箱码头一般要求船公司或其代理在出口箱装船前 8 天提供如下必要单证资料：出口用箱计划、出口装货清单（订舱清单）和预配箱清单。集装箱码头单证管理员签收上述单证后，要做好分单工作。将出口装货清单和预配清单交配载计划员,将用箱计划交箱务管理员,如果是拼箱货,还应将出口装货清单复印后交货运站。

1. 拼箱货作业装船准备工作

拼箱货是由于一批货物不足一整箱容量(20 ft 不足 24 m^3;40 ft 不足 50 m^3),为提高箱利用率,由货运站统一安排若干批货物拼装同一集装箱形成的拼装货一般以同一卸货港或同一航线为原则。货物于 CFS 装箱后,运至码头堆场准备装船。

货运站向码头堆场交箱时,应提供以下单证资料:装箱单;场站收据;出口许可证;特种货物清单。

2. 整箱货作业装船准备工作

整箱货是指达到一个或者一个以上集装箱容积的 75% 或箱重负荷的 95% 的货物。整箱货一般由托运人到集装箱码头提取空箱(需办理设备交接单手续),运回自己的仓库装箱,装箱完毕后,再运回码头等待装船。

1)备箱发运

集装箱码头箱务管理员按用箱计划编制空箱清单,清单标有箱号、箱型、堆场位置,控制室据此积极做好备箱发运工作。

2)用箱申请

托运人持船公司签发的集装箱发放通知单和集装箱设备交接单,在提空箱前一天以上到码头受理台办理提运空箱作业申请手续,填写提运空箱作业申请单。

码头受理台受理后,收下集装箱发放通知单,将提运空箱作业申请单的调度联交计划调度,用以制订昼夜作业计划,并打印提箱凭证,将申请人联交申请人带回,留底一份,其余各联交控制员。

3)提运空箱

提运空箱当天,内陆承运人——集卡司机驾车至码头检查口,向检查口业务员交验提运空箱作业的提箱凭证和设备交接单等提空箱文件。检查口业务员收下提箱文件,核对所提空箱的集装箱经营人,打印空箱提箱小票,交承运人带入堆场提箱。

集卡司机驾车至指定箱区,将空箱提箱小票交堆场员。堆场员核对无误后,按提箱小票上的箱号,指挥堆场机械发箱。

4)出门交接

集卡司机驾驶装有空箱的集卡至出场检查口,将提箱小票交检查口业务员,并与检查口业务员进行集装箱设备的交接。业务员核对箱号和车号,验箱员检查空箱的内外状况,然后编制空箱出场的设备交接单,验箱员和司机双方签字。

检查口业务员将箱号输入计算机进行核对,计算机确认后,打印门票交司机,司机将门票交港区门卫,持设备交接单离港区回厂装箱。

5)缮制单证

空箱出门后,检查口业务员负责编制空箱出场日报表,注明箱子的流向、船名、航次、持箱人、作业时间、箱号等。工班结束后,交当班控制员,由当班控制员汇总后交统计部门,并将空箱出场单、设备交接单、作业申请单交资料组。

6)进场申请

一般来说,普通出口重箱于装船前 4 天开始进场,无须办理申请手续。但是,特种箱与

危险品箱进场,从码头安全与操作要求来看,托运人应在重箱进场前一天到码头受理台办理出口重箱进场作业申请手续,填写重箱进场作业申请单,注明箱型、箱数量、特种货物类别、危险货物类别及提单号,并约定进箱时间。

受理台业务员将出口重箱进场作业申请单申请人联交申请人,留底一份,送一份至计划部门编制昼夜作业计划,其余交控制室,并输入计算机。

7)重箱进场

出口重箱进场作业当日,集卡司机应向进场检查口交验下列单证:装箱单;进场设备交接单;集装箱装箱证明书。

检查口业务员核对装箱单内容,主要包括出口船名、航次、箱号、卸货港、目的地、提单号、箱重等。验箱员检查集装箱的六面状况及铅封,业务员填写设备交接单,一式三份,由验箱员和司机双方签字,将设备交接单承运人联交司机带入堆场。同时,检查口业务员根据装箱单,将出口箱的信息及箱体上的箱型、集卡车牌号输入计算机,并打印重箱进场小票,交司机带入堆场。

集卡根据进场小票所指定的场箱位进入堆场,向堆场员交重箱进场小票,堆场员核对实际箱号后,指挥堆场机械收箱,并将实际场箱位在小票上注明。集卡司机驾驶空车至出场检查口,将进场小票交出场检查口业务员。如果小票上注明的实际场箱位与计算机生成的计划场箱位不同,出场检查口业务员必须将实际场箱位输入计算机,并打印交司机带出。

需要注意的是,如果是出口危险品箱进场,检查口业务员一定要审核并收取集卡司机所带集装箱装箱证明书,才能打印进场小票。

8)单证的编制和分发

出口重箱进场后,检查口业务员要打印重箱进场日报表。重箱进场日报表是按照船名、航次分列打印的。在工班结束后,将重箱进场日报表第一联、设备交接单、出口重箱进场作业申请单交统计部门,将装箱单、重箱进场日报表第二联交配载计划员,将重箱进场日报表第三联和设备交接单第二联交船公司,将重箱进场日报表第四联存入码头资料袋。

(二)装船作业流程

集装箱出口装船,无论是整箱、拼箱还是空箱,一般都必须先移到码头堆场等待装船。但有时也有船边直装的集装箱,如某些不能在堆场存放的危险品箱。

码头配载计划员应根据事先掌握的出口箱货情况,进行船舶的预配载和实配载工作,编制船舶的配载船图,交控制室作为指挥装船作业的依据。

1.出口重箱的进场期限

为了确保装船作业能顺利进行,码头一般规定出口箱的进场截止期限(一般为装船作业开始前的10小时)。如果出口箱到港区时超过规定的期限,码头可以根据实际情况决定是否同意进场。

2.编制配载图

船公司或其代理在出口箱进场的前一天,将预配船图送交码头配载计划员,码头配载计划员根据装箱单、货代送来的经海关放关的场站收据和预配船图进行配载制作。

船图在送船方确认签字后方能生效,如果船方根据实际情况有所改动,配载员应进行调整。配载工作完成后,配载员根据船图和出口箱的场箱位编制装船顺序单,将出口箱装船顺序单在计算机中生成,利用网络系统将信息发送至控制室,作为控制室指挥装船作业的依据。

控制室收到信息后,打印装船顺序单,一式数联,自己留底一份,其余交现场班。各生产人员在装船前半小时进入各自的工作岗位。

3. 堆场发箱

堆场员按控制室的指令发箱。发箱时,核对箱号,指挥场地机械发箱,并在装船顺序单上做注销记录。

4. 船边验箱及装船

集卡或其他水平运输机械将集装箱运至码头前沿,船边验箱员在船边按顺序号核对箱号,并检查集装箱的外表状况和铅封。如果发现有残损,应立即会同外轮理货员编制设备交接单,双方签字,各持一份。桥边指挥员指挥桥吊将集装箱吊至指定的船箱位,外轮理货员记录下集装箱的实际船箱位。桥边指挥员将装船的进度及时通知控制室桥边指挥员,桥边指挥员确认后,通知计算机文员在计算机中进行出口箱的装船确认工作。

集装箱正式装船后,船长在码头装卸作业签证上签字,表示船方确认集装箱已装船。

(三)装船结束工作

1. 交接工作

工班结束后,船边验箱员将装船顺序单等单证交桥边指挥员汇总,由桥边指挥员和外轮理货员办理交接手续,双方核对本工班所装船的箱数、箱号及残损单(设备交接单)的份数。核对无误后,各自在对方的装船顺序单上签字。然后,桥边指挥员与下一工班的桥边指挥员进行现场交接。

堆场员将做完的装船顺序单交控制室船舶控制员签收;外轮理货员制作实际装船船图,交船公司。

2. 单证处理

集装箱码头堆场必须缮制各类货运单证,以便与船舶办理集装箱的交接手续。所需缮制的单证主要有以下几个:

(1)危险品货物清单。根据货主或集装箱货运站提供的危险品货物清单,集装箱码头汇总后,缮制一份危险品货物汇总清单,一式数份,随船携带并送交船公司。

(2)冷藏箱清单。根据货主或集装箱货运站提供的冷藏箱清单,集装箱码头汇总后,缮制一份冷藏箱汇总清单,一式数份,随船携带并送交船公司。

(3)装货清单。装货清单即装船集装箱的汇总清单,也要一式数份,其中一份交船长或大副签字表明货已装船,一份交船公司备查。

(4)设备交接单。设备交接单交商务理赔员,并交船公司存档备案。

码头资料组将出口装货清单、船公司预配图、预配清单、配载船图、装箱单、重箱进场日报表、装船顺序单、单船小结汇总后归档。

二、出口箱信息复核

出口箱的复核作业是出口装船过程中至关重要的环节之一。因为国际集装箱出口装船来不得半点差错,任何漏装,特别是卸货港出错都有可能带来重大的经济损失和产生不良的政治影响,所以,必须在思想上引起高度重视,切不可轻视出口箱的复核工作。

（一）出口箱信息复核对象

出口箱信息复核是指对来源不同的信息进行校对。出口箱信息复核的对象有两个方面:集港的在场箱信息、出口舱单的箱信息。对箱信息进行核对的最终目的是要提高出口箱信息的准确性,避免因信息错误而造成巨大的经济损失。

（二）出口箱信息复核主要内容

出口箱信息复核的主要内容是:卸货港、尺寸、箱型、货特、提单号等。其中,最重要的校核内容是卸货港。除此以外,还要查看箱信息是否存在溢缺。例如,箱子已经集港,但是在出口舱单里没有该箱子的信息,那就是集港箱溢箱,需要及时联系船公司予以确认。

三、场站收据

场站收据(Dock Receipt,D/R)又称码头收据,是承运人委托集装箱码头或内陆货运站在收到重箱后签发的收据,是集装箱码头的重要运输单据。场站收据共有十联,分别为货主留底、船代留底、运费通知、装货单、交纳出口货物港务费申请书、场站收据、货代留底、配舱回单、场站收据副本(大副联)等。

在集装箱出口业务中,场站收据由托运人(通常是货代)填制后,将各联分送相应的部门。码头在收到场站收据并签字后,在法律责任上,表明码头对所收到的货物开始负有责任。码头与承运人、托运人之间如发生责任纠纷,则场站收据是解决纠纷的原始凭证之一。

（一）"场站收据十联单"的构成

(1) 货主留底(白色),如表4-2所示。

(2) 集装箱货物托运单(船代留底,白色),如表4-3所示。

(3) 运费通知(1)(白色),如表4-4所示。

(4) 运费通知(2)(白色),如表4-5所示。

(5) 装货单——场站收据副本(白色);(含副联——出口货物港务费申请书),如表4-6所示。

(6) 大副联——场站收据副本(粉红色),如表4-7所示。

(7) 正本场站收据(淡黄色),如表4-8所示。

(8) 货代留底(白色),如表4-9所示。

(9) 配舱回单(1)(白色),如表4-10所示。

(10) 配舱回单(2)(白色),如表4-11所示。

表4-2　集装箱货物托运单(货主留底)(B/N)
十联单第一联

SHIPPER(发货人)		D/R NO.(编号)		北方国际集运公司
CONSIGNEE(收货人)		集装箱货物托运单		
NOTIFY PARTY(通知人)		货主留底		第一联
PRE-CARRIAGE BY (前程运输)		PLACE OF RECEIPT(收货地点)		
OCEAN VESSEL(船名)	VOY. NO.(航次)		PORT OF LOADING(装货港)	
PORT OF DISCHARGE(卸货港)	PLACE OF DELIVERY(交货地点)		FINAL DESTINATION (目的地)	

CONTAINER NO.(集装箱箱号)	SEAL NO.	NO. OF CONTAINERS OR PKGS(箱数或件数)	KIND OF PACKAGES: DESCRIPTION OF GOODS(包装种类与货名)	GROSS WEIGHT 毛重/kg	MEASUREMENT 尺码/m³
TOTAL NUMBER OF CONTAINERS OR PACKAGES (IN WORDS) 集装箱数或件数合计(大写)					

FREIGHT &CHARGES (运费与附加费)	REVENUE TONS (运费吨)	RATE (运费率)	PRE (每)	PREPAID (运费预付)	COLLECT (到付)

EX. RATE (兑换率)	PREPAID AT(预付地点)	PAYABLE AT(到付地点)	PLACE OF ISSUE(签发地点)
	TOTAL PREPAID(预付总额)	NO. OF ORIGINAL B/L THREE (正本提单份数)	

SERVICE TYPE ON RECEIVE (接货形式) □-CY □-CFS □-DOOR	SERVICE TYPE ON DELIVERY (交货形式) □-CY □-CFS □-DOOR	REEFER TEMPERATURE REQUIRED (冷藏温度)	℉	℃

TYPE OF GOODS (种类)	□ordinary □reefer □dangerous □auto	危险品	CLASS: PROPERTY: IMDG CODE PAGE: UN NO.
	□liquid □live □animal □bulk		

可否转船:	可否分批:	
装运期:	有效期:	
金额:		
制单日期:		

135

表4-3 集装箱货物托运单(船代留底)
十联单第二联

SHIPPER(发货人)		D/R NO.(编号)		北方国际集运公司
CONSIGNEE(收货人)		集装箱货物托运单		
NOTIFY PARTY(通知人)		**船代留底**		第二联
PRE-CARRIAGE BY (前程运输)		PLACE OF RECEIPT(收货地点)		

OCEAN VESSEL(船名)	VOY. NO.(航次)		PORT OF LOADING(装货港)

PORT OF DISCHARGE(卸货港)	PLACE OF DELIVERY(交货地点)	FINAL DESTINATION (目的地)

CONTAINER NO. (集装箱箱号)	SEAL NO.	NO. OF CONTAINERS OR PKGS (箱数或件数)	KIND OF PACKAGES: DESCRIPTION OF GOODS (包装种类与货名)	GROSS WEIGHT 毛重/kg	MEASUREMENT 尺码/m³
TOTAL NUMBER OF CONTAINERS OR PACKAGES (IN WORDS) 集装箱数或件数合计(大写)					

FREIGHT &CHARGES (运费与附加费)	REVENUE TONS (运费吨)	RATE (运费率)	PRE (每)	PREPAID (运费预付)	COLLECT (到付)

EX. RATE (兑换率)	PREPAID AT(预付地点)	PAYABLE AT(到付地点)	PLACE OF ISSUE(签发地点)
	TOTAL PREPAID(预付总额)	NO. OF ORIGINAL B/L THREE (正本提单份数)	

SERVICE TYPE ON RECEIVE (接货形式) □ -CY □ -CFS □ -DOOR	SERVICE TYPE ON DELIVERY (交货形式) □ -CY □ -CFS □ -DOOR	REEFER TEMPERATURE REQUIRED (冷藏温度)	℉	℃

TYPE OF GOODS (种类)	□ordinary □reefer □dangerous □auto □liquid □live □animal □bulk	危险品	CLASS: PROPERTY: IMDG CODE PAGE: UN NO.

可否转船:	可否分批:	
装运期:	有效期:	
金额:		
制单日期:		

表4-4　运费通知(1)

十联单第三联

SHIPPER(发货人)		D/R NO.(编号)		北方国际集运公司	
CONSIGNEE(收货人)		集装箱货物托运单			
NOTIFY PARTY(通知人)		**运费通知(1)**		第三联	
PRE－CARRIAGE BY（前程运输）		PLACE OF RECEIPT(收货地点)			
OCEAN VESSEL(船名)		VOY. NO.(航次)		PORT OF LOADING(装货港)	
PORT OF DISCHARGE(卸货港)		PLACE OF DELIVERY(交货地点)		FINAL DESTINATION（目的地）	

CONTAINER NO.（集装箱箱号）	SEAL NO.	NO. OF CONTAINERS OR PKGS（箱数或件数）	KIND OF PACKAGES; DESCRIPTION OF GOODS（包装种类与货名）	GROSS WEIGHT 毛重/kg	MEASUREMENT 尺码/m³
TOTAL NUMBER OF CONTAINERS OR PACKAGES（IN WORDS）集装箱数或件数合计（大写）					

FREIGHT &CHARGES（运费与附加费）	REVENUE TONS（运费吨）	RATE（运费率）	PRE（每）	PREPAID（运费预付）	COLLECT（到付）

EX. RATE（兑换率）	PREPAID AT(预付地点)	PAYABLE AT(到付地点)	PLACE OF ISSUE(签发地点)
	TOTAL PREPAID(预付总额)	NO. OF ORIGINAL B/L THREE（正本提单份数）	

SERVICE TYPE ON RECEIVE（接货形式）□－CY □－CFS □－DOOR	SERVICE TYPE ON DELIVERY（交货形式）□－CY □－CFS □－DOOR	REEFER TEMPERATURE REQUIRED（冷藏温度）	℉	℃

TYPE OF GOODS（种类）	□ordinary □reefer □dangerous □auto　　危险品　　□liquid □live □animal □bulk	CLASS：PROPERTY：IMDG CODE PAGE：UN NO.

可否转船：	可否分批：	
装运期：	有效期：	
金额：		
制单日期：		

表4-5 运费通知(2)

十联单第四联

SHIPPER(发货人)			D/R NO.(编号)		北方国际集运公司	
CONSIGNEE(收货人)			集装箱货物托运单			
NOTIFY PARTY(通知人)			运费通知(2)		第四联	
PRE - CARRIAGE BY(前程运输)			PLACE OF RECEIPT(收货地点)			
OCEAN VESSEL(船名)		VOY. NO.(航次)		PORT OF LOADING(装货港)		
PORT OF DISCHARGE(卸货港)		PLACE OF DELIVERY(交货地点)		FINAL DESTINATION(目的地)		

CONTAINER NO.(集装箱箱号)	SEAL NO.	NO. OF CONTAINERS OR PKGS(箱数或件数)	KIND OF PACKAGES: DESCRIPTION OF GOODS(包装种类与货名)	GROSS WEIGHT 毛重/kg	MEASUREMENT 尺码/m³
TOTAL NUMBER OF CONTAINERS OR PACKAGES (IN WORDS) 集装箱数或件数合计(大写)					

FREIGHT &CHARGES (运费与附加费)	REVENUE TONS (运费吨)	RATE (运费率)	PRE (每)	PREPAID (运费预付)	COLLECT (到付)

EX. RATE (兑换率)	PREPAID AT(预付地点)	PAYABLE AT(到付地点)	PLACE OF ISSUE(签发地点)
	TOTAL PREPAID(预付总额)	NO. OF ORIGINAL B/L THREE (正本提单份数)	

SERVICE TYPE ON RECEIVE (接货形式) □ - CY □ - CFS □ - DOOR	SERVICE TYPE ON DELIVERY (交货形式) □ - CY □ - CFS □ - DOOR	REEFER TEMPERATURE REQUIRED (冷藏温度)	℉	℃

TYPE OF GOODS (种类)	□ordinary □reefer □dangerous □auto □liquid □live □animal □bulk	危险品	CLASS: PROPERTY: IMDG CODE PAGE: UN NO.

可否转船:	可否分批:	
装运期:	有效期:	
金额:		
制单日期:		

表4-6　装货单(场站收据副本)(S/O)

十联单第五联

SHIPPER(发货人)		D/R NO.(编号)		北方国际集运公司
CONSIGNEE(收货人)		装货单		
NOTIFY PARTY(通知人)		场站收据副本		第五联
PRE-CARRIAGE BY(前程运输)		PLACE OF RECEIPT(收货地点)		
OCEAN VESSEL(船名)	VOY. NO.(航次)		PORT OF LOADING(装货港)	
PORT OF DISCHARGE(卸货港)	PLACE OF DELIVERY(交货地点)		FINAL DESTINATION(目的地)	

CONTAINER NO.(集装箱箱号)	SEAL NO.	NO. OF CONTAINERS OR PKGS(箱数或件数)	KIND OF PACKAGES: DESCRIPTION OF GOODS(包装种类与货名)	GROSS WEIGHT 毛重/kg	MEASUREMENT 尺码/m³

TOTAL NUMBER OF CONTAINERS OR PACKAGES (IN WORDS) 集装箱数或件数合计(大写)

FREIGHT &CHARGES(运费与附加费)	REVENUE TONS(运费吨)	RATE(运费率)	PRE(每)	PREPAID(运费预付)	COLLECT(到付)

EX. RATE(兑换率)	PREPAID AT(预付地点)	PAYABLE AT(到付地点)	PLACE OF ISSUE(签发地点)
	TOTAL PREPAID(预付总额)	NO. OF ORIGINAL B/L THREE(正本提单份数)	

SERVICE TYPE ON RECEIVE(接货形式) □-CY □-CFS □-DOOR	SERVICE TYPE ON DELIVERY(交货形式) □-CY □-CFS □-DOOR	REEFER TEMPERATURE REQUIRED(冷藏温度)	℉	℃

TYPE OF GOODS(种类)	□ordinary □reefer □dangerous □auto　　□liquid □live □animal □bulk　危险品	CLASS: PROPERTY: IMDG CODE PAGE: UN NO.

可否转船：　可否分批：

装运期：　有效期：

金额：

制单日期：

表4-7　大副联（场站收据副本）
十联单第六联

SHIPPER(发货人)		D/R NO.（编号）		北方国际集运公司
CONSIGNEE(收货人)		场站收据副本 COPY OF DOCK RECEIPT		
NOTIFY PARTY(通知人)		大副联 (FOR CHIEF OFFICE)		第 六 联
PRE – CARRIAGE BY（前程运输）		PLACE OF RECEIPT(收货地点)		
OCEAN VESSEL(船名)	VOY. NO.（航次）		PORT OF LOADING(装货港)	
PORT OF DISCHARGE(卸货港)	PLACE OF DELIVERY(交货地点)		FINAL DESTINATION（目的地）	

CONTAINER NO. （集装箱箱号）	SEAL NO.	NO. OF CONTAINERS OR PKGS （箱数或件数）	KIND OF PACKAGES： DESCRIPTION OF GOODS （包装种类与货名）	GROSS WEIGHT 毛重/kg	MEASUREMENT 尺码/m³
TOTAL NUMBER OF CONTAINERS OR PACKAGES (IN WORDS) 集装箱数或件数合计（大写）					

FREIGHT &CHARGES （运费与附加费）	REVENUE TONS （运费吨）	RATE （运费率）	PRE （每）	PREPAID （运费预付）	COLLECT （到付）

EX. RATE （兑换率）	PREPAID AT(预付地点)	PAYABLE AT(到付地点)	PLACE OF ISSUE(签发地点)
	TOTAL PREPAID(预付总额)	NO. OF ORIGINAL B/L THREE （正本提单份数）	

SERVICE TYPE ON RECEIVE （接货形式） □ – CY □ – CFS □ – DOOR	SERVICE TYPE ON DELIVERY （交货形式） □ – CY □ – CFS □ – DOOR	REEFER TEMPERATURE REQUIRED （冷藏温度）	℉	℃

TYPE OF GOODS （种类）	□ordinary □reefer □dangerous □auto □liquid □live □animal □bulk	危险品	CLASS： PROPERTY： IMDG CODE PAGE： UN NO.

可否转船：	可否分批：	
装运期：	有效期：	
金额：		
制单日期：		

表4-8　场站收据(D/R)

十联单第七联

SHIPPER(发货人)		D/R NO. (编号)		北方国际集运公司
CONSIGNEE(收货人)		场站收据		
NOTIFY PARTY(通知人)				第七联
PRE - CARRIAGE BY (前程运输)		PLACE OF RECEIPT(收货地点)		
OCEAN VESSEL(船名)	VOY. NO. (航次)		PORT OF LOADING(装货港)	
PORT OF DISCHARGE(卸货港)	PLACE OF DELIVERY(交货地点)		FINAL DESTINATION (目的地)	

CONTAINER NO.(集装箱箱号)	SEAL NO.	NO. OF CONTAINERS OR PKGS (箱数或件数)	KIND OF PACKAGES: DESCRIPTION OF GOODS (包装种类与货名)	GROSS WEIGHT 毛重/kg	MEASUREMENT 尺码/m³
TOTAL NUMBER OF CONTAINERS OR PACKAGES (IN WORDS) 集装箱数或件数合计(大写)					

FREIGHT &CHARGES (运费与附加费)	REVENUE TONS (运费吨)	RATE (运费率)	PRE (每)	PREPAID (运费预付)	COLLECT (到付)

EX. RATE (兑换率)	PREPAID AT(预付地点)	PAYABLE AT(到付地点)	PLACE OF ISSUE(签发地点)
	TOTAL PREPAID(预付总额)	NO. OF ORIGINAL B/L THREE (正本提单份数)	

SERVICE TYPE ON RECEIVE (接货形式) □-CY □-CFS □-DOOR	SERVICE TYPE ON DELIVERY (交货形式) □-CY □-CFS □-DOOR	REEFER TEMPERATURE REQUIRED (冷藏温度)	℉	℃

TYPE OF GOODS (种类)	□ordinary □reefer □dangerous □auto 危险品 □liquid □live □animal □bulk	CLASS: PROPERTY: IMDG CODE PAGE: UN NO.

可否转船:	可否分批:	
装运期:	有效期:	
金额:		
制单日期:		

表 4-9　货代留底
十联单第八联

SHIPPER		D/R NO.		北方国际集运公司
CONSIGNEE			货代留底	
NOTIFY PARTY				第八联
PRE – CARRIAGE BY		PLACE OF RECEIPT		
OCEAN VESSEL	VOY. NO.		PORT OF LOADING	
PORT OF DISCHARGE	PLACE OF DELIVERY		FINAL DESTINATION FOR THE MERCHANTS RETER – ENCE	
CONTAINER NO.	SEAL NO.	NO. OF CONTAINERS OR PKGS	KIND OF PACKAGES: DESCRIPTION OF GOODS	GROSS WEIGHT	MEASUREMENT
TOTAL NUMBER OF CONTAINERS OR PACKAGES(IN WORDS)		SAY _____ ONLY			

FREIGHT & CHARGE	项 目	数 量	费率（含转运费）	
	20′			
	40′			
	BAF			
	DDC			
	附加费			

EX. RATE	PREPAID AT	PAYABLE AT	PLACE OF ISSUE
	TOTAL PREPAID	NO. OF ORIGINAL B/L THREE	

表4-10 配舱回单(1)

十联单第九联

上海中远国际货运有限公司 (COSCO SHANGHAI INTERNATIONAL FREIGHT CO.,LTD.)	OUT(出场)
集装箱发放/设备交接单 (EQUIPMENT INTERCHANGE RECEIPT)	

	NO.

用箱人/运箱人(CONTAINER USER/HAULIER)	提箱地点(PLACE OFDELIVERY)

发往地点(DELIVERED TO)	返回/收箱地点(PLACE OF RETURN)

船名/航次 (VESSEL/VOYZGE NO.)	集装箱号 (CONTAINER NO.)	尺寸/类型 (SIZE/TYPE)	营运人 (CNTR. OPTR.)

提单号 (B/L NO.)	铅封号 (SEAL NO.)	免费期限 (FREE TIME PERIOD)	运载工具牌号 (TRUCK,WAGON,BARGE NO.)

出场目的 (PPS OF GATE - OUT/STATUS)	进场目的/状态 (PPS OF GATE - INSTATUS)	出场日期 (TIME - OUT)

出场检查记录(INSPECTION AT THE TIME OF INTERCHANGE)			
普通集装箱 (GP CONTAINER)	冷藏集装箱 (RF CONTAINER)	特种集装箱 (SPERCIAL CONTAINER)	发电机 (GEN SET)
□正常(SOUND) □异常(DEFECTIVE)	□正常(SOUND) □异常(DEFECTIVE)	□正常(SOUND) □异常(DEFECTIVE)	□正常(SOUND) □异常(DEFECTIVE)

说明:除列明者外,集装箱及集装箱设备交接单时完好无损,铅封完好无损。

THE CONTAINER/ASSOCIATED EOUIPMENT INTERCHANGED IN SOUND CONDITION AND SEAL INTACT UNLESS OTHERWISE STATED

用箱人/运箱人 (CONTAINER USER/HAULIERS SIGNATURE)	码头/堆场值班员签署 SCT 码头 (TERMINAL/DEPOTCLERKS SIGNATURE)

表4–11　配舱回单(2)

十联单第十联

SHIPPER(发货人)				D/R NO.(编号)		北方国际集运公司	
CONSIGNEE(收货人)				集装箱货物托运单			
NOTIFY PARTY(通知人)				**配舱回单(2)**		第十联	
PRE – CARRIAGE BY（前程运输）				PLACE OF RECEIPT(收货地点)			
OCEAN VESSEL(船名)		VOY. NO.(航次)			PORT OF LOADING(装货港)		
PORT OF DISCHARGE(卸货港)		PLACE OF DELIVERY(交货地点)			FINAL DESTINATION（目的地）		
CONTAINER NO.（集装箱箱号）	SEAL NO.	NO. OF CONTAINERS OR PKGS（箱数或件数）	KIND OF PACKAGES：DESCRIPTION OF GOODS（包装种类与货名）		GROSS WEIGHT 毛重/kg		MEASUREMENT 尺码/m³
TOTAL NUMBER OF CONTAINERS OR PACKAGES（IN WORDS）集装箱数或件数合计(大写)							
FREIGHT &CHARGES（运费与附加费）		REVENUE TONS（运费吨）	RATE（运费率）	PRE（每）	PREPAID（运费预付）		COLLECT（到付）
EX. RATE（兑换率）	PREPAID AT(预付地点)		PAYABLE AT(到付地点)		PLACE OF ISSUE(签发地点)		
	TOTAL PREPAID(预付总额)		NO. OF ORIGINAL B/L THREE（正本提单份数）				
SERVICE TYPE ON RECEIVE（接货形式）□ – CY □ – CFS □ – DOOR	SERVICE TYPE ON DELIVERY（交货形式）□ – CY □ – CFS □ – DOOR	REEFER TEMPERATURE REQUIRED（冷藏温度）				℉	℃
TYPE OF GOODS（种类）	□ordinary □reefer □dangerous □auto □liquid □live □animal □bulk			危险品	CLASS：PROPERTY：IMDG CODE PAGE：UN NO.		
可否转船：	可否分批：						
装运期：	有效期：						
金额：							
制单日期：							

（二）场站收据的流转程序

（1）托运人填制场站收据，船舶代理订舱签单，在装货单上盖上签单章，留下船代留底和两联运费通知，其余七联退还托运人。

（2）托运人将货方留底联留下，将货代留底联交货代缮制其他单证。

（3）托运人凭两联配舱回单缮制提单和其他单证。

（4）托运人持场站收据、装货单和大副联并货物报关单送海关报关。

（5）海关在核单后，在装货单上盖放行章。

（6）托运人将场站收据、装货单（含副联）和大副联送交码头。

（7）在集装箱进入码头后，码头配载员签发场站收据，将场站收据正本（第七联，俗称"黄联"）退还给托运人，将大副联送交理货人员交大副，留下装货单联作为日后查询的凭证，装货单副联作为结算港务港建费用的凭证。

（8）托运人将场站收据正本交船舶代理人，以换取提单。

（三）场站收据的填制要求

（1）场站收据由托运人（代理人）填制，填制内容有发货人、通知人、船名、航次、装货港、卸货港、收货人、箱号、封号、箱数、交货方式、收货方式等。

（2）在货物装箱后，各个装箱点应将各票场站收据的箱号、铅封号、箱数及时告知发货人，发货人将这些数据填制在场站收据相应栏内。

（3）当集装箱进码头后，码头配载业务员要重点核对装箱单联上的海关放行章、提单号、铅封号、箱号、箱数等栏目内容，并签字盖章。

（4）如果托运人对填制内容有所更动，或者要求整票货退关，必须向船舶代理和其他有关单位分送更正通知书。

（5）在装船前24小时必须将场站收据大副联分批送交外轮理货员。

（四）集装箱码头场站收据签证

场站收据第五、六、七联由货代（托运人）向海关报关，海关审核后在第五联上加盖海关放行章。集装箱码头配载员首先查验第五联的海关放行章，再核对场站收据所列载的集装箱箱号、箱数、货物总件数等，查核无误后在场站收据上加批实收箱数，并签字、加盖场站收据签证章，场站收据所列集装箱即可被放行配船。

如果场站收据第五联无海关放行章，或者实收集装箱箱数、货物总件数大于场站收据所列载的数目，码头配载员不得签证该场站收据，该场站收据所对应的集装箱则不能被放行配船。

签证后相关场站收据的流转如下：

（1）第五联码头留底，归档保存。

（2）第五联附页交码头收费部门，作为收取港务港建费的依据。

（3）第六联随码头船舶配载图一起交外轮理货。如果属加载集装箱，则随加载船图交外轮理货。

（4）第七联场站收据签证后，由货代（托运人）带回，货代（托运人）凭此联向船代换取待装船提单。

四、出口海关放行

出口货物的发货人或代理人除海关特许外,应当在装船前的 24 小时向海关申报。如果在这一规定的期限之前没有向海关申报,海关可以拒绝接受通关申报。这样,出口就得不到海关的查验、征税和放行,无法装船运输,从而影响运输单据的取得,甚至导致延迟装船。因此,应该及早向海关办理申报手续,做到准时装运。

 资料卡

海关查验方式

海关查验一般分为:机检查验和人工查验。机检查验是指以利用技术检查设备为主,对货物的实际状况进行验核的查验方式。海关一般配备有先进的 FS6000 机检设备(见图 4-2、图 4-3),对单个集装箱实施机检仅需 10 秒钟,集装箱过机后经海关关员审核机检图像正常的,集装箱不再需要开柜卸货,从而使查验效率大大提升,也降低了因人工开箱对货物造成损坏的可能性。

图 4-2　海关关员引导集卡驶入机检检查室

图 4-3　FS6000 集装箱机检查验设备

　　并不是每个现场都有机检设备,这时对于需查看货物外形、标志的,则只能通过人工查验进行。人工查验主要包括对货物及盛装货物的集装箱等容器的外形查验、开箱查验,以及对运输工具的外观检查、登临检查等,如图4-4所示。查验货物时,进出口货物收发货人或其代理人应当到场,负责按照海关要求搬移货物,开拆和重封货物的包装,并如实回答查验人员的询问及提供必要的资料。海关查验全程均有进出口货物收发货人或其代理人在场见证。查验结束后,进出口货物收发货人或其代理人须在海关查验记录单上签名确认,并且负责重封货物包装。

图4-4　海关关员人工查验

　　① 货主或代理人应在货物运抵海关监管区后,装船时间24小时之前,备齐海关所需单证向海关申报。天津港一站通出口海关放行查询页面如图4-5所示。

　　② 必备单证包括装箱清单、发票、合同、核销单、报关委托书、船公司的装货单等单证各一份。

　　③ 按海关税则所规定的各项单证(如通关单、出口许可证等)。

　　④ 如果有出口ATA单证册,则需提供ATA单证册报关。

图4-5　天津港一站通出口海关放行查询

 **资料卡**

天津海关智能监管改革

天津东疆保税港区逐步推行"提前报关、码头验放"模式,进出口货物都可以实现码头放行,海关通关流程与港口物流流程并联进行,提高了进出口周转效率,降低了企业成本。在天津东疆保税港区美洲路卡口和港区太平洋码头可以看到,装有货物的出口集装箱车辆缓慢经过卡口,车牌号、集装箱号识别系统自动识别上传信息,车辆通过卡口的十几秒内,车辆未停留、卡口无干预。码头闸口的液晶屏幕上清晰地显示出货物是否被海关布控查验,打印的入场信息小票上标明入场后应该停放的位置。

通过建设进出口货物专用集疏港通道,使港区80%以上的口岸放行货物快速提离港区按物流状态分类监管促进货畅其流,口岸通行效率大幅提升,特别是出口货物从企业出厂后即可直通码头,中途无须停滞。以信息化提升监管水平,应用智能化卡口系统,海关布控指令同步发往码头,嵌入到码头公司作业系统,码头公司可以根据指令协同安排落箱、吊装、车辆运输等作业。

 数字化运营

以任务背景中的中远 PACIFIC 船舶为例,对该航次的出口箱信息进行自动复核,并校核错误的信息,以确保箱主文件与出口舱单中的卸货港一致。出口箱信息复核无误后必须通过海关放行方可进行配载,而场站收据则是海关放行的依据。基本操作流程是出口箱信息进行自动复核无误后,再根据资料录入中远 PACIFIC 该航次场站收据,最后再对已收集场站收据的出口箱进行海关放行。

出口集装箱装船作业信息收集与处理的基本操作流程如图 4-6 所示。

图 4-6 装船作业信息收集与处理数字化运营流程图

一、出口箱信息复核

出口箱信息复核的主要方式有手工复核和自动复核两种。手工复核又可分为单箱复核和成批复核两种。如果是单箱复核,可以按箱号复核或按场箱位复核,即输入箱号或场箱位后,在系统里会显示出相应的箱信息,然后由人工与纸质信息进行核对。手工成批复核主要是校核卸货港,输入要复核的卸货港,然后按照纸质单证把属于该卸货港的箱子依次录入系统,系统会分别比对相应箱子的卸货港信息。

出口箱信息的自动校核信息分为两组显示,上部的"主文件"即是代表已经集港的在场箱信息,下面的"出口舱单"是该船的出口舱单箱信息。单击"校核"按钮后系统就会自动地匹配上下两组箱子并且对每个箱子的卸货港等信息进行自动对比,如果有不一致的箱子,相应的不一致信息会以蓝色背景显示。

选择"出口装船"|"出口箱复核"命令,在打开的"出口航次选择"对话框上选定需进行操作的出口船舶、航次,进入"出口装箱单查询与出口舱单校核"对话框,如图4-7所示。

本对话框中含有两个数据窗格,位于上面的是主文件窗格,显示实际由道口集港进入的箱资料;位于下面的是出口舱单的箱货资料。单击右侧的"校核"按钮,系统会自动核对主文件和出口舱单的箱资料,核对内容包括箱号、卸货港、尺寸、箱型、货特、状态、提单号和箱重等。如果两者的箱数发生差错,这些出错的信息会以蓝底显示,并在相应记录的右端标记一个"<",表示该记录在对方记录中找不到。这时可以直接在主文件窗格或出口舱单窗格上根据出错标记的指示进行数据修改。当主文件中记录行变更时,舱单中的记录行能自动同步变更(对应箱记录找不到时除外)。此时,单击"溢箱"按钮,窗格中的记录会自动进行过滤,留下所有溢箱记录。对话框中的"不一致"按钮用来显示"主文件"和"出口舱单"两个窗格中不相同的箱子。

图4-7　出口箱信息校核结果

二、场站收据录入与海关放行

当出口箱信息复核无误后,接下来就是对复核过的出口箱进行海关放行确认。海关放行确认是指要根据场站收据放行章和出口舱单对相应的出口箱进行确认放行,放行后,对应的箱子才可以配载。场站收据是海关放行最重要的依据,是由承运人发出的证明已收到托运货物并开始对货物负责的凭证。

（一）场站收据录入

场站收据的主要内容可分为两层:一层对票,二层对箱。第一层对应一票货,简单来说就对应着一份运输协议,所以第一层的主要内容有收据编号、发货人、收货人、通知人、船名航次、装货港、卸货港、收货地点、交货地点等;第二层则是针对承载运输该票货物的集装箱信息,主要包括箱号(核心)、铅封号、唛头、箱数(指包装箱)或件数、质量、体积。

场站收据原件的信息不需要全部录入生产系统,但是影响后续放行判断的信息必须准确及时地录入,包括:第一层最主要的是提单号、海关通关编号、通关时间;第二层最主要的是箱号。其中,提单号和箱号是放行计算的主要参数。随着场站收据的不断录入,操作员可以不断刷新出系统建议放行的出口箱,然后等到出口舱单收到后便可以逐个对已经收到场站收据放关联的集装箱进行放行判断,从而为保证出口箱配载做好准备。

在码头生产系统内,场站工作人员需将已经加盖海关放行章的场站收据录入 TOS 系统中,以便出口业务操作员进行海关放行确认。选择"箱务管理"|"场站收据"命令,打开"出口航次选择"对话框,选定要操作的船舶 PACIFIC,进入"场站收据"对话框,如图 4 – 8 所示。

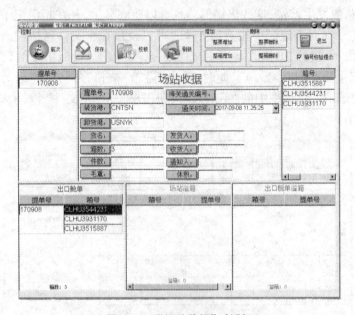

图 4 – 8 "场站收据"对话框

录入场站收据时,单击"整票增加",在"提单号"文本框中输入提单号 170908。然后单击"整箱增加"按钮,并在"箱号"文本框中输入该提单对应的集装箱箱号。由于该票提单包含多个集装箱,因此需要重复整箱增加,依次输入图 4 – 8 所示的 3 个集装箱箱号。录入完毕后,通过"保存"按钮保存记录。保存成功后,出口舱单溢箱里对应的记录就消失了。"整票删除"和"整箱删除"按钮用于删除一票货物或一个箱子的场站收据。

(二)海关放行

海关放行是海关给码头说明出口集装箱可以被装运出港的放行许可证(内贸箱不需要海关放行),当出口箱场站收据齐全后就可对这些箱子进行海关放行。选择"出口装船"|"海关放行"命令,打开"海关放行"对话框,如图 4 – 9 所示。

海关放行是与实际进场的出口箱联系在一起的,对话框中"无场站收据"和"全票均有场站收据的箱子"窗格分别显示已经进场的有场站收据和无场站收据的箱子记录,"已放行"窗格内显示已经放行的箱子记录。海关放行后,码头接下来就可以对放行的集装箱进行配载操作。

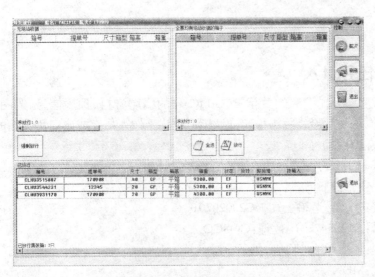

图4-9　"海关放行"对话框

技能训练

1. 通过网络资源自行选定至少1个集装箱（20 ft或40 ft），查找相关资源后提交该集装箱装船作业信息收集的文件。

2. 请自行设定至少1个箱号、箱位号，或者根据表4-12所示的船舶载箱信息，在TOS系统中完成出口集装箱的出口箱信息复核、场站收据录入和海关放行操作。

表4-12　船舶载箱信息

箱　号	箱　型	尺寸/ft	状　态	目的港	提单号	箱重/kg	备　注
MSCU7171969	普通	20	出重	纽约	170818	5 300	
MSCU7694229	普通	20	出重	纽约	170818	6 400	
MSCU7712256	普通	40	出重	纽约	170818	8 300	
MSCU7874107	普通	40	出重	纽约	170818	8 200	
MSCU7925056	普通	20	出空	纽约	170818	2 300	
MSCU9107974	普通	40	出空	纽约	170818	3 500	

任务二　出口箱配载

集装箱码头船舶出口箱配载是集装箱船舶配积载全过程的一个重要环节，既要满足船舶稳性、强度等特定要求，又要满足码头生产组织的要求。同时，码头配载员还具有负责对外签证场站收据的业务职能。配载就是指对预定装载于既定船舶的集装箱，按照船舶运输和码头的作业要求而制订的具体装载计划。配载必须清晰明确、科学合理，每一个集装箱都与船舶的船箱位一一对应，每一个集装箱都要符合船舶规范，整个配载要力求科学合理，使其具有很强的操作性，从而保证连续高效的装船作业并满足船期要求。

 任务引入

天津港收到船公司发来的关于 PACIFIC 号的船舶资料、预报信息、船图清单、舱单、船期信息、离港信息及危险货物申报单。请模拟码头工作人员完成出口集装箱的配载工作。

船舶装载信息如下：

船代码：PACIFIC　航次号：170907　贸易性质：一般贸易

泊位代码：2　停靠方式：左靠　装卸付费：广二运输公司

港口使费：安骏达运输公司 KC20020701

海关编号：N125547　船代理：COSCO

运输类型：江海运输

外贸航线：MDX

计划抵港：2017 年 10 月 21 日 11：45

计划靠泊：2017 年 10 月 21 日 12：45

计划离泊：2017 年 10 月 25 日 07：00

实际抵港：2017 年 10 月 21 日 11：50

实际靠泊：2017 年 10 月 21 日 12：50

实际离泊：2017 年 10 月 25 日 07：30

进口总箱量：3

具体箱信息如表 4-13 所示。

表 4-13　出口箱信息

箱　号	箱型	尺寸/ft	状　态	卸货港	提单号	箱重/kg	备　注
CLHU3544231	普通	20	重	纽约	170908	5 300	
CLHU3931170	普通	20	重	纽约	170908	4 300	
CLHU3515887	普通	40	重	纽约	170908	9 300	

 相关知识

一、集装箱船舶构造

（一）全集装箱船舶箱格结构

全集装箱船(full container ship)，是专用于装载集装箱的船舶，舱内和甲板上均可用于集装箱的装载，在海上运输时能安全、有效地大量运载集装箱，如图 4-10 所示。为便于集装箱在舱内及甲板上的布置及方便装卸作业，全集装箱船多采用尾机型或偏尾机型船型。全集装箱船上没有装卸设备，必须依靠码头、岸边的装卸桥进行装卸，具有装卸作业快、停港时间短和货损小的优点。

图 4－10　可装载 20568 TEU 的 Madrid Maersk 号集装箱船

全集装箱船外形狭长，单甲板、货舱舱口大，上层建筑布置在船尾或中后部，使甲板面集中，以便于集装箱堆放，如图 4－11 所示。船舱内有固定格架，便于集装箱稳定放置。码箱时，重箱在下层，轻箱或空箱在上层，以求较好的船舶稳性。其结构特点如下：

图 4－11　全集装箱船甲板结构

（1）集装箱船均为“统舱口船”，即船舱的尺度与舱口的尺度相同，并且在船体强度允许的条件下，尽量把舱口开大。这既可便于装卸，又可多装集装箱。

（2）由于集装箱装卸的需要，所以舱内无中间甲板。

（3）舱内采用箱格结构，用箱格导轨把船舱分隔成许多箱格，使舱内集装箱不能纵横移动，以保证航行安全。全集装箱船舱内的箱格结构如图 4－12 所示，一般在集装箱舱内均设有箱格导柱。箱格导柱设在集装箱四角的位置上，从货舱底部到舱口围板垂直设置小角钢导柱。它便于沿着导柱对集装箱进行装卸和定位，并可省去舱内为固定集装箱用的装置。由于箱格导柱和集装箱之间的空隙很小，因此在导柱上端设有倾斜面的导向装置，便于使集装箱装入箱格内。该装置称为导口。

（4）由于是统舱口船，故舱口缘材垂直向下直到舱底，从而形成双层侧壁（双层壳），双层侧壁的长度占船长的一半以上。横舱壁也为双层舱壁，船底为双层船底。

（5）集装箱船的大舱口使集装箱船的纵向强度较弱，但双层侧壁和双层船底规避了这个缺点。

（6）集装箱船的横剖面成 U 字形，为了抵抗横向的水压力、波浪的冲击载荷、纵向弯矩和扭力，防止 U 字形的上部自由端变形，在集装箱船的纵向设置了许多横舱壁，增加了船舶的横向强度。

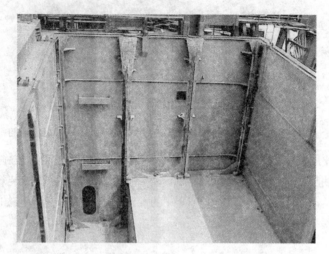

图 4-12 全集装箱船舱内箱格结构

（二）船上集装箱系紧装置

集装箱船属布置型船型，舱容利用率较低，故集装箱船的主尺度比同吨位的普通货船要大。为提高船舶载重量利用率，甲板上也要装载一定数量的集装箱，为防止因船舶摇摆而产生移动，集装箱必须加以绑扎系紧。船上集装箱系紧装置（lashing devices）是用于固定船上集装箱的装置，防止集装箱因船舶摇摆和风压等作用使集装箱产生移动。甲板上装载集装箱，会造成船舶重心升高，稳性恶化。为此，集装箱船均设有大量的压载，以提高集装箱船在各种吃水状态下的稳性。

1. 锁销/旋锁/连接器/菠萝头/堆锥

1）甲板箱使用的锁销

岸边拆/装旋锁（twistlock）如图 4-13 所示。在岸边将旋锁装置于箱底角件，装上船时旋锁进入下层箱的角件后自动闭锁；开锁时，需要人工使用打杆将其打开，然后在岸边摘下。桥吊将带有旋锁的货箱吊上船，并整齐堆码在底层货箱上；货箱卸船时，拆除所有加固杆，并使用打杆将锁销打开后即可起吊。

标准旋锁（conventional twistLock）在船上装置于箱顶角键，货箱放于其上后需人工使用打杆将其锁闭，如图 4-14 所示。

自动固定锥（牛角锁）（automatic fixing cone）在岸边装置于箱底角件，装上船时旋锁进入下层箱顶的角件后即可。它只用于第二层以上箱层之间的固定，如图 4-15 所示。

固定堆锥（香蕉锁）（lockable stacking cone）放于甲板固定件上，货箱直接放于其上，如图 4-16 所示。牛角锁、香蕉锁只适用于甲板上的 20 ft 箱上可压 40 ft 箱的船型，在同一舱盖上前后两个贝位装 20 ft 箱时，放置于前后两个贝位的间隙处。

图 4 - 13　岸边拆/装旋锁

图 4 - 14　标准旋锁

图 4 - 15　牛角锁

2）甲板底层锁销孔

甲板底层锁销孔（deck socket）设置于船甲板上，上面放置锁销（多为标准锁销），用于固定甲板上的底层箱，如图 4 - 17 所示。

图 4 - 16　香蕉锁

图 4 - 17　甲板底层锁销孔

3）舱底箱使用的锁销

在岸边拆/装旋锁，装上船舱内时堆锥进入下层箱顶的角件后即可，如图 4 - 18 所示。

双堆锥在船舱内直接放置于上下两个 20 ft 箱之间，防止 20 ft 箱在舱内出现移动，如图 4 - 19 所示。

图4-18　岸边拆/装旋锁

图4-19　双堆锥

单堆锥在船舱内直接放置,防止20 ft箱在舱内出现移动(放置于上下层箱之间),如图4-20所示。

4)舱内底层锁销孔

舱内底层锁销孔(base socket)设置于船舱内最低层,上面放置锁销(多为联接器),用于在舱内摆放20 ft箱时固定所用,如图4-21所示。

图4-20　单堆锥

图4-21　舱内底层锁销孔

2. 加固杆的设置

集装箱上下之间用专用锁钮固定,集装箱和集装箱顶端之间都用加固杆(lashing ar-rangement)固定住的(见图4-22),加固杆杆头一般套入箱侧锁销孔。加固杆紧固器(turn buckle)如图4-23所示,加固杆与紧固器间的联接可根据加固杆上的节进行长度调节,当加固高柜不够长时,可在联接处套加长器。

图4-22　加固杆

图4-23　加固杆紧固器

资料卡

马士基 MERETE MAERSK 船集装箱落海事故

　　2017 年 2 月,马士基航运旗下一艘运营 AE2 航线的超大型集装箱船 MERETE MAERSK 在从丹绒柏乐巴斯港(Tanjung Pelepas)开往阿尔赫西拉斯(Algeciras)时在地中海海域(阿尔及利亚斯基克达以北)遭遇恶劣海况及天气。恶劣的天气造成集装箱堆垛倒塌,43 个集装箱落海,另外大约 85 个集装箱受损,如图 4 - 24 所示。在运输过程怎样保证船舶和集装箱的安全呢? 单纯从集装箱的角度,此次集装箱船事故与集装箱的系固件、加固方式及配载有关。

图 4 - 24　MERETE MAERSK 集装箱船事故现场

二、集装箱船舶配载

(一) 配载的作用

　　船舶配载是一项十分重要的工作,在集装箱码头的装船作业中起着很大的作用。船舶配载图(pre - stowage plan)与积载图(stowage plan)是不同的。从英文含义可看出,前者字面上可译为预先配载计划,因此行业上称此图为预配图、配载计划图或计划配载图,是船公司对订舱单进行分类整理后编制而成的;后者字面上可译为积载计划(图),行业上称此图为积载图、最终积载图或主积载图,是在集装箱装上船之后码头上或理货公司根据实际装箱情况编制而成的。当实际装箱情况与预配图有出入时,二者内容是不同的;如果完全无出入,则内容一样。实务中,常称配、积载图为船图。船舶配载的作用概括如下:

　　(1)有利于合理安排堆场箱区。根据装船要求事先对出口箱的进场作业合理安排,如分卸港、分吨级、分尺寸、分箱型,从而在满足装船作业顺序的前提下,尽可能地提高堆场利用率。

　　(2) 有利于满足船舶运输要求。通过周密仔细的配载,可满足船方的稳定、吃水差、负荷强度等航行安全要求,以及船箱位利用率要求和集装箱及货物的运输质量要求,避免不符合船方运输要求而临时频繁调动箱子,造成装船作业的混乱甚至瘫痪。

（3）可有效地组织码头生产作业。配载船图是一份具体详尽的装船作业计划,可供控制室对装船作业进行有效的监控和协调,供堆场人员依次发箱,供船舶指挥员按顺序装船,从而使整个装船作业有条不紊地进行。

（4）可作为装船作业的原始资料。装船结束后,港方与外理根据配载传图核对无误后,即可作为装船作业签证的原始凭证,同时也是码头吞吐量实绩的统计资料。

（二）配载原则

做好船舶的配载工作,可为装船作业的整体作业流程顺畅运行提供重要保障。它遵循的基本原则如下:

1. 满足船舶的运输稳性要求

（1）保证船舶良好的稳性。集装箱船航行于汪洋大海之中,必须保证其安全性,而稳性原则是衡量其安全的一项重要指标。所谓稳性,是指船舶受外力(如风力、浪涌)作用而发生倾斜,当外力消失后自动恢复到原来平衡位置的能力。

（2）保持船舶适当的吃水差。吃水差是指船舶首尾吃水的差值,适当的吃水差可以使船舶具有良好的航行性能,节省燃油,充分发挥主机功率。在配载中,应注意集装箱箱量和箱重的纵向分布,以满足船方的吃水要求。

（3）满足船体强度要求。配载人员通常要注意:一是不能超过船舶允许的堆积负荷,在配载时要做到每一列集装箱的总质量不能超过其允许的堆积负荷,否则将影响船舶的强度结构,危及安全航行;二是防止船体中拱,配载人员应将最终一港的箱子较多地配于船中,以免中途港卸箱后因中拱而影响船舶的纵向强度。

（4）避免配载不当造成沿线挂港作业困难。配载时除考虑本港装卸外,还应考虑沿线挂靠港作业的要求,特别是始发港更应注意。一般来说,应尽量避免这些情况:避免中途港倒箱;避免同卸港箱子过分集中;避免一边倒配箱。

（5）满足特种箱的配载要求。特种箱由于结构特点、尺寸特点或质量特点,对配载均有一定的特殊要求,如冷藏箱必须配于舱内或舱面的最上层。

2. 符合码头的作业要求

（1）符合堆场取箱规则。集装箱码头因采用的装卸工艺系统不同,使用的机械不同,因而堆场取箱规则也不同。在制作配载计划时,应考虑本码头的堆箱规则,以免频繁地翻箱、倒箱而使得无法顺利装船。

（2）符合单船作业计划要求。单船作业计划是围绕单船装卸而制定的一份较详尽的任务书,包括离靠泊时间、开完工时间、作业总箱量、作业路数、机械配备及各工班任务、进度等。配载时必须考虑单船作业计划的总体要求,其中最重要的是作业路数。

（3）确保机械合理、有序地移动。配载时要考虑尽量使堆场机械减少翻箱,要使小车和大车行走路线最短。如果场吊在发箱过程中经常在贝和贝之间移动,就会大大降低作业效率,浪费资源。

（三）集装箱码头船舶配载过程

集装箱船舶配、积载图主要用来表示所装货物的卸港、装港、质量、性质、状态及装载位置等,分为预配图、码头配载图和最终积载图3种。制作和认识集装箱船舶配、积载图是集装箱船公司、集装箱装卸公司、船舶代理公司、理货公司及船上的船员等有关人员应掌握的一项基本技能。

1. 船公司制作预配图

船公司在收到订舱单后,由船舶代理或船舶调度,按集装箱的卸货港、箱型、箱重等进行分类,然后送交船公司的集装箱配载中心,船公司的集装箱配载中心直接向集装箱码头堆场送交集装箱预配图(pre-stowage bay plan)。预配图的制作是根据整理和分类的集装箱订舱单进行的,一般都用彩色绘制,不同的颜色分别表示不同的卸货港。

船公司为了更好地做好集装箱的预配工作,在不少集装箱班轮航线上采取了制定总预配图的方法。例如,中远海运集运公司的中国—澳大利亚集装箱班轮航线上,船在抵达悉尼港前,悉尼港代理就将悉尼、墨尔本、布里斯班3个挂靠港的订舱箱量传真给船方,由船上的大副预配,制定好3个挂靠港的总预配图,经船长审核后,将预配图传真给悉尼港的代理,由悉尼港代理安排3个挂靠港的代理根据总预配图进行各挂港的集装箱配载。

集装箱船舶预配图由字母图、质量图、特殊箱图组成。

1) 字母图

预配图中的字母图(letter plan)表示在本港装船的集装箱的卸港。字母图上待装箱的箱位(小方格)内均用一个英文字母(通常为该箱卸港英文名的首字母)表示该箱的卸港,字母图的名称即由此得来。例如,B 代表波士顿(Boston)、L 代表洛杉矶(Los Angeles)、M 代表迈阿密(Miami)、N 代表诺福克(Norfolk)、T 代表多伦多(Toronto)、V 代表温哥华(Vancouver),在预配图中均有标明。

对于 40 ft 货柜,其后半部分所在的箱位小方格内被"×"占据,因此只好在其前半部分所在的箱位小方格内标明其卸港字母。

2) 质量图

质量图(weight plan)用来表示每个集装箱的箱货总重(箱子自重加货物质量)。如图 4-25 所示,在图上每个箱位(小方格)内用阿拉伯数字表示,单位为 M/TC(公吨)。

对于 40 ft 货柜,其后半部分所在的箱位小方格内被"×"占据,因此只好在其前半部分所在的箱位小方格内标明其箱货总重。

3) 特殊箱图

特殊箱图(special container plan)用于反映特殊集装箱的情况,最常见的特殊箱为冷藏箱和危险品箱,其他特殊箱有空柜、平板柜、台架柜、开顶柜、通风柜、活动物柜、兽皮柜、隔热柜、45 ft 超长柜等。在一艘船上,冷藏箱与危险品箱占的比重较低,其他特殊箱更是很少。在图上属于特殊箱的箱位(小方格)内,通常用 R 表示冷藏箱(因冷藏箱的英文为 Reefer Container),用 D 表示危险品箱(因危品箱的英文为 dangerous goods container),或者用阿拉伯数字几点几表示按国际危规规定的危险品等级,如 1.4、6.1 分别表示 1.4 级与 6.1 级的危险品箱,而其他特殊箱需要用专门的符号表示并在预配图中特别标注。在装载危险品箱的箱位旁,通常需要标注其箱位号。

40 ft 特殊箱,其后半部分所在的箱位小方格内被"×"占据,因此只好在其前半部分所在的箱位小方格内标明其特殊代号。

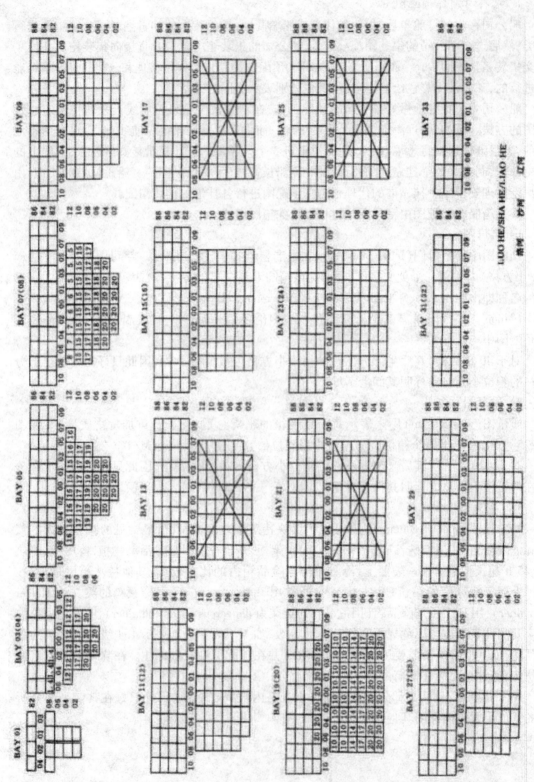

图4-25 预配图中的质量图

2. 集装箱码头制定码头配载图

集装箱码头收到船公司的预配图后,对外签证场站收据,按照预配图的要求,结合码头的实际进箱量、单船作业计划及集装箱在码头堆场的实际堆放位置,确定船舶配积载的总体方案,制定集装箱的码头配载图(container terminal bayplan,也称为实际配载图),检验该船图是否满足船舶适航要求、集装箱配积载要求及码头装船作业要求。

预配图只是对即将装入船上的集装箱的装载位置按不同卸货港做了一个初步的分配,实际配载图的主要作用是向船方提供集装箱的具体船箱位、集装箱质量、冷藏箱的箱位、危险品的类别和其船箱位,使船方能有充分的时间对船舶的稳性、强度进行校核,并及时调整船舶的吃水差,使船舶适航。实际配载图也是集装箱码头装船作业实施的依据。

集装箱船的实配图由两张图组成:一张是封面图;另一张是每一行位(排位)的贝位图。

1) 封面图

封面图(cover plan)是一份反映集装箱船舶整体装卸计划的图纸,通常在图上标注集装箱的卸港及特殊箱代号。封面图上的卸港的表示方法有两种:一种与预配图一样,用一个英文字母表示;另一种是用不同的颜色来表示不同的卸港。两者相比,后一种更简单明了。

封面图上特殊箱的表示方法与预配图一样,冷藏箱在其卸港字母的右下脚标注小号字体 R;危险品箱因图上的箱格内已填了卸货港字母,故一般在该箱格内卸港代号外围画一圆圈"○",并在旁边注明危险等级,如 D2.1、D3.2 等。如果用不同颜色来表示不同的卸货港,则可将危险品等级注明在图上箱格内,再涂上代表该卸货港的颜色。

图 4-26 所示为某集装箱班轮的实配封面图,该图用英文字母表示卸货港。

2) 贝位图

实配图的封面图只是集装箱船舶装卸作业的总体安排,而具体到每一个行位的装卸怎样进行,则没有说明;封面图中仅反映箱子的卸港及是否为冷藏箱或危品箱,但就每一个箱位来说,该箱位上装载的是哪一个集装箱、该集装箱的质量及该集装箱在码头堆场上的位置等,则都没有说明。因此,需要专门绘制一份图来加以说明,此图即为贝位图(bay plan or hatch plan)。该图反映每一行位的具体装箱情况,既是码头现场作业的指导文件,也是船公司及船上工作人员的重要参考资料。每个行位都要做一张单独的贝位图,此图中每个箱位方格比前面讲到的图都要大。通常在贝位图中应标注如下内容:

(1) 集装箱的卸港和装港。表示方法一般是卸港在前,装港在后,中间用"×"号隔开。也有的只标注卸港,不标注装港。卸港和装港均用 3 个英文字母表示,这种方法借用了国际航空港三字代码的表示方法,不另订标准。

(2) 集装箱的总重(箱子自重加货物质量)。

(3) 集装箱的箱号(由 11 个字符组成:箱主代号、顺序号和核对数字)。

(4) 该集装箱在堆场上的箱位号。堆场箱位号表示该集装箱在堆场上的位置,实际装船时,码头理货员按照贝位图的指示,告诉拖车司机到什么位置去取箱。

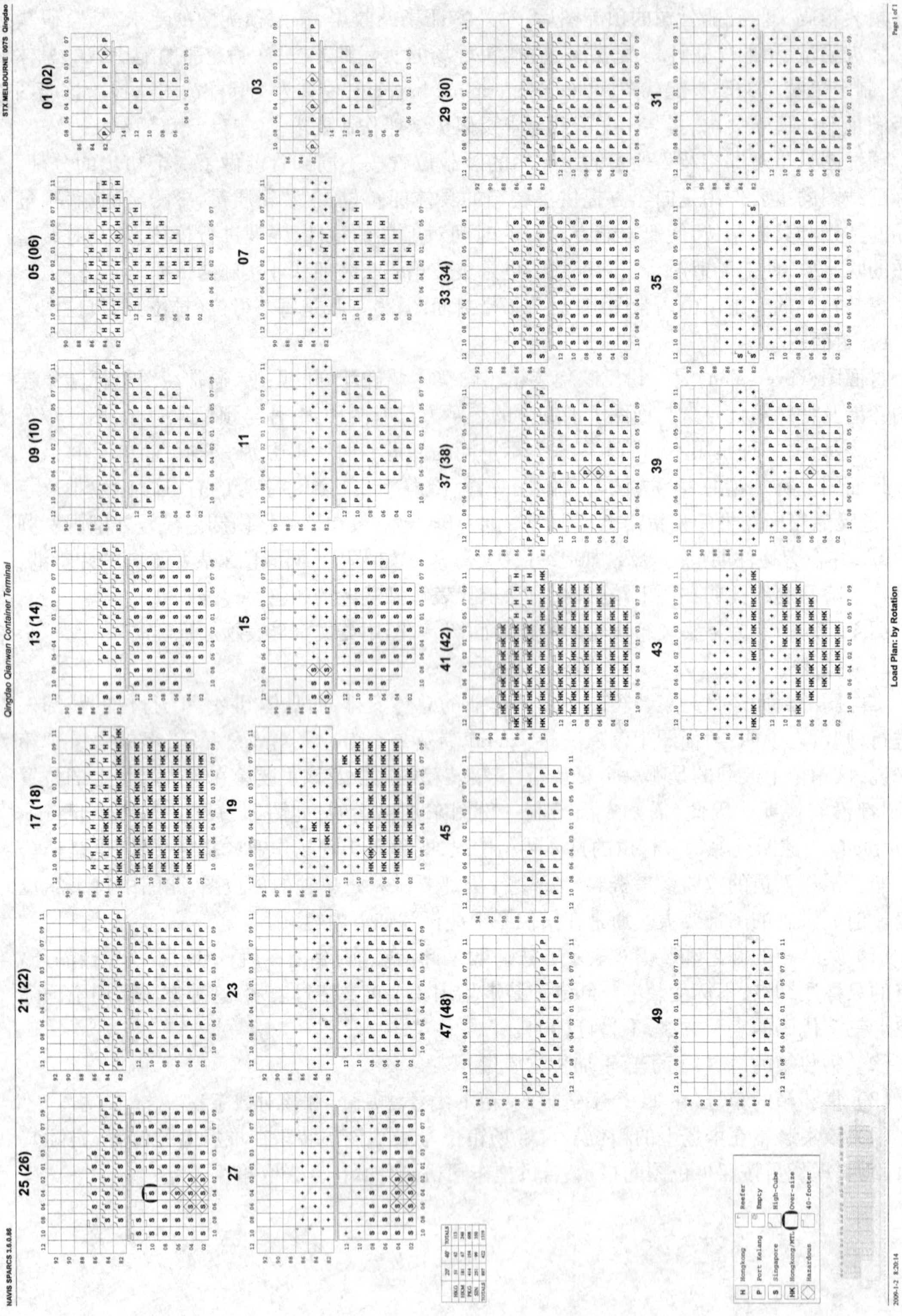

图4-26 实配图中的封面图

例如,图 4-27 中的 390402 箱位,该位置上集装箱的情况如下:

MIA　17.0
ICSU
0213654
E1701

MIA:卸箱港迈阿密的代码
17.0:该集装箱的总重为 17.0 t
ICSU:箱主代号
0213654:箱号和核对数字
E1701:堆场上箱位号

集装箱码头实际配载船图制作完毕后,配载员须先进行自检,自检通过后再送交船舶大副。经大副审核确认后,码头方可按船图进行装船作业。

BAY 39(38)

TOR 12.0 MAEU 6598723 K3001	TOR 12.0 MAEU 4568750 K3002	MIA 8.0 MAEU 6545677 K3003	MIA 8.0 MAEU 6575642 K3004	MIA 8.0 MAEU 6567723 K3005	MIA 8.0 MAEU 7404723 K3006	MIA 6.0 MAEU 4507623 K3007	MIA 6.0 MAEU 0751254 K3008	MIA 6.0 MAEU 0467448 K3009	MIA 6.0 MAEU 0064344 K3010	MIA 6.0 MAEU 0760443 K3011
TOR 12.0 APLU 0726443 E0801	TOR 12.0 APLU 3712367 E0802	MIA 8.0 APLU 3920766 E0803	MIA 9.0 APLU 6598723 E0804	MIA 9.0 APLU 4047854 E0805	MIA 8.0 APLU 6598723 E0806	MIA 8.0 APLU 0786412 E0807	MIA 8.0 APLU 4001464 E0808	MIA 7.0 AFLU 6486107 E0809	MIA 7.0 APLU 7892045 E0810	MIA 7.0 APLU 1067545 E0811

MIA 11.0 CMAU 2546870 81701	MIA 11.0 CMAU 3698754 81702	MIA 11.0 CMAU 8754211 81703	MIA 11.0 CMAU 1236547 81704	MIA 11.0 CMAU 8035872 81705	MIA 11.0 CMAU 1080632 81706	MIA 15.0 CMAU 1236798 81707	MIA 15.0 CMAU 9632587 81708
MIA 14.0 TOLU 2016450 C0201	MIA 14.0 TOLU 2016450 C0202	MIA 12.0 TOLU 2639026 C0203	MIA 12.0 TOLU 2034569 C0204	MIA 12.0 TOLU 2034596 C0205	MIA 16.0 TOLU 1205978 C0206		
MIA 16.0 COSU 1597860 D2801	MIA 15.0 COSU 8963542 D2802	MIA 15.0 COSU 2034587 D2803	MIA 15.0 COSU 2602157 D2803	MIA 15.0 COSU 4567898 D2804	MIA 17.0 COSU 6457891 D2805		
MIA 17.0 ICSU 0213654 E1701	MIA 17.0 ICSU 1204576 E1702	MIA 18.0 ICSU 2147853 E1703	MIA 17.0 ICSU 0014752 E1704				

图 4-27　实配图中的贝位图

配载员自检的内容主要有以下九项:

(1)检查轻重箱配置是否合理。当集装箱船舶的预配箱量与船舶的集装箱载装能力相近时,应尽量将重箱配在下方,轻箱配在上方。但如果该航次重箱较少,轻箱较多,则不宜将重箱全部配在下方,以免船舶的初稳性高度值过大,使船舶在航行中摇摆频率过高。在配载过程中,还应注意船舶的横向平衡,注意轻重箱的横向搭配。

(2)检查船舶纵向集装箱的配置,是否满足船舶纵向强度要求。由于集装箱船舶船型的特殊性,集装箱船舶很容易产生中拱,故集装箱船舶的纵向强度一般较差。在配积载时,要尽量减少船舶的中拱现象,适当在船舶的中部多配些重箱,保证船舶的纵向强度。尤其要考虑船舶在中途港的装卸情况,避免在中途港卸货后,使船舶产生中拱,影响船舶的纵向强度。因此,在配载制作中,如果有可能,应尽量将在目的港卸下的较重的货物配在船中。

(3)检查船舶是否具备合理的稳性和吃水差。在配载过程中,要保证船舶具有合理的稳性和吃水差,注意轻重集装箱在船舶垂向和纵向的配置。如果船舶进出的港口航道条件不佳,则要特别注意吃水差的问题。例如,上海港是一个潮汐港,航道局部水位较浅,如果船舶的吃水较深,则在配载时应尽量使船舶接近平吃水,争取船舶顺利进出港口。

(4)检查是否有集装箱"压港"现象。由于配积载不当,使船舶在中途港卸货时需要进行倒箱作业,即将其他卸货港的集装箱先卸下,再将被压在下面的实际需卸下的集装箱卸下,然后再将刚才卸下的其他卸货港的集装箱装上船,这一过程即为倒箱。倒箱严重影响码头的装卸效率,并增加费用。因此,在配载时,应从全航线考虑,将中途先到港的集装箱配在上面,将后到港的集装箱配在下面,避免"压港"。

(5)检查选港集装箱配载是否合理。选港集装箱应尽量配置在所能选择的卸货港,在装卸作业时,都不需要进行倒箱的船箱位上。如果做不到这一点,则可将集装箱配在最终卸货港箱的上面,避免翻箱作业。

(6)检查"高箱"配载是否超出限制要求。在集装箱运输中,所使用的集装箱的高度通常是 8 ft 6 in,但也有一些集装箱的箱高度为 9 ft 6 in,对于这类集装箱在配载过程中要特别注意。如果将高箱配在舱内,要注意舱内的净高,以免舱盖板无法盖上;如果配在甲板上,则要注意可使集装箱进行有效的栓固,还要注意它的堆积高度不可有碍驾驶台的视线。

(7)检查超高、超宽箱的配载是否合理。很多框架集装箱和开顶集装箱内所装的货物都超过箱体高度,这类集装箱称为超高箱。由于超高箱的上方不能再配集装箱,所以这类集装箱不论是在舱内还是在甲板上,都只能堆放在最上方。超宽箱就是集装箱内所装的货物超过箱体宽度的集装箱,这类集装箱配船后,其超宽一侧的船箱位不能再配集装箱。

(8)检查冷藏箱、危险品箱的配载是否符合要求。船舶冷藏箱的装载有其固定的船箱位,因此冷藏箱不能随意配载;危险品箱根据所装载的危险品货物类别,有不同的装载要求——有些危险品箱必须装载于船舱内,有些则必须装载于甲板,而有些则要求尽量远离机舱或生活区。另外,如果同船装载多种不同类别的集装箱,不同类别的集装箱之间还有不同的隔离要求。

(9)检查每摞集装箱累计质量是否超过船舶集装箱堆积负荷限定值。集装箱堆积负荷,是指堆放集装箱的四个箱脚底座所能承受的最大负荷。集装箱堆积负荷又分为舱底负荷和甲板负荷,其中甲板负荷又可分为舱盖负荷和平台负荷两种。集装箱堆积负荷除了按舱底负荷和甲板负荷分类外,又可分为 20 ft 箱负荷和 40 ft 箱负荷。在集装箱配积载工作过程中,应注意每摞集装箱的总质量不能超过规定的堆积负荷。

通过上述检查,如果发现问题,配载员必须及时对配载图进行调整。待集装箱船靠泊后,码头配载员持实配图上船,交由大副审查,经船方同意后由船方签字认可。

3. 最终积载图

集装箱船舶在装船结束后,理货公司的理货员根据实际装载的集装箱,以及每个集装箱实际船箱位,编制出船舶的最终积载图(final bay plan)。最终积载图又称主积载图(master plan),是集装箱船舶的主要装载文件之一,既是船舶下一个挂靠港卸船以及加载集装箱配载的根据,也是集装箱船舶的稳性、吃水差、强度的数据来源。最终积载图由最终封面图、装船统计表及最终贝位图三部分组成。

1)最终封面图

船舶最终积载图的封面图格式(final cover plan)与配载图的封面图格式基本上相同。但有些港口为了使封面图更加直观,将封面图分为 3 张来表示:第 1 张图标明港口(用港口代码表示);第 2 张图为所装集装箱的质量图;第 3 张图为船舶的冷藏箱和危险品货物图。

2）装船统计表

集装箱装船统计表（loading statistical form）是船舶该航次按装货港、卸货港、箱尺寸等统计的集装箱数量和吨位的统计表。表 4-14 所示是"东方海外香港"号第 06E09 航次在天津港装船完毕后集装箱的统计数字。统计表中通常包括以下内容：

（1）装港、卸港和选港箱（这些箱最终的卸货港尚未确定，在几个挂靠港之间选择）。

（2）集装箱状态。分重箱、空箱、冷藏箱、危险品箱及其他特殊箱。

（3）箱型。分 20 ft 和 40 ft

（4）数量和质量的小计和总计。

码头按大副签字认可的实配图装船。集装箱装船完毕后，由理货公司的理货员按船舶实际装箱情况编制最终积载图。

注：表中第 1 行为箱量（自然箱的个数），第 2 行为总重[单位为 M/T（公吨）]。

3）最终贝位图

集装箱船舶的最终贝位图（final hatch/bay plan）的格式与前面所述的实配图的格式基本相同。但正式配载图并不能确切地反映集装箱在船舶上的装载位置，只有最终贝位图才能如实地反映所装集装箱的正确船箱位。一般说来，最终贝位图的每一个箱位上应标注以下内容：

（1）卸货港和装货港。通常，卸货港在前，装货港在后，中间用"×"或"/"隔开，但也可以只标卸货港，不标装货港；另一种方法是用箭头指示范围的办法来统一表示装、卸货港，而不是逐个集装箱进行表示。

（2）箱号。含 11 个字符，分别为箱主代号、箱子顺序号和核对数字（也称校验码）。

（3）特种箱的标志。例如，冷藏箱用 R（Reefer）表示；敞顶箱用 O/T（Open Top）表示；板架箱用 F/R（Flat Rack）表示；危险货物箱除用 IMCO（Inter-government al Maritime Consultative Organization，联合国政府间海事协商会议，简称"国际海协"）或 D（Dangerous）表示外，还要标出危险货物等级。

（4）集装箱的箱货总重。

（5）集装箱在船上的箱位号（积载位置）。

（6）40 ft 箱的标志。用"⊠"表示 40 ft 箱位，即如果某个行位图上的箱位方格内出现这样的符号，就表示该箱为一个 40 ft 箱，占据前后相邻两个 20 ft 的箱位，其后半部分落在打×的箱位上。

（7）超高和超宽标志。超高（O/H，Over Height）箱应在箱上方用"∧"符号表示，并标出其超高的高度；超宽（O/W，Over Width）箱要在箱位的左向或右向用"<"或">"符号表示，并标出其超宽的宽度。

（8）每层箱子的总计质量。在图的右边标出每层的层位号及该层箱子的合计质量。

表4－14 "东方海外香港"号第06E09航次在天津港装船统计表

MV "OOCL HONG KONG" Voy 06E09

POD POL	LAX		VAN		NOR		BOS		TOR		MIA		Total
	20 ft	40 ft	20 ft	40 ft	20 ft	40 ft	20 ft	40 ft	20 ft	40 ft	20 ft	40 ft	
Full	94 652.0	51571.0	96 902.0	24 436.0	80 777.0	32 466.0	1 631111.0	6 126.0	65 860.0	18 562.0	1 001 430.0	24 304.0	7 538197.0
Empty													
Reefer					8104.0					448.0			12 152.0
Dangerous	866.0												866.0
Platform								242.0					242.0
Ventilated		214.0											214.0
Total	102 718.0	53 585.0	96 902.0	24 436.0	88 881.0	32 466.0	1 631 111.0	8 168.0	65 860.0	22 608.0	1 001 430.0	24 304.0	

T
S
N

说明:表中POL指装货港(Port Of Loading),POD指卸货港(Port Of Discharging)。

数字化运营

在码头营运系统中有了出口集装箱的数据复核和海关放行等配载所需的数据后,就可以开始对出口航次进行配载作业。以任务背景中的中远太平洋船卸货港为例进行出口箱配载操作,首先是查看待配载的箱子在场的堆存情况,然后就堆存和船箱位的情况,为待配箱分配具体的船箱位。其基本操作流程如图4-28所示。

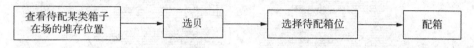

图4-28　出口箱配载流程图

一、装船箱堆场分布

出口箱经复核无误及海关放行后,就可以查看装船箱堆场图分布情况。装船箱堆场分布是对出口航次的所有箱子的一个统计,以供配载员方便地进行查看。选择"出口装船"│"装船箱堆场分布"命令,在打开的对话框中选择出口航次,进入"装船箱堆场分布对话框。其中,包括箱子的区、位、未配载及已配载的箱数;表中最后一栏还会根据卸货港统计每个箱位的箱子总数(包括未配载的和已配载的),如图4-29所示。

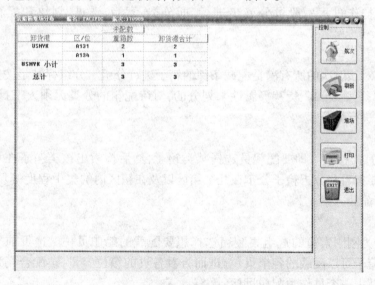

图4-29　装船箱堆场分布

在图4-29中,堆场分布统计表只能看到相关的一些数值,箱子在场地的具体分布却不得而知。因此,界面还设置了"堆场"按钮,通过单击该按钮可以进入全场监控界面,如图4-30所示。同种颜色代表同一个卸货港的箱子在堆场的分布,这样作业人员就可以确定船舶配载作业时场地的作业路数。

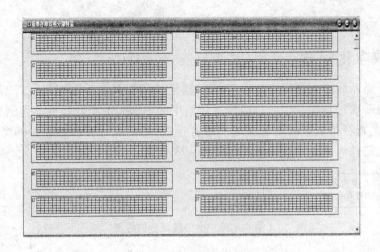

图 4 -30　装船箱堆场全场监控图

二、船舶配载

在码头营运系统中船舶配载作业由配载准备和配载制作两部分构成。船舶规范、挂靠港的录入或核对、海关放行、退关处理、复关处理及转船等业务属于配载的准备工作。

（一）船舶配载的操作流程

船舶配载操作过程一般可分五步进行,即分类、索箱、选贝、划块和配箱。具体介绍如下:

1. 分类

分类是指对该航次的所有满足配载条件的箱子进行分组。分组标准是按照箱子的卸货港、尺寸、空重、箱型、箱高、货特等属性来划分的,对待配箱的分类无须人工操作,系统会自动帮助配载员进行划分。

2. 索箱

"索"指的是"检索",即要配载员选择某类箱子,然后检索出该类箱子在场地里面的堆存位置,并且要查看和分析箱子分布在几个箱区以及在箱区内的集中程度等场地状态信息,从而辅助构思配载方案。

3. 选贝

选贝是指为刚刚索箱的这组集装箱选择想要配载的船舶贝位。选贝前要查看预配船图,确定该类箱子可以配载的各个贝位,进而查看各贝的箱位容量,再配合场地里箱子的堆存情况,选择其中一个贝作为配载目标。

4. 划块

划块是指在已选贝内划出一个目标配载区域。选贝后并不一定要对整贝进行统一配载,很有可能需要将整贝分割成两块或更多,这主要是与舱盖板有关。如果某贝有两块平移式舱盖分别压在左右两侧,那么作业过程中先要将右边舱盖滑至左边,再对 01、03、05、07 列作业,然后再将两块舱盖均滑至右边对左舱作业。因此,某舱在作业过程中分两块进行,配载时要按照两块来考虑配箱,否则就会导致场地翻箱。

5. 配箱

配箱就是要把场地里各个区位上的某些箱子按照一定的顺序(配载顺序)配载到刚刚"划块"作业所圈定的船箱位上。

(二)船舶配载的具体操作

船舶配载提供制作出口船舶的配载计划。船舶配载前必须先先确定以下信息:船舶靠泊计划已存在;船舶贝位规范已经存在;航次挂靠港已确认;分港、分吨要求已制作;场站收据已校验。选择"出口装船"|"船舶配载"命令,在打开的"出口航次选择"对话框上选择所需的航次,进入"船舶配载"对话框,如图 4 – 31 所示。

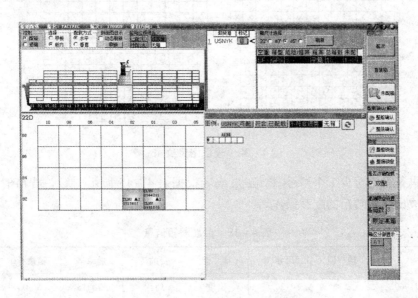

图 4 – 31　"船舶配载"对话框

在"船舶配载"对话框中,左上部的剖面图上每一个小方格代表一个实在的箱,白色的船箱位表示此处尚未配有出口箱;每一个带有颜色(或特殊图标)的船箱位,表示一个已配载完成的集装箱,其颜色代表某个卸货港;船图上的带有"X"记号的船箱位,表示一个已配载完成的 40 ft 或 45 ft 集装箱。查看该配载箱的卸货港,可查看其前一贝位的相同船箱位的颜色。

"控制"选项组中的"配箱"单选按钮开始处于选中状态,然后选择是在"甲板"还是"舱内",再选择配载方式。设置好后根据卸货港进行船舶配载。选择卸货港,同时选择箱子尺寸,然后在出口箱分类窗格内单击某条记录,此时图例窗格显示该记录在场地中的情况,显示为绿色的代表当前可以配载的箱子。用鼠标在船舶剖面图相应的贝位上拖动,被拖动过的贝位会以灰色显示,然后再在图例窗口中单击绿色可配载的箱位,单击过的箱位由绿色变成灰色,同时船舶剖面图上的贝位由灰色变成绿色。逐个对箱子进行配载,直至所有箱子配完。如果待配载的箱子在场地中是连续分布的,也可以一起配载,即在选择的时候同时选中(用鼠标拖动)这些箱子,这样就可以避免逐个配载的重复操作。

在配载的过程中,可以随时查看未配箱的情况,单击"未配箱"按钮,打开"未配箱查看"对话框,根据需要即可通过"打印"按钮将未配箱的情况打印出来。

1. 某集装箱船预配图中 45、47 贝位图如图 4 - 32 所示,请说明这两个贝位都表示了哪些集装箱配载信息?

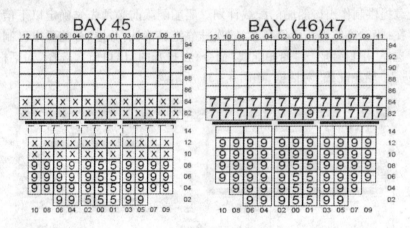

图 4 - 32　预配图贝位 45、47

2. 请自行设定至少 1 个箱号、箱位号,或者根据表 4 - 15 所示的船舶载箱信息,在 TOS 系统中完成出口集装箱的配载操作。

表 4 - 15　船舶载箱信息

箱　号	箱　型	尺寸/ft	状　态	目的港	提单号	箱重/kg	备　注
MSCU7171969	普通	20	出重	纽约	170818	5 300	
MSCU7694229	普通	20	出重	纽约	170818	6 400	
MSCU7712256	普通	40	出重	纽约	170818	8 300	
MSCU7874107	普通	40	出重	纽约	170818	8 200	
MSCU7925056	普通	20	出空	纽约	170818	2 300	
MSCU9107974	普通	40	出空	纽约	170818	3 500	

任务三　装船作业的机械调度

出口箱装船作业时涉及码头机械、人员等多个岗位的各项作业,相对于装船系统作业而言作业环节更多,作业内容更为具体。为使整个作业流程顺利进行,各岗位必须保证作业质量,做好相互间的配合协调和调度工作。

与集装箱码头进出口卸船业务一样,装船开工之前和装船过程中的各种装卸机械及运输机械的调度是至关重要的。其调度原则大体上与卸船作业时各种机械的调度原则一样,但由于卸船作业是整个进口业务中的第一步,而装船作业却是整个出口业务的最后一步,而且卸船的过程是由集到疏,装船的过程则是由疏到集,因此这使得每个码头装船作业的效率往往都比卸船作业慢,而在装船过程中的机械调度工作需要考虑的因素往往也比卸船机械调度中要多。

任务引入

天津港收到船公司发来的关于 PACIFIC 号的船舶资料、预报信息、船图清单、舱单、船期信息、离港信息及危险货物申报单。请模拟码头工作人员完成出口装船作业的机械调度工作。

船舶装载信息如下:

船代码:PACIFIC　　航次号:170907　　贸易性质:一般贸易

泊位代码:2　　停靠方式:左靠　　装卸付费:广二运输公司

港口使费:安骏达运输公司 KC20020701

海关编号:N125547　　船代理:COSCO

运输类型:江海运输

外贸航线:MDX

计划抵港:2017 年 10 月 21 日 11:45

计划靠泊:2017 年 10 月 21 日 12:45

计划离泊:2017 年 10 月 25 日 07:00

实际抵港:2017 年 10 月 21 日 11:50

实际靠泊:2017 年 10 月 21 日 12:50

实际离泊:2017 年 10 月 25 日 07:30

进口总箱量:3

具体出口箱信息如表 4 -16 所示。

表 4 -16　出口箱信息

箱　号	箱　型	尺寸/ft	状　态	卸货港	提单号	箱重/kg	备　注
CLHU3544231	普通	20	重	纽约	170908	5 300	
CLHU3931170	普通	20	重	纽约	170908	4 300	
CLHU3515887	普通	40	重	纽约	170908	9 300	

相关知识

装船作业中的岸边装卸机械调度指的是为已经配载好的出口箱作业贝安排指定的岸桥。它与卸船作业贝的投入一起构成了作业线调度。码头的调度工作主要是以作业线调度为主线的,再根据当前作业路情况进行场地机械调度和水平运输机械的集卡调度,从而保证装船作业的流畅性。

一、集装箱码头岸边装卸机械调度

目前,集装箱装卸船作业的通用设备是岸桥。岸桥在集装箱装卸工艺中是"龙头"设备,岸桥的型号和主要技术参数在很大程度上限制了码头泊位能够接纳的最大集装箱船型。现行普通单小车岸桥的台时效率为25~30自然箱,折合为标准箱,约为35~45 TEU/h。随着集装箱船舶的不断大型化,船运公司和集装箱码头公司对船舶装卸效率都有了更高的要求。为了适应这种快速装卸的需求,双小车岸桥、双英尺岸桥和双英尺双小车岸桥等应运而生。

双小车岸桥设置前小车和后小车,并在海侧轨后设置了中转平台。前小车用于装卸船,其取箱、卸箱均在中转平台上进行;后小车同样在中转平台上取箱和卸箱,用于装卸集装箱。水平运输机械的运行轨道较低,通常为13~14 m。双小车岸桥的设计生产率达到70 TEU/h以上,即3台双小车岸桥相当于5台单小车岸桥。双英尺岸桥具有一套独立的起升系统,可同时起吊2个40 ft尺或4个20 ft集装箱,是普通岸桥起吊量的两倍。理论计算,双40 ft岸桥单台装卸效率比普通岸桥高50%以上。双40 ft双小车岸桥是继双小车岸桥和双40 ft岸桥之后,为迎接航界进入超巴拿马时代快速装卸的又一产物。双40 ft双小车岸桥是综合了双40 ft岸桥和双小车岸桥优点,同时克服了二者的不足,在此基础上开发出来的超大型新型集装箱岸桥,理论上这种新型岸桥装卸效率可达90~100 TEU/h。

我国大部分集装箱码头使用的还是普通单小车岸桥,但已有少数大型集装箱码头开始使用双小车岸桥、双40 ft岸桥和双40 ft双小车岸桥。从发展趋势来看,集装箱码头对高效岸桥的需求会越来越大。

 资料卡

上海洋山港码头调度三40 ft作业

为了满足集装箱快速装卸的要求,国内的大型港口曾经上马过双40 ft集装箱吊具。洋山港还依靠"双40 ft边装边卸"技术打破了世界纪录。洋山一、二期曾拥有13台双起升双40 ft大型桥吊,每台桥吊高43 m,外伸臂长65 m。当然,除了上海洋山港拥有双40 ft集装箱吊具外,宁波舟山港、厦门港这类大型集装箱港口也拥有双40 ft吊具,以满足日益繁忙的码头作业。

由于集装箱码头的生产调度包括作业线调度、集卡调度和场地机械协调,所以码头的调度工作以作业线调度为主线,再根据作业线调度情况进行集卡调度、场地机械调度,来保证船舶装卸作业的流畅性。港口"大力士"总质量达2 250 t,起升高度43 m(码头轨面以下,相当于15层楼高),前伸距65 m,可以操作世界上最大型的集装箱船舶。其中,3个吊具下的起重量为120 t,该起重机的装卸效率相比双40 ft集装箱起重机将再提高25%,如图4-33所示。双40 ft以至三40 ft的作业,对集卡车辆的调度带来了较大压力。想要以双40 ft和三40 ft吊具来提高作业效率,还有非常大的空间。

图 4 - 33　三 40 ft 的吊具作业

二、集装箱码头水平运输机械调度

水平运输机械是指往返于码头前沿和堆场之间、承担集装箱水平位置转移任务的跨运车和集卡等。跨运车可以同时承担集装箱的水平运输和堆码作业,但其堆码高度有限、水平运输速度不高,主要应用于欧美地区的一些集装箱码头,应用在自动化码头和半自动化码头。而我国集装箱码头基本都是采用集卡作为水平运输机械,所有需要装船的箱子必须经由集卡从堆场运输至岸边才可以装船,因此完成桥吊调度作业后必须为桥吊安排相应的集卡。集卡调度包括作业路的设置、集卡池选择、要箱车辆及回路车辆数量的确定。

装船作业中的场吊调度则是为不同船舶、不同作业贝的发箱箱区或区域安排指定的场吊,以保证集卡进入该箱区后能有场吊负责给集卡发箱。装船的场吊调度往往比卸船过程中的场吊调度难度更大,主要原因是装船的箱子在场地堆存时要分卸货港,分类较多,堆存的也相对较散。而卸船箱分类较少,不需要考虑卸货港,且箱子的船箱位与堆存位置不需要一一对应,因此场吊的使用也可以相对集中一些。

三、集装箱码头场地作业机械调度

堆场是集装箱陆运和海运之间的中转站。由于堆场的总面积较大,为了便于堆放,通常将堆场箱位分多级进行管理。首先将堆场分为多个箱区,箱区内部的集装箱紧密堆放,箱区之间则由车道隔开。每个箱区又分为多个贝位,每个贝位由几列组成,每列箱是一个多层的箱堆栈。

堆场作业机械主要承担在堆场装卸集卡和堆码集装箱的任务,包括正面吊、集装箱叉车、集装箱龙门起重机等。集装箱龙门起重机简称"龙门吊",是堆场作业的主要机型。按大车行走方式的不同,其又可为轮胎式龙门起重机(RTG)和轨道式龙门起重机(RMG)。RTG机动灵活、通用性好,可以在堆区之间转移作业。RMG定位能力强、结构简单、稳定性好、操作方便、安全可靠,不易发生货损和机损事故,较易实现全自动化装卸。但它的作业范围受到轨道限制,并且对地基要求较高。从目前我国的使用情况来看,大部分集装箱码头使用的还是 RTG,但也有部分新建码头开始推广使用 RMG。

数字化运营

装船作业是整个出口业务的最后一步,是一个由疏到集的过程,首先涉及的是各种机械的调度,如岸吊、集卡、场吊等的调度。以任务背景中的中远 PACIFIC 船卸货港为例进行各种机械的调度和作业,以完成对已配载的箱子的装船作业。装船作业的机械调度基本操作流程如图 4-34 所示。

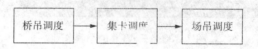

图 4-34　装船作业的机械调度基本操作流程图

一、作业线(岸吊)调度

出口箱装船需把箱子从堆场运至码头前沿然后装船。首先进行作业线(岸吊)调度,选择"中控调度"|"作业线调度"命令,打开"作业线调度"对话框,在"选择调度航次"选项组中选中"出口"单选按钮。然后单击"航次"按钮,在打开的"进口航次选择"对话框中选择进行调度的出口航次,选择方法与前相同。选好后,界面上就会出现所选航次的船图,如图 4-35 所示。图中显示了装卸箱子的分布情况,蓝色的表示配载箱的分布情况,粉红色的表示该卸箱子的分布情况。实际岸吊的安排与进口卸船相同,只是装船是对粉色出口装船箱进行操作。

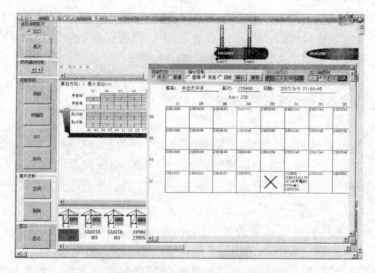

图 4-35　作业线(岸吊)调度

二、集卡调度

与进口卸船类似的,在完成岸吊调度后,就要给每一作业路线安排集卡。选择"中控调度"|"集卡调度"命令,打开"集卡与作业路调度"对话框,如图4－36所示。"集卡调度"列表框右侧显示已为Q16岸吊分配了JK45、JK46、JK47三辆集卡,如果需装船的箱子较多,可选中最右侧的复选框为Q16多分配几台集卡,然后单击"安排"按钮,最后单击"保存"按钮进行保存。

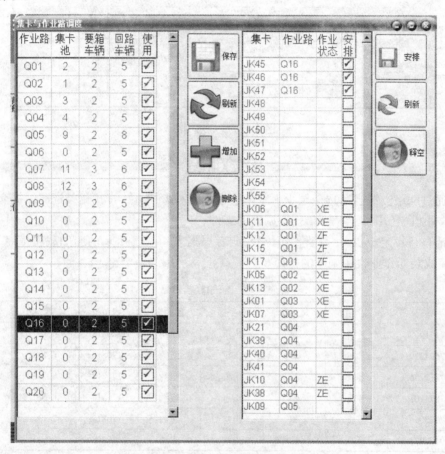

图4－36　"集卡与作业路调度"对话框

三、场吊调度

装船过程中,场吊是负责在场地内发箱的,需要给不同船舶、不同作业贝位的发箱区安排指定的场吊,以保证集卡进入箱区后能有场吊负责给集卡发箱,因而调度难度比卸船调度更大一些。场吊调度也在系统的中控调度模块中操作,选择"中控调度"|"场吊调度"命令,打开场吊调度对话框,如图4－37所示。其作业方法与进口卸船相同。

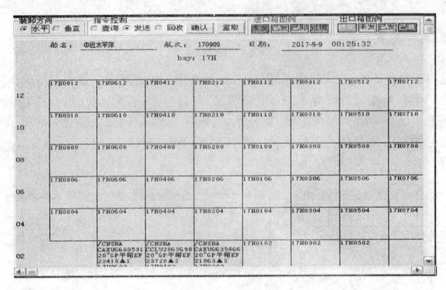

图 4 – 37　场吊调度

技能训练

1. 通过网络资源自行选定至少 1 个集装箱(20 ft 或 40 ft),查找相关资源后提交该集装箱装船作业机械(岸桥、场吊和集卡)调度的文件。

2. 请自行设定至少 1 个箱号、箱位号,或者根据表 4 – 17 所示的船舶载箱信息,在 TOS 系统中完成装船作业机械调度的操作。

表 4 – 17　船舶载箱信息

箱　号	箱　型	尺寸/ft	状　态	目的港	提单号	箱重/kg	备　注
MSCU7171969	普通	20	出重	纽约	170818	5 300	
MSCU7694229	普通	20	出重	纽约	170818	6 400	
MSCU7712256	普通	40	出重	纽约	170818	8 300	
MSCU7874107	普通	40	出重	纽约	170818	8 200	
MSCU7925056	普通	20	出空	纽约	170818	2 300	
MSCU9107974	普通	40	出空	纽约	170818	3 500	

任务四　装船实际作业

出口装船实际作业时,出口箱装船前先由中控发送装船指令,然后集卡根据收到的指令到场地装载箱子并前往岸边根据码头系统指令上档。集卡上档后待装箱需通过机械工装锁钮并经终端确认无误后提供船箱位,船舶指挥员根据桥边提供的船箱位指挥桥吊司机控制桥吊装船,最后桥边通过无线终端完成装船确认。

任务引入

天津港收到船公司发来的关于 PACIFIC 号的船舶资料、预报信息、船图清单、舱单、船期信息、离港信息及危险货物申报单。请模拟码头工作人员完成出口装船实际的作业工作。

船舶装载信息如下：

船代码：PACIFIC 航次号：170907 贸易性质：一般贸易

泊位代码：2 停靠方式：左靠 装卸付费：广二运输公司

港口使费：安骏达运输公司 KC20020701

海关编号：N125547 船代理：COSCO

运输类型：江海运输

外贸航线：MDX

计划抵港：2017 年 10 月 21 日 11:45

计划靠泊：2017 年 10 月 21 日 12:45

计划离泊：2017 年 10 月 25 日 07:00

实际抵港：2017 年 10 月 21 日 11:50

实际靠泊：2017 年 10 月 21 日 12:50

实际离泊：2017 年 10 月 25 日 07:30

进口总箱量：3

具体出口箱信息如表 4 – 18 所示。

表 4 – 18 出口箱信息

箱 号	箱 型	尺寸/ft	状 态	卸货港	提单号	箱重/kg	备 注
CLHU3544231	普通	20	重	纽约	170908	5 300	
CLHU3931170	普通	20	重	纽约	170908	4 300	
CLHU3515887	普通	40	重	纽约	170908	9 300	

相关知识

一、集装箱码头水平运输作业

水平运输是集装箱码头装卸系统中的一个重要环节，承担着集装箱在码头前沿和堆场之间的转运任务。水平运输机械的调度策略将直接影响到码头的整体作业效率。目前，国内几乎所有的集装箱码头都是使用集卡作为水平运输机械。与普通车辆调度不同，集卡调度具有以下特点。

（一）调度目标的特殊性

在集装箱码头装卸作业中，当船舶到达码头后，岸桥开始装卸集装箱；集卡在码头前沿

和堆场之间运送集装箱;在堆场内,由龙门吊完成集卡的装卸及集装箱的搬运和堆码。岸桥是制约集装箱码头装卸效率的主要瓶颈,是决定集装箱码头吞吐能力的主要因素之一,因此通常要根据岸桥作业顺序分配、调度集卡与龙门吊,以减少岸桥等待时间,提高船舶装卸效率。与此相适应,集卡调度的首要目标是保证岸桥的连续作业,在此基础上才以减少集卡的空载行程为目的。

(二)生产信息的计划性和不确定性

集装箱码头的生产作业既有很强的计划性,又有很大的不确定性。一方面,根据生产计划,每台岸桥承担一系列的集装箱装卸任务。由于船舶配载和堆场计划是预先安排好的,所以每个集装箱的作业顺序和运输的起、终点是相对确定的。另一方面,集装箱码头的生产作业又涉及多种不确定因素,如装卸设备的作业效率、港内的交通堵塞、集卡的行驶速度等。因此,制定集卡调度方案所依据的生产信息是计划性和不确定性并存的。

(三)调度方案的实时性

集装箱码头的作业任务就是集装箱在码头内的装卸和运输。在进行船舶装卸作业时,每个集装箱要经过岸桥、龙门吊和集卡各作业环节。根据生产计划,一个具体的集装箱由哪一台岸桥和龙门吊负责装卸是相对确定的,而灵活性较大的是集卡的调度,其调度方案必须在装卸过程中实时产生。码头每天的集装箱作业量很大,对于一些大型集装箱码头,一天的集装箱吞吐量在万箱以上。集装箱码头生产管理系统每天要发出的指令数量巨大,而集卡调度方案的实时性对调度方案产生所需要的计算时间提出了较高的要求。

(四)调度模式的多样性

在集装箱码头,大多数情况下是多船、多岸桥同时作业,并且既有卸船作业,也有装船作业。集装箱码头的作业模式可分为作业线调度模式、同船调度模式、全场调度模式3种。目前,集装箱码头对于集卡通常采用作业线调度方式。这种调度方法简单易行,便于码头生产中的绩效考核,但容易导致集卡利用率低。而全场调度模式是一种先进的调度理念,已越来越受到码头管理者的重视,但真正全面采用这种模式的集装箱码头还很少见。在作业线调度模式和同船调度模式下,集卡的行走路线比较固定,调度优化的空间比较小。而在全场调度模式下,集卡调度策略的优劣对于集卡空载行程、集卡作业效率影响较大,进而会影响到岸桥和龙门吊的作业效率。

(五)与岸桥类型的相关性

集卡要与岸桥协同作业,所以岸桥的类型对集卡的调度策略也有一定的影响。目前,在我国集装箱码头使用的岸桥类型主要有普通岸桥、双小车岸桥、双英尺岸桥和双小车双英尺岸桥。从集卡调度的角度出发,双小车岸桥与普通岸桥没有根本上的区别,只不过是双小车岸桥的作业效率高于普通岸桥。但对于双英尺岸桥和双小车双英尺岸桥来说则不同,由于要同时对两台集卡进行装卸,所以在建立集卡调度模型和进行求解时就要考虑到这个特点。

 资料卡

无人驾驶集装箱卡车惊现珠海,为全球首辆港区作业无人集卡

2018年1月,全球首辆港区作业无人集卡首发仪式在珠海国际货柜码头(高栏)有限

公司举行,如图4-38所示。一辆集装箱卡车平稳地驶入珠海国际货柜码头堆场龙门吊的作业区域,待装载集装箱后,又驶离前往其他作业区域。这一幕似乎并不稀奇,但当看到驾驶室时,会惊讶地发现车内竟然没有司机。这辆集卡"大脑"自主启动行驶程序,无人操控方向盘,却如"老司机"一般识别着周围的集装箱、机械设备、灯塔等物体,精准驶入龙门吊作业指定位置。

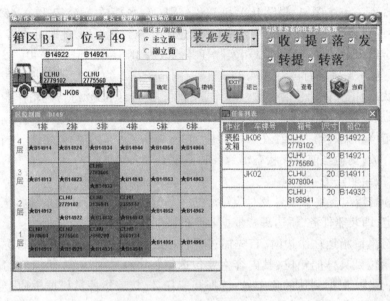

图4-38　无人驾驶集装箱卡车

港口行业是个特殊的行业,作业环境复杂,在装卸集装箱的作业过程中,对于集卡精准对位的精度要求非常高。近年来,集装箱吞吐量的不断上升,众多码头运能不足,卡车司机经常是高强度满负荷工作,无人驾驶则能大规模应用于港口的水平运输环节,解决集卡老司机的招聘难题。不仅如此,无人集卡参与港区运输作业,码头至少可节约一半人力,以中等码头计算,仅用工成本每年就能节约至少3 000万元。另外,无人集卡可以24小时作业,且驾驶质量标准、稳定高效,能摒弃掉一些司机的不良驾驶行为,同时降低车辆的返修率,节约不少能耗。

二、集装箱码头出口发箱操作

发箱任务是服务器根据当前装船情况生成的包含一个确定的集卡号和场地箱位的作业任务。在装船作业过程中,服务器实时对当前装船作业贝进行监控,根据搜索到的待装船箱位查找其对应的场箱位,同时搜索当前可用空闲集卡,确定一辆集卡并将查找到的场箱位所在箱子的发箱任务指定给该集卡。

集卡收到服务器生成的发箱任务,前往堆场等待场吊司机发箱,发箱之前场吊司机需进行发箱确认。场吊发箱确认的内容主要有集卡车号和待装箱箱位两部分。在集装箱码头,每一个在场箱都唯一对应一个场箱位,由于箱子在场时无法看到其箱号,因此实际场地作业时往往利用场箱位搜索并确认箱子。

场吊司机发箱时,首先确认当前集卡为发箱任务中对应的集卡,然后根据发箱任务中对应的场箱位锁定场地中的实际位置并控制场吊将箱子装到集卡上。出口箱发箱确认对整个出口箱装船业务的有效、顺利进行起着十分重要的作用。具体可概括为以下三点。

（一）可交换发箱任务,避免翻箱

由于受到道路拥挤或机械故障等因素的影响,在装船作业时,集卡实际进场顺序与计划顺序可能出现不一致。例如,假设 JKA 和 JKB 分别对应场箱位 A34512 和 A34511,即 JKA→A34512、JKB→A34511。实际进场时,如果 JKB 先于 JKA 到达场地,此时可先将 A34512 箱位上的箱子指定给 JKB,通过发箱确认将实际任务修改为 JKB→CCLU2099640（A34512 对应的箱子箱号）。等 JKA 进场时再将 A34511 箱位上的箱子指定给 JKA,同时进行发箱确认。如果无发箱确认,为了保证信息的一致性和作业的顺利进行,则必须进行翻箱作业。

（二）释放场地位置

已知场箱位和集装箱之间存在一一对应的关系,当某个箱子发箱确认时当前场地堆存位置同时被释放,场地当前堆存状态得到及时更改。

（三）生成装船任务

装船任务是指包含集卡车号及对应箱号的一条记录。发箱确认时系统将集卡与其装载箱子箱号绑定,即装船任务,桥边理货根据收到的装船指令准备装船作业。

当集卡将出口箱运往岸边时,首先需进行桥吊装船确认,桥吊司机控制桥吊将装船集装箱从集卡落位到具体船箱位,其内容主要包括集装箱箱号的确认、船箱位的确认及集卡车号的确认;其次,根据到达的集卡号,选择装船任务,接着指挥员根据桥边上报的船箱位指挥桥吊执行装船作业。一般情况下总能顺利落位,但有时由于集卡故障,造成的集卡进场先后顺序改变,从而出现与场地落位类似的"悬空落位"情况。此时,码头作业人员需及时与大副取得联系,如果上下箱子性质相差不大,经大副批准后可以交换落位;如果由于上下箱子性质相差较大而不能交换落位,则必须等到下面的箱子装船后方可进行当前箱子的落位作业。

 数字化运营

实际的装船作业,包括发箱任务生成、场吊发箱作业和岸桥装船作业等。装船实际作业的基本操作流程图如图 4-39 所示。

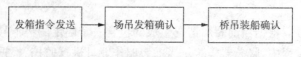

图 4-39　装船实际作业基本操作流程图

一、出口箱场地发箱指令发送

各种机械调度完后,就可以下达发箱指令。发箱指令是由船控调度员编制的一组顺序号,用于控制某个贝内的出口集装箱从场地发往岸边装船的先后顺序。在桥吊调度模块中,用鼠标右键单击待装船贝位,打开"出口箱场地发箱指令发送"对话框(见图4-40),由于在配载时该贝各箱位已自动生成一个顺序号,此处将控制指令设置为"发送"。根据该顺序号依次选箱,最后单击"确认"后保存。完成发箱指令的船箱位以绿色显示,并且在右下角产生一个五角星"☆"和一个顺序号,该顺序号就代表在该作业贝内各箱子作业的先后顺序。指令发出后,集卡和场吊司机的终端便收到前往该箱区取箱的消息。

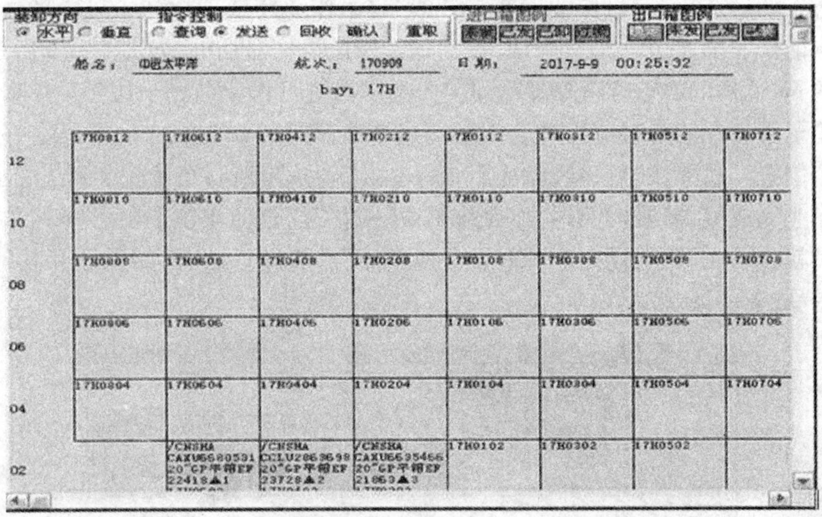

图4-40　"出口箱场地发箱指令发送"对话框

二、场吊发箱确认

选择"机械作业看板"|"场吊作业"命令,打开"场吊作业"对话框,选择装船发箱业务,如图4-41所示。操作过程与卸船落位类似,在任务列表中单击某一任务,集卡和区位剖面图对应箱位以绿色闪烁显示。单击"确定"按钮,场吊将箱子落到集卡上。与口门提箱类似,发箱时也会出现压箱的情况,用相同的方法解决。

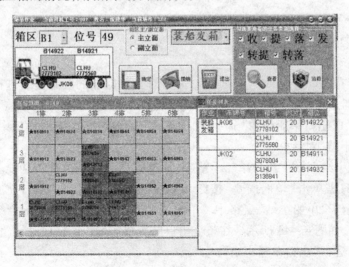

图4-41　"场吊作业"对话框

三、桥吊装船确认

场吊发箱并用集卡将箱子运到岸边后,就要使用岸吊进行实际装船作业。选择"机械看板作业"|"系统调度"命令,打开作业程序调度对话框,在作业进行时必须保证此对话框处于运行状态。然后选择"岸吊作业",在打开的"岸吊作业登录"对话框的"岸吊号"下拉列表框中选择当前作业的岸吊,单击"确认"按钮进入岸吊操作对话框,如图 4-42 所示。与进口卸船类似的,对话框的右下方窗格显示需要所选岸吊进行作业的箱子记录。单击某条记录,车子上的箱子及它在船上对应位置会闪动。这个位置是船舶配载时已经确定好的,一个箱子对应一个位置。只要核对箱号,确认无误后单击"确认"按钮,箱子就装到了船上。

岸吊作业完成后,需要再回到"作业线调度"对话框,这时单击"刷新"按钮,之前分配给该贝的岸吊就自动撤销了,同时原来的下一贝变成当前贝。此时,如果还有其他待装船的贝,可以设置成下一贝。

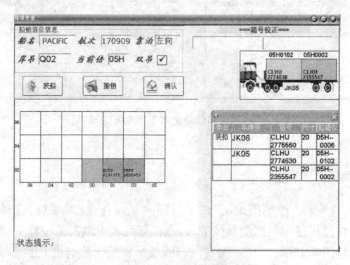

图 4-42　岸吊装船确认

四、出口单船小结

当船舶的所有出口箱全部装船完成后,需要对当前船舶的装卸实绩进行汇总。通过汇总统计,检查装船过程中是否有遗漏或错误等。这可以通过"出口单船小结"对话框来实现。选择"出口装船"|"出口单船小结"命令,在打开的"出口航次选择"对话框中选择出口航次,进入"出口单船小结"对话框。

与进口单船小结一样,"出口单船小结"对话框主要完成统计计算功能。这些功能由计算机完成,用户只需单击"单船摘要"按钮,系统就会立即统计当前出口航次的各类装船数据,并将结果显示于"单船小结"窗格中。单击"出口箱摘要"按钮,系统会统计计划出口箱的各类装船数据,如图 4-43 所示。在整个出口航次装船过程的任何时候(包括出口航次关闭以后),都可以运行"出口单船小结"。

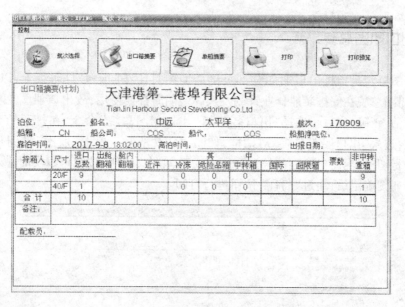

图4-43 出口单船小结

五、出口分贝图打印

出口分贝图比较详细地表现了船舶各贝位上待装箱的数据和位置。选择"出口装船"丨"出口分贝图打印"命令,在打开的对话框中选择出口航次,进入"出口分贝图打印"对话框。顾名思义,出口分贝图是按贝号显示的。因此,进入"出口分贝图打印"对话框后,先双击选择贝号,对话框上就会显示输入贝位的出口分贝图,如图4-44所示。对话框上的"缩放比例"可以用来控制分贝图显示的大小,调整缩放比例,再单击分贝图就可以实现。

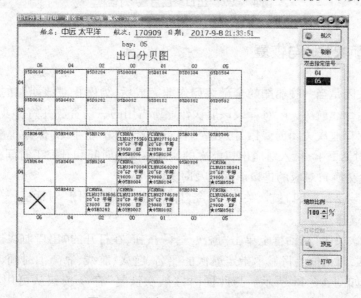

图4-44 "出口分贝图打印"对话框

六、出口船图总貌

出口船图总貌是指将出口船舶全部贝剖面简图打印在同一张打印纸上,以方便阅读。此外,出口船图总貌在安排装船作业计划及实际装船时都要使用,故出口船图总貌所表达的信息应当简洁、正确、醒目。选择"出口装船"|"出口船图总貌"命令,在打开的对话框中选择出口航次,进入"出口船图总貌"对话框,如图4-45所示。单击"航次"按钮可以在不同航次之间进行切换,当出口船舶的信息有所改变时,单击"刷新"按钮可以实时显示船舶的情况。当出口船图确定后,通过"打印"按钮进行打印。

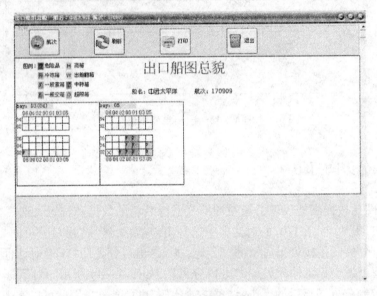

图4-45 "出口船图总貌"对话框

七、出口航次关闭与恢复

出口航次关闭是当一艘船舶的全部装船作业完成后,为停止对该船舶的作业数据进行更改而发出的指令。航次关闭将释放该航次作业所占用的一切资源并将作业数据转移到历史资料存档。出口航次关闭前要做好这些工作:运行出口单船小结,保存单船出口吞吐量;在"航次登记"对话框上,录入对应出口航次的实际靠离泊时间和开完工时间;已输出了出口船图(用于 EDI 交换);对应的进口航次已及时关闭。

选择"出口装船"|"出口航次关闭"命令,打开"出口航次关闭"对话框。

(一) 航次选择

在"出口航次关闭"对话框上单击"航次选择"按钮,在打开的"出口航次选择"对话框上选择所需的航次,对话框上将显示指定航次的船名、航次、航线、靠离泊时间、作业时间和作业结果等信息,如图4-46所示。与此同时,"航次恢复"命令按钮从可用状态变成禁用状态。

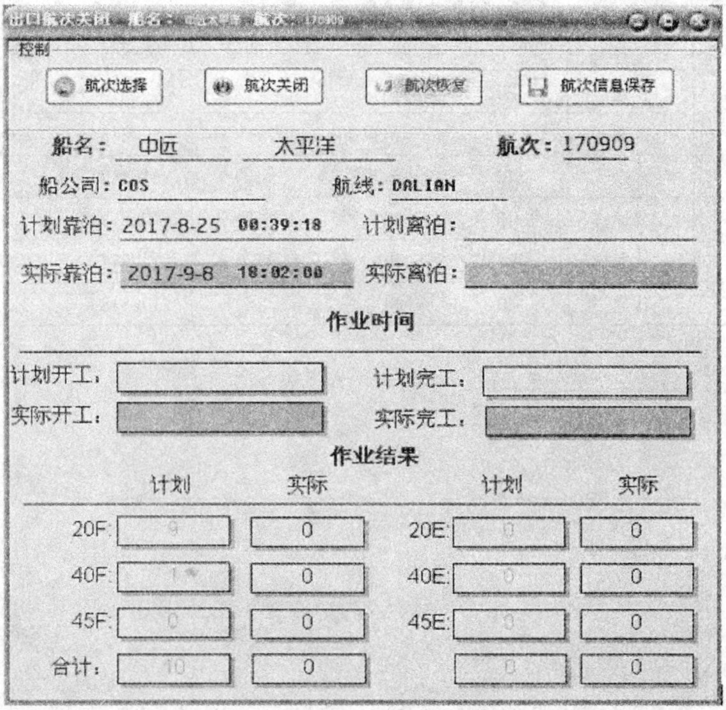

图4-46 "出口航次关闭"对话框

(二) 航次关闭

如果不显示靠离泊时间,系统将拒绝进行航次关闭作业。靠离泊时间应当事先在"航次登记"对话框上录入完毕,也可以直接在本对话框上补充录入靠离泊时间。同样,如果不显示作业时间,用户应当补上开、完工时间——可以直接录入实际开、完工时间,但计划开、完工时间要在"航次登记"对话框上才能录入。

对话框底部的作业结果显示计划与实际作业的各尺寸空重箱的箱量和质量。这些数据是在"出口单船小结"对话框上做吞吐量保存时记录的。如果对话框上不显示作业结果,应当去"出口单船小结"对话框上补做单船小结并保存吞吐量。

在所有信息录入完毕后,单击"航次关闭"按钮关闭该航次。如果关闭时还有箱子仍在作业,系统会弹出提示框,并显示正在作业的箱子记录。如果所有作业已完成,航次顺利关闭,则"航次恢复"按钮被激活。

技能训练

1. 请画出口装船作业的操作流程图,分析在操作中碰到的问题和解决途径,并撰写课程实训总结。

2. 请自行设定至少1个箱号、箱位号,或者根据表4-19所示的船舶载箱信息,在TOS系统中完成出口装船实际作业的操作。

表 4-19 船舶载箱信息

箱 号	箱 型	尺寸/ft	状 态	目的港	提单号	箱重/kg	备 注
MSCU7171969	普通	20	出重	纽约	170818	5 300	
MSCU7694229	普通	20	出重	纽约	170818	6 400	
MSCU7712256	普通	40	出重	纽约	170818	8 300	
MSCU7874107	普通	40	出重	纽约	170818	8 200	
MSCU7925056	普通	20	出空	纽约	170818	2 300	
MSCU9107974	普通	40	出空	纽约	170818	3 500	

附录 A

集装箱箱型、尺寸及代码对照表

集装箱尺寸、箱型及代码对照表

长 度	箱 型	箱型代码	95 码	英 文 名 称
20 英尺	干货箱	GP	22G1	General Purpose
	干货高箱	GH (HC/HQ)	25G1	General High (High Container/High Cubic)
	挂衣箱	HT	22V1	Hanger Tanker
	开顶箱	OT	22U1	Open Top
	冷冻箱	RF	22R1	Refrigerated
	冷高箱	RH	25R1	Refrigerated High
	油罐箱	TK	22T1	Tank
	框架箱	FR	22P1	Frame
40 英尺	干货箱	GP	42G1	General Purpose
	干货高箱	GH (HC/HQ)	45G1	General High (High Container/High Cubic)
	挂衣箱	HT	42V1	Hanger Tanker
	开顶箱	OT	42U1	Open Top
	冷冻箱	RF	42R1	Refrigerated
	冷高箱	RH	45R1	Refrigerated High
	油罐箱	TK	42T1	Tank
	框架箱	FR	42P1	Frame
45 英尺	干货箱	GP	L2G1	General Purpose
	干货高箱	GH (HC/HQ)	L5G1	General High (High Container/High Cubic)
	挂衣箱	HT	L2V1	Hanger Tanker
	开顶箱	OT	L2U1	Open Top
	冷冻箱	RF	L2R1	Refrigerated
	冷高箱	RH	L5R1	Refrigerated High
	油罐箱	TK	L2T1	Tank
	框架箱	FR	L2P1	Frame

说明:1. 95 码开头为 2 的是 20 ft,开头为 4 的是 40 ft,开头为 L 的是 45 ft

2. 95 码第 2 位为 2 的为非高箱(8.5 ft 高),为 5 的为高箱(9.5 ft 高)

附录 B

集装箱码头营运操作常用术语

本术语共有专业名词 837 条,选词范围包括:集装箱码头营运常用术语;与集装箱码头营运相关的术语。

本术语按词目属性分为常用和相关两大类,涉及集装箱码头营运专属名词、船舶专属名词、货物、设备设施、业务、工艺、机械、费收、质量、指标等方面,凡涉外每一词目标注英文名称。本术语由中国港口协会集装箱分会提出,为中国港口协会推荐标准(ZGXJF – JO010 – 2010)。

中文名词	英文名词	别 称	定 义	关联度
EDI	Electronic Data Inter-change	电子数据交换	采用标准化的格式,利用计算机网络进行业务数据的传输和处理	常用
TEU	Twenty-feet Equivalent Unit	标准箱、标箱、换算箱	以 20 ft 集装箱作为换算单位	常用
岸边集装箱起重机	quayside container crane	装卸桥、桥吊、岸桥	这是在集装箱码头前沿可沿岸边移动,以对准船舶货位,进行装卸作业的集装箱起重机	常用
搬运	handling carrying		在同一场所内,对物品进行水平移动为主的作业	常用
保管	storage		对物品进行储存,并对其进行物理性管理的活动	常用
保养	maintenance		由保养人员依据保养项目表对机械进行的全面检查保养	常用
报关	customs declaration, declare at customs, apply to customs		进出境运输工具的负责人、进出境货物的所有人、进出口货物的收发货人或其代理人向海关办理运输工具、货物、物品进出境手续的全过程	常用
报文	message		利用现代计算机技术生成、存储或传递的信息	常用
边装边卸	dual cycle both load-ing and unloading		在船舶装卸作业中,岸桥在没有变换贝位时,岸桥吊具由船上至船下的运行过程中携带进口集装箱,由船下至船上的运行过程中携带出口集装箱,两个过程反复交替进行,且其间不出现空吊具在船上和船下之间移动的现象。这种作业模式就是边装边卸	常用
驳运费	lighterage		使用港口驳船在港区内驳运货物,港方按规定向货方或船方收取的费用	常用
泊位	berth		专为停靠船舶使用的场所,应有一定的岸壁线,其长度应根据所要停靠的集装箱船舶的主要技术参数确定,并有一定的水深。一般集装箱船舶泊位长度为 300 m,水深在 12 m 左右	常用
泊位策划	Berth Allocation,简称 BA		这是码头控制中心的一个重要组成部分。其首要职责是利用现有资源制订合理而有效的泊位分配计划,最大限度地提高泊位利用率,以满足船舶靠泊的需要。其主要工作是制作靠泊申请,负责船舶的靠泊、离泊等事项	常用
泊位作业率	berth productivity		反映码头进行装卸作业的作业情况	常用

（续表）

中文名词	英文名词	别　称	定　义	关联度
不停工作业	24 hours operativity	不停头	通过换班休息、吃饭、车上交接等方法压缩工人换班、工间休息、吃饭等辅助作业时间，从而延长有效作业时间，以达到提前完成作业任务的方法	常用
仓储费用	warehousing fee		存货人委托保管人保管货物时，保管人收取存货人的服务费用，包括保管和装卸等各项费用，或者企业内部仓储活动所发生的保管费、装卸费及管理费等各项费用	常用
仓单	warehouse receipt		保管人(仓库)在与存货人签订仓储保管合同的基础上，对存货人所交付的仓储物进行验收之后出具的物权凭证	常用
仓库	warehouse		堆存和保管货物的建筑物	常用
舱单	manifest		船公司或其代理根据所签发的提单编制的船舶实际载运集装箱货物的单证	常用
舱面货	deck cargo	甲板货	装载在船舶甲板上的货物	常用
舱面作业	on deck operation		在舱面甲板和舱盖板上从事货物的装卸及辅助作业	常用
舱内货	under-deck cargo		所有积载在货舱及船上其他遮蔽场所的货物的统称	常用
舱内作业	underdeck operation		在船舱内进行的货物装卸及辅助作业	常用
操作量	operational TEU/Moves		每通过一个操作过程所装卸、搬运的货物数量。它是反映港口装卸工作量大小的指标。在一个完整的操作过程中，不论货箱是经过几部机械操作，也不论其采用何种装卸工艺，以及搬运距离的远近或是否有辅助作业，均只能计算一个操作量。计算单位为 t(吨) 或 TEU	常用
层号	tier number		集装箱在专用船上的立体积载位置。编号方法分甲板和舱内两种	常用
叉车	fork lift		具有各种叉具，能够对货物进行升降和移动及装卸作业的搬运车辆	常用
叉车属具	attachments of fork lift		为扩大叉车对特定物品的作业而附加或替代原有货叉的装置	常用
拆箱	destuffing(stripping); unloading;devanning		从集装箱内取出货物的作业,包括验封、开箱、卸货归垛、理货及整理箱子等	常用
拆箱人	destuffing (stripping) operator		负责将货物从集装箱内取出的作业经营者	常用
拆装箱比	stuffing and destuffing percentage		在一定时间内,港口集装箱中转站、货运站拆装箱换算箱数与所通过的重箱换算箱数的百分比	常用
拆装箱费	stuffing and destuffing charge		拆装箱经营人对拆装箱作业收取的费用	常用
拆装箱库	stuffing and destuffing shed		进行拆箱、装箱、拼箱、货物分拣、堆垛等作业的仓库	常用
拆装箱量	stuffing and destuffing volume		在一定时间内,码头、场站拆装集装箱的换算箱量	常用
拆装箱能力	stuffing and stripping capacity (vanningand devanning capacity)		在一定时间内(年)可以拆装箱(换算箱)的箱数	常用

智慧码头

（续表）

中文名词	英文名词	别称	定义	关联度
拆装箱作业场	stuffing and destuffing area		把货物从集装箱中取出或装入的作业场地	常用
场地分配计划	utilization plan of storage space		按照不同货种,对港区场地进行分配的计划	常用
场站收据	Dock Receipt（D/R）, terminal receipt	下货纸、站场收据	承运人委托集装箱公司、中转站或内陆站在收到集装箱后签发的收据	常用
超长货物	over length cargo		一件长度超过 12 m 的货物	常用
超限	over size		箱内货物的外形尺寸超出了集装箱规定的尺寸	常用
称量装置	load weighing devices		针对起重、运输、装卸、包装、配送及生产过程中的物料实施质量检测的设备	常用
出口箱平均堆存天数	outgoing container average storage period or export container dwell time（days）		出口集装箱在码头累计堆存天数与出口集装箱自然箱数的百分比	常用
出门证	pass card	货物码头放行证	既是货物出码头大门的放行证,又是仓库与客户进行货物交接的一种原始单证	常用
船边现提	shipside delivery	直取	收货人按承运人通知的时间和地点,直接到船边凭货物运单（提货单证）提取货物	常用
船边现装	alongside uninterrupted（uninterrupted）loading	直装	托运人按承运人指定的时间和地点,将货物送至指定的船边直接进行的装船作业	常用
船舶吃水	draft		船舶吃水是指船底龙骨外缘到实际水线间的垂直距离。船舶吃水是一个变数,在不同的载重量情况下有不同的吃水,同时也反映了船舶一定的载重量	常用
船舶抵港时间	time of arrival		船舶到港靠好码头或在锚地、浮筒泊妥的时间	常用
船舶动态	vessel movement		船舶航行、停泊及在港作业的情况和进度	常用
船舶积载	stowage		在已定航次配载的基础上,做出所配货物在各个货舱和甲板位置上的合理分配与正确堆装	常用
船舶计划	ship planner	船舶昼夜计划	集装箱码头是围绕船舶开展业务的,船舶计划是集装箱码头作业计划中的核心计划。船舶计划通常为 24 小时计划,又称船舶昼夜计划。它是根据船公司或船代提供的船期表、96 小时预报、24 小时确报并结合码头泊位营运的具体情况编制而成的,规定了每一艘船舶停靠的泊位、靠泊时间和作业任务及开工时间、作业要求、完工时间和离泊时间等内容,并将作业任务分解到昼夜工班。船舶计划编制时需要考虑码头泊位及装卸桥的作用,保证各艘船舶有序靠泊、作业和离泊,同时需要结合堆场计划而确定	常用
船舶离港时间	time of departure		船舶离开码头、浮筒或锚地的时间	常用
船舶配载	prestowage planning		拟定船舶在一个航次所应装运货物的品种、数量、体积及在船上的位置的计划	常用

190

（续表）

中文名词	英文名词	别　称	定　义	关联度
船舶平均每次在港停泊天数	Ave. port time/vessel call(days)		船舶从进港时起到出港时止的平均每艘船在港停泊时间	常用
船舶平均每次作业在港停泊天数			船舶从进港时起到出港时止的平均每艘船每次作业在港停泊时间	常用
船舶平均每装卸千吨货在港停泊时间			在港停泊船舶平均每装卸千吨货所消耗的属港方责任的停泊时间	常用
船舶箱位利用率	ship slots utilization ratio		集装箱船舶实际装载的集装箱换算箱数与船舶箱位数的百分比	常用
船舶箱位数	slot capacity of a ship		集装箱船舶额定装载集装箱换算箱数	常用
船舶预计抵港时间	Estimated Time of Arrival(ETA)		船舶预计到达码头、锚地、浮筒的时间	常用
船舶预计离港时间	Estimated Time of Departure(ETD)		船舶预计离开码头、浮筒或锚地的时间	常用
船舶在港时间	ship's port time(ship's time in port)		船舶从到港时间开始至离港时间为止的全部时间	常用
船舶作业调度	ship dispatcher		负责船舶装卸作业的指挥、协调工作	常用
船放作业	direct loading		货物在码头完成船舶水路运输方式与其他运输方式转换交接时，不经过集港收箱、堆存、转栈、提箱等中间环节，仅有一次装船或卸船的过程	常用
船上集装	container shifting charge on board vessel		应船公司要求，港口经营人对已装船的集装箱进行重新装载而向船公司收取的费用	常用
垂直运输	vertical transport		利用机械设备或人力使货物进行垂直位移	常用
错装	wrong position		将不该装船的货物误装上船，或者将货物误装在开往其他港的船舶上	常用
大车	gantry		使集装箱机械产生位移操作的机构	常用
船时效率	vessel productivity per hour		在单船作业中，船舶装卸箱总量和船舶进行装卸作业总时间的比值。这个指标也是集装箱码头最常用的指标，比较综合地反映了单船作业的组织协调管理能力和作业的整体效率水平，直接关系到船舶在泊停留的时间。其计算公式为：单船船时效率＝整船集装箱作业总量（自然箱）÷船舶在码头的作业时间（小时）	常用
单船作业计划	operation plan for a single ship		装卸货物的时间，装卸作业前后的准备时间、结束时间及其他与装卸作业有关的时间的总和	常用
单箱集装箱可伸缩吊具	single unit telescopic spreader		一次可起升一个 20 ft 或一个 40 ft 自然箱的可伸缩吊具	常用
掏垛	rehandling		交接双方对货垛件数有异议，需要复查，重新点数量和对存库货物发现异状，需要拆垛、重码（件货）或翻动（散货）的作业	常用

（续表）

中文名词	英文名词	别　称	定　义	关联度
倒箱	rehandling of container, shifting of container		对于已装船的集装箱或在堆场上堆码的集装箱,由于某种原因需要提取下层的箱子,必须将上层的箱子从原来的位置搬移到另外的箱位的作业	常用
吊钩	hook	钩头	用于吊装超重、超宽、超高等大宗物件的吊钩	常用
调度	dispatch(foreman)	码头督导	根据生产作业计划安排机械及劳动力,并负责码头当班作业计划的实施和对现场生产情况的监视与控制;负责对各类作业计划的补充、调整及临时资料处理	常用
调度会议	dispatch meeting		调度部门定时召开的例行业务会议	常用
调度计划	operation plan		港口调度部门编制的港口生产、作业组织与安排的计划	常用
调度日志	dispatcher's log(operation log)		港口调度部门值班人员,为反映港口日常生产活动中各种动态所做的例行工作记录	常用
订舱	booking		与船公司揽货相对应,托运人或其代理人向承运人或其代理人申请货物运输,承运人对这种申请给予承诺,就是订舱。订舱的地点可以是航线的起点或终点。以 CIF 价格成交的出口货物,应由出口方承担货物的运输,负责租船或订舱,将货物运交国外的进口方。因此,订舱多在装货港或货物输出地进行。但是如果出口货物是以 FOB 价格条款成交的,卖方应负责租船或订舱。这样的订舱可能在货物输入地或卸货港进行	常用
订舱单	booking note		承运人或其代理人在接受发货人或货物托运人的订舱时,根据发货人的口头或书面申请货物托运的情况据以安排集装箱货物运输而制定的单证。该单证一经承运人确认,便作为承、托双方订舱的凭证	常用
堆场	storage yard	场站	堆存和保管货物的露天场地	常用
堆场策划	yard allocation		操作部的一个分支,负责码头堆场的集装箱摆放位置的划分与确定,指挥及控制集装箱在码头堆场内的移动	常用
堆场计划	container yard plan		集装箱堆场的堆箱计划	常用
堆场箱位利用率	container yard slots utilization ratio		在一定时间内,集装箱堆场实际堆存的集装箱数与堆存能力的百分比	常用
堆场箱位数	slot capacity of a container yard		集装箱堆场平面换算箱箱位数	常用
堆场作业计划图	yard planning		用来安排集装箱在堆场上的储存位置区域,目的在于根据在船期表和船舶积载图基础上预先制的计划表,交付和接收进出口集装箱,充分利用集装箱堆场的有限场地储存集装箱,以便把集装箱顺利交付收货人或装上船舶	常用
堆存量	volume in yard		集装箱码头堆场内一定时期内堆存集装箱的数量	常用
堆码	stacking		将物品整齐、规则地摆放成货垛的作业	常用
多路作业	multilinear operation		在一艘船上,几条装卸作业线同时进行装卸的作业	常用
分舱单	hatch list		根据船舶本航次实际所装载的货物,按舱分别编制的货物汇总单	常用
分票	divide of bills		将混票和隔票不清的货物按票分理清楚的一项工作	常用

（续表）

中文名词	英文名词	别　称	定　义	关联度
俯仰	boom		一般指使岸边集装箱装卸桥的前臂梁发生倾角角度变化的机构	常用
俯仰倾角	boom angle of dip		在起升平面内起重臂纵向中心线和水平线之间的夹角	常用
港口	port		港口是一个由水上设施和陆上设施构成的运输综合体。它是运输的枢纽，供船舶靠泊、货物装卸、旅客上下，为车、船、货、客提供服务	常用
港口出口装箱比	outgoing container stuffing percentage		出口集装箱在港口装箱换算箱数与出口重箱换算箱数的百分比	常用
港口堆存系统	port's storage system		港口堆存设施（仓库、货棚、堆场）及相应的装卸设备组成的具有堆存、周转、储运和待运机能的有机整体	常用
港口集装箱搬移费	container shifting charge on terminal		非港口经营人责任，集装箱在码头范围发生搬移而产生的费用	常用
港口集装箱吞吐量	container throughput of a port	吞吐量	集装箱经水运进出港区所装卸的集装箱换算箱量	常用
港口进口拆箱比	incoming container de-stuffing percentage		进口集装箱在港口拆箱换算箱数与进口重箱换算箱数的百分比	常用
港口劳务费	port service charges		港口为货物和船舶进行装卸作业或者其他服务工作而向货方或船方收取的费用	常用
港口水深	harbour depth		通常指船舶能够进出港口进行作业的某一控制水深。它是一个综合性概念，并对外公布。港口水深是港口重要特征之一，表明其自然条件和船舶可能利用的基本界限。港口水域在此控制水深限制之下，各部分深度是可以不同的（实际也是如此），具体到某一部分的深度，主要根据使用要求和经济合理性来选取。航道、转头水域在海港常按乘潮水位考虑；港池、停泊地按最低设计水位保证率确定；各泊位可不相同。在各种水域的基本起算水位确定以后，其水深可按设计标准船型的满载吃水加上龙骨下最小富裕深度，并考虑波浪的影响、航行时吃水的增大及回淤等确定	常用
港口吞吐量	port's throughput (port's traffic volume)		货物吞吐量与客运量（折算量）的总和	常用
港口营运通过能力	port's throughput capacity	港口吞吐能力	港口在一定时期（通常是一年）内，在港口设施既定和劳动力一定时，在一定的组织管理条件下，港口各生产要素在得到合理利用时所能装卸的一定结构的货物的自然吨数，就是港口的实际通过能力。它是港口编制生产计划和进行综合平衡的依据	常用
港务费	harbour dues		港口用以维修，保养港口建筑物和疏浚航道以利于船舶和货物安全进、出港口和使用便利而向船舶与货物所征收的费用	常用
高架轮胎集装箱起重机	mobile container crane		塔柱装在自行轮胎底盘上的集装箱起重机	常用
高塔柱轨道式集装箱起重机	rail-mounted crane with tower pattern frame		结构形式为低车架、低转台、高立柱的集装箱起重机。采用单臂架补偿滑轮组系统使变幅过程中载荷水平位移，且旋转中心向海侧偏置，有效工作幅度加大。可兼作大件散货、件杂货装卸作业	常用

（续表）

中文名词	英文名词	别　称	定　义	关联度
隔票	segregation of bills		货物装船时,将分属于不同运单的货物分隔清楚的工作	常用
罐式集装箱	tank container		由箱体框架和罐体两部分组成的集装箱。有单罐式和多罐式两种	常用
轨道式集装箱门式起重机	rail-mounted transtainer	轨道式集装箱龙门起重机	行走部分采用钢轮支承的集装箱门式起重机	常用
航次	voyage		船舶在始发港装货(或上客)后,驶至终点港卸货(或下客)完时止为一个航次	常用
船期	vessel schedule		船舶开航日期	常用
航线	shipping route(trade route)	水上运输路线	船舶在两个或两个以上港口之间从事客、货运输的具体线路	常用
后方库场	storage warehouse and yard		设在离码头较远处的港口仓库和堆场的总称	常用
换箱	transferring of goods from one container to another		把一个箱子内的货物移至另一个箱子的作业	常用
货垛	goods stack,storage pile(stack)		为便于保管和装卸、运输,按一定要求被分类堆放在一起的一批物品	常用
货架	goods shelf;rack		用立柱、隔板或横梁等组成的立体储存物品的设施	常用
货损	damage of cargo		货物在运输、装卸、保管过程中发生的灭失、短少、变质、污染等质量上的损坏	常用
货损率	rate of damage cargo;cargo damages rate		交货时损失的物品量与应交付的物品总量的比率	常用
货物保管费	storge charge		货物在港口仓库、堆场堆存保管时,港方按规定向货方收取的费用	常用
货物残损单	bill of damage cargo		根据理货现场记录,对残损货物所做的汇总清单	常用
货物堆存吨天数	ton-days of cargo in storage		一定时期内,库场堆存货物吨数与其堆存天数的乘积	常用
货物堆存数量	storage volume		港口企业在一定期间使用仓库、堆场所堆存的货物数量。以吨、TEU 为计算单位	常用
货物港务费	harbour dues on goods		港口管理部门按规定向进、出港口的货物征收的港口规费	常用
货物平均堆存期	average storage time		一定时期内,每一吨货物在库场堆存的平均天数	常用
货物吞吐量	port's cargo throughput(port's freight volume)		经水运进、出港区范围,并经过装卸的货物数量	常用
货物溢短单	overlanded and shortlanded cargo list		卸货完毕后,对溢卸货物或短卸货物所做的汇总清单	常用
货物周转量	turnover volume of freight transport		一定时期内所运货物吨数与其运输距离的乘积。以 t·km(吨公里)或 t·n·mile(吨海里)表示	常用

（续表）

中文名词	英文名词	别　称	定　义	关联度
货物装卸量	volume of cargo transferred(tonnage of cargo transferred)	装卸量	进出港区范围,并经过装卸的货物数量	常用
货运站	Container Freight Station(CFS)	集装箱货运站	拼箱货物拆箱、装箱、办理交接的场所	常用
集装箱	container	货柜	集装箱是一种运输设备,应满足下列要求:具有足够的强度,可长期反复使用;适于一种或多种运输方式运送,途中转运时,箱中货物不需换装;具有快速装卸和搬运的装置,特别便于从一种运输方式转到另一种运输方式;便于货物装满和卸空;具有 1 m³ 及以上的容积。集装箱这一术语的含义不包括车辆和一般包装	常用
集装箱搬移费	container carriage expense		集装箱在码头发生搬移,以实际发生的搬移次数,按规定计收搬移费。搬移费适用下列情况:非港方责任,为翻装集装箱在船边和堆场之间进行的搬移;为验关、检验、修理、清洗、熏、蒸等进行的搬移;存放港口整箱提运的集装箱,超过 10 天后港口认为必要的搬移;因船方或货方责任造成的搬移;应船方或货方要求进行的搬移。集装箱发生搬移时,向造成集装箱搬移的责任方或要求方计收搬移费	常用
集装箱半挂车	container semi-trailer		承载集装箱的专用挂车,车架上有旋锁可与集装箱锁紧,以固定集装箱	常用
集装箱泊位	berth		集装箱船靠泊时所需要的岸壁线,即船舶停泊靠岸的地方。泊位的长度根据停泊船的大小而不同,标准泊位长度为250 m 和300 m,通常有 3 种形式:顺岸式、突堤式和栈桥式。集装箱码头通常采用顺岸式。泊位除要有足够的水深和岸线长度外,还设系缆桩和碰垫	常用
集装箱泊位利用率	berth utilization or container berth occupation ratio		泊位占用率在统计期内,集装箱泊位上船舶靠泊时间与统计时间的百分比。它反映码头泊位停靠船舶占用的程度	常用
集装箱泊位通过能力	throughput capacity of container berth		在一定时间内(一般指一年)通过码头进出口的集装箱(换算箱)数量	常用
集装箱叉车	container fork lift	重箱叉车、集装箱堆高机、堆高机	用于集装箱堆场、装卸、堆码的重型叉式装卸车,有底叉式和吊叉式等多种型式。集装箱正面叉车(container frontal fork lift)货叉在车辆的正面,配有顶部起吊和侧面起吊的专用属具,货架可以侧移和左右摆动的车辆;集装箱侧面叉车(container side fork lift)是带有侧叉的集装箱叉式装卸车;集装箱拆装箱叉车(container stuffing and destuffing fork lift)是可进入集装箱内作业的小型、全自由提升、低门架叉车,用于箱内拆装箱作业	常用
集装箱超期使用费	container demurrage		集装箱所有人向使用集装箱超过规定期限的收、发货人收取的费用	常用
集装箱船舶积载图	stowage plan	集装箱积载图	装船后,理货人员按集装箱实际装船位置编制的集装箱位置详图	常用
集装箱船列号	row number,slot number		集装箱在专业船上纵向积载的位置。有两种编号方法:一种是从右舷端向左依次标明01,02,03,04,…;另一种是以中间列的箱位标为00,向右编为单号,即01,03,…,向左编为双号,即02,04,…	常用

（续表）

中文名词	英文名词	别　称	定　义	关联度
集装箱船时效率	productivity of container vessel handling per hour or vessel pro-ductivity		集装箱船舶装卸作业,在一条或几条作业线上,平均每小时装卸的集装箱换算箱数	常用
集装箱船箱位号	slot number		表示集装箱在船上的积载位置。通常用6位数字或字母表示:开头两位数字表示排号或贝位号;中间两位数字表示列号;末尾两位数字表示层号。例如,0501H5(或05),05为排号,01为列号,H5为层号	常用
集装箱船行号	bay number	排号	集装箱在专用船上横向积载的位置。编号方法是从船首至船尾依次按01,02,03,…标明。通常因大型机械移动慢,一般情况安排装卸船也称按贝位装卸,一排装卸完毕再移机装卸另一排	常用
集装箱吊具	container spreader		专用于吊运集装箱的取物装置。它从集装箱的顶部或底部的4个角件处吊挂集装箱	常用
集装箱堆场	Container Yard(CY)		集装箱重箱或空箱保管、堆放和交接的场地	常用
集装箱堆场能力	container yard capacity		堆场可以堆存集装箱(换算箱)的额定箱数	常用
集装箱堆存费	container storage charge		集装箱在港口场站或港外集装箱中转站、货运站堆场存放而收取的费用	常用
集装箱港口中转量	container transhipment volume of a port		在一定时期内,同一集装箱进港区再出港区的换算箱量	常用
集装箱固定吊具	fixed spreader		不可伸缩的吊具	常用
集装箱挂车	container trailer		承载集装箱的专用挂车,车架上有旋锁可与集装箱角件销紧,以固定集装箱	常用
集装箱后方堆场	container yard		集装箱重箱或空箱进行交接、保管和堆存的场所	常用
集装箱货物残损记录	broken and damaged cargo record		对集装箱及内装货物办理交接,当发生或发现货物残损、短少情况时所填写的划分交接责任的一种依据	常用
集装箱货物运输	container transportation	集装箱运输	以集装箱为单元进行货物运输的一种货运方式	常用
集装箱机械	container handling ma-chinery		用于港口对船舶和车辆的集装箱装卸、库场堆码、装拆箱及转运的专用机械	常用
集装箱交接	container interchange		集装箱在各种状态下由一方交至另一方	常用
集装箱设备交接单	Equipment Interchange Record(EIR)		国内水路运输中,港口与船舶办理集装箱(空、重)交接时,记录箱体完好情况并据以划分责任的原始凭证	常用
集装箱跨运车	container straddle car-rier		在集装箱码头和货运站搬运、堆码集装箱的专用机械,其门型车架跨在集装箱上,由装有集装箱吊具的液压升降系统起吊集装箱	常用

（续表）

中文名词	英文名词	别　称	定　义	关联度
集装箱码头	container terminal		专供停靠集装箱船、装卸集装箱用的码头。具有供集装箱船舶安全进出港的水域和方便装卸的泊位,泊位水深应能满足停靠的最大集装箱船的吃水要求,泊位长度一般为 350 m;具有一定数量、技术性能良好的集装箱专用机械设备;具有宽敞的堆场和必要的堆场设施;具有必要的装拆箱设备和能力;具有完善的计算机生产管理系统;具有通畅的集疏运条件;具有现代化集装箱运输专业人才。集装箱码头是水路联运的枢纽,是集装箱运输系统的重要组成部分,是各种运输方式衔接的换装点及集装箱的集散地	常用
集装箱码头设计能力	design capacity of container terminal		根据码头的地理环境、装卸工艺、货源情况而设计的年集装箱吞吐量	常用
集装箱码头昼夜生产作业计划	24 hour plan of Process		依据近期计划,结合实际情况,对集装箱码头昼夜 24 小时连续不断的生产作业的具体安排,是集装箱码头各级生产调度控制部门组织和指挥生产的主要依据	常用
集装箱门式起重机	gantry container crane		在集装箱码头、铁路货运站、堆场专用的门式起重机	常用
集装箱配载图	vessel stowage plan		装船前,港口经营人编制的集装箱在场地上的配置箱位图,并照此图安排装船作业	常用
集装箱平均在港时间	container average dwell time in port		集装箱在港口累计堆存的天数与集装箱自然箱数的百分比	常用
集装箱平均在站时间	container average dwell time in depot (or in CFS)		集装箱在场站累计堆存天数与自然箱数的百分比	常用
集装箱平均周转时间	container average turnover time		集装箱从进入口岸到离开口岸的平均天数	常用
集装箱牵引车	container tractor		用来拖带集装箱挂车的牵引车	常用
集装箱前方堆场	marshalling yard		在集装箱码头前方,为加速船舶装卸作业,暂时堆放集装箱的场地	常用
集装箱清单	container list		船公司或其代理编制的单船当前航次出口集装箱情况的单证	常用
集装箱全挂列车	full trailer container train		载货汽车拖挂一辆及一辆以上集装箱全挂车的组合	常用
集装箱伸缩吊具	telescopic spreader		为适应集装箱的尺寸,可伸缩的吊具	常用
集装箱使用费	container usage charge		集装箱所有人向集装箱使用人收取的费用	常用
集装箱箱位	slot		通常按集装箱的尺寸预先在场地或船上用白线或其他形式划出格子,这种存放集装箱的格子就叫箱位	常用
集装箱溢短单	over loaded short loadedlist		在船舶装卸集装箱时,集装箱数与舱单不符或集装箱拆箱时,箱内货物与装箱单不符,由理货人员做现场记录的单证	常用

（续表）

中文名词	英文名词	别 称	定 义	关联度
集装箱预配船图	pre-stowage plan		船公司或其代理按不同目的港编制的集装箱箱位预配图	常用
集装箱运量	container transportation volume		航运企业在一定期间船舶实际运送的集装箱数量。通常按折合为20 ft集装箱的数量计算，以TEU为计算单位	常用
集装箱运输	container transportation		以集装箱为单元进行货物运输的一种货运方式	常用
集装箱正面吊运起重机	Reach Stacker(RS)	正面吊	有伸缩吊具，可装卸不同规格的集装箱；吊具左右可旋转，吊运起重机可与箱子成夹角吊装；采用套筒式伸缩臂架，作业时可同时实现整车行走、变幅和臂架伸出；能进行多层堆码和跨箱作业；在吊具上安装吊爪或吊钩时，可起吊集装箱半挂车或其他重大件货物的一种流动式集装箱装卸机械	常用
集装箱中转包干费	container transhipment package charge		港口经营人对在本港中转集装箱的卸船、搬移、装船等作业过程以包干形式向船公司收取的费用。付费人主要是船公司（或船务代理公司），按箱型、箱类计收。船公司的船舶停靠码头，码头进行集装箱装卸作业。为方便费用结算，该费用是以包干形式计收的。我国目前的包干范围一般是船上—场地—货方车上，出口操作则与其相反	常用
集装箱周转量	container turnover volume		航运企业在一定期间船舶实际运送的每个集装箱与该集装箱运送距离乘积之和，以"TEU·km"为计算单位	常用
集装箱装箱单	Container Load Plan (CLP), Unit Packing List(UPL)	集装箱货物装箱单、装箱单	记载每个集装箱内所装货物名称、数量及积载等情况的单证	常用
集装箱租金	container rental charge		用箱人向集装箱所有人或代理人租用集装箱的费用	常用
集装箱组合吊具	composite spreader		两组不同规格且可以快速拆装、有动力的吊具的组合	常用
甲板货物	deck cargo		按规定允许装载在船舶露天甲板上进行运输的货物	常用
检查	checking		日检、周检、月检等检查活动的总称	常用
检验	inspection		根据合同或标准，对标的物的品质、数量、包装等进行检查、验证的总称	常用
件杂货物	general cargo		按件数和质量承运的货物	常用
散装货物	bulk cargo, bulk goods	散货	货物包装按性质、特点、形状之不同可分为散装、裸装和包装货物。所谓散装货物，是指未加任何包装，直接付运以至销售的货物	常用
交货记录	delivery record		收货人凭正本提单向承运人或者其代理人换取的可向港口或场站提取集装箱货物并记录交付货物情况的凭证	常用
截关	closing time		截止报关放行的时间。货物必须要在此时间之前做好报关放行的工作，递交海关放行条给船公司。在此时间之后再递交海关放行条，船公司将视该货物未能清关放行，不允许上船	常用
进口舱单	import manifest, import MF	进口载货清单	就进口集装箱而言，进口舱单又分为国内中转箱舱单、国际中转箱舱单和一般进口箱舱单。它是一份按卸货港顺序逐票列明船舶实际载运货物的汇总清单。进口舱单的内容有船名、航次、提单号、唛头、包装类型、货物质量、货物体积、箱号、箱尺寸、铅封号、危险品类别等	常用

（续表）

中文名词	英文名词	别　称	定　义	关联度
进口箱平均堆存天数	inport container average yard dwell time in		进口集装箱在码头累计堆存天数与进口集装箱自然箱数的百分比	常用
开、关舱费	charge for opening/closing hatches		由港口工人对在港作业船舶进行开、关舱盖，港方按规定向船方收取的费用	常用
靠泊能力	berthing capability		泊位在当地水位零点时，所能靠泊进行装卸作业的最大满载船舶的载重吨级。以"吨级"表示	常用
可装箱货	containerable cargo		可装入集装箱进行运输的货物	常用
空箱比	empty container percentage, percentage of empty containers	空箱比重	在一定时间内，进出港口、集装箱中转站、货运站的空箱换算箱数与港口吞吐量、场站进出量的百分比；在集装箱运输中，空箱换算箱数与空、重箱换算箱数之和的百分比	常用
空箱堆场	empty container yard		堆存未装货的集装箱的场地	常用
空箱平均堆存天数	empty container average dwell time		空箱在码头、场站累计堆存天数与空箱自然箱数的百分比	常用
库场有效面积	effective storage space		库场中实际可用于堆存货物的面积	常用
库场总面积	total storage space		仓库、堆场的总面积	常用
库场作业	warehouse and yard operations		在仓库、货棚或露天货场上进行的货物装卸、搬运、堆垛、捣垛等作业及辅助作业	常用
捆绑、加固作业	lashing operation		装船、装车时，为保证货物在运输过程中的稳定性所进行的捆绑、定位工作等	常用
揽货	canvassion		船公司为使自己所经营的定期船或不定期船能在载重和舱容上得到充分利用，力争做到满舱满载，以期获得最好的经济效益，而从货主那里争取货载的行为	常用
冷藏仓库	cold storage		有冷冻装置，能调节温度用以保存易腐货物的专用仓库	常用
冷藏货物运输	carriage of refrigerated cargo		需要用冷藏船、舱、箱进行的货物运输	常用
冷藏集装箱	reefer container	外置式冷藏集装箱、夹箍式冷藏集装箱	是以运输冷冻食品为主，能保持所定温度的保温集装箱。目前，国际上采用的冷藏集装箱基本上分两种：一种是集装箱内带有冷冻机的机械式冷藏集装箱；另一种是箱内没有冷冻机而只有隔热结构，即在集装箱端壁上设有进气孔和出气孔，箱子装在舱中由船舶的冷冻装置供应冷气，这种集装箱叫作离合式冷藏集装箱	常用
冷藏集装箱清单	reefer container list		列明单船当前航次冷藏集装箱情况的清单	常用
冷藏集装箱专用车	reefer container vehicle		设有发电机组，可为冷藏集装箱提供电源，专门运输冷藏集装箱的车辆	常用
冷藏箱堆场	reefer container yard		设有供冷藏集装箱使用的电源插座等装置，为存放冷藏集装箱提供电源等特定条件的场地	常用
里档	wharfsider, landside	陆侧	靠泊码头的船舶，其船舷向码头的一侧或系泊于浮筒的船舶，背离主航道的一侧，都称为里档	常用
理货	tally		在货物储存、装卸过程中，对货物的分票、计数、清理残损、签证和交接的作业	常用

（续表）

中文名词	英文名词	别　称	定　义	关联度
理货费	cargo tally charge		集装箱拆、装箱理货时,理货部门向委托人收取的费用	常用
理货区	tallying space		在物品储存、装卸过程中,对其进行分类、整理、捆扎、集装、计数和清理残损等作业的区域	常用
理赔	settlement of claim		承托双方中责任方对受经济损失方提出的经济赔偿要求的处理	常用
理箱	container tally	理货	船舶装卸集装箱时,核对箱数、箱号和封志号,检查箱体外表残损情况和封志并编制有关单证等工作	常用
理箱费	container tally charge		船舶装卸集装箱理箱时,理箱部门向委托人收取的费用	常用
漏装	leakage		将应该装船的整票或部分货物遗漏未装	常用
轮胎式集装箱门式起重机	rubber-tyred gantry (RTG)	轮胎吊	行走部分采用轮胎支承的集装箱门式起重机	常用
轨道式集装箱门式起重机	Rail Monted Gentry (RMG)	轨道吊	行走部分采用铁轨支承的集装箱门式起重机	常用
码头	wharf(marine terminal) terminal		供船舶停靠、装卸货物、上下旅客的基础设施	常用
免存期	free storage		集装箱堆存在码头的免费堆存期	常用
免租期	free demurrage		货物抵港后集装箱在码头内的免费租用期	常用
赔偿金	compensation money		由于合同当事人一方违约而给对方造成的经济损失,向对方支付除违约金以外的赔偿金额	常用
赔偿金额	indemnity		由于承运人责任造成的货运事故引起的对外支付的赔款金额	常用
票货不符	discrepancy between cargo and document		货运单证记载的货物品名、数量等与货物实际情况不符	常用
拼箱货	Iess Than Container Load(LCL)		一个集装箱装入多个托运人或多个收货人的货物	常用
平均单机作业效率	average quantity/hour/crane		在单船作业中,平均每台装卸机械(一般指岸桥)每小时所完成的起运集装箱数量。这个指标目前为集装箱码头最常用的指标,较好地反映了集装箱装卸机械的平均装卸速度及集装箱码头的整体管理水平。其计算公式为:平均单机作业效率＝单船集装箱作业总量(自然箱)÷单船作业总台时(小时)	常用
普通货物集装箱	general cargo container		除装运需要控温货物、液体和气体货物、散货、汽车和活的动物等特种货物集装箱及航空集装箱外,所有其他类型集装箱的总称	常用
起货机工力费	winchman charges		由港口装卸工人操作船舶起货机,港方按规定向船方收取的费用	常用
起升	hoist	卷扬	对集装箱进行上下垂直位移操作的机构	常用
起升高度	height		起重机吊具最高和最低工作位置之间的垂直距离	常用
起重量	weight of the crane hoist		起重机允许起升物料的最大质量称为额定起重量。对于幅度可变的起重机应根据幅度规定起重机的额定起重量	常用

（续表）

中文名词	英文名词	别　称	定　义	关联度
汽车集装箱	car container		一种运输小型轿车用的专用集装箱,其特点是在简易箱底上装一个钢制框架,通常没有箱壁(包括端壁和侧壁)。这种集装箱分为单层的和双层的两种。因为小轿车的高度为1.35~1.45 m,如将其装在8 ft(2.438 m)的标准集装箱内,集装箱的容积要浪费2/5以上,因而出现了双层集装箱。其高度有两种:一种为10.5 ft(3.2 m),一种为17 ft。因此,汽车集装箱一般不是国际标准集装箱	常用
铅封	seal		货物装入集装箱并正确地关闭箱门后,由特定人员施加的类似于锁扣的设备	常用
前方库场	quayside shed and yard		设在临近码头前沿的港口仓库和堆场的总称	常用
前沿	wharf apron		码头岸线从码头岸壁到堆场前的一部分区域。前沿设有集装箱装卸桥,供船舶装卸集装箱之用。前沿的宽度主要根据集装箱装卸桥的跨距,以及使用的装卸机械种类而定,一般为30~50 m	常用
清场	yard clearing		一般指在同一堆场不同箱区间,或者同箱区不同箱位间的集装箱整理转移,将零星分散的集装箱整理合并在一起的作业过程。一般需两台场内作业机械及水平运输机械配合才可完成作业	常用
清关	clearance	洁关、结关	报关单位已经在海关办理完毕进出口货物通关所必需的所有手续,完全履行了法律规定的与进出口有关的义务,包括纳税、提交许可证件及其他单证等,进口货物可以进入国内市场自由流通,出口货物可以运出境外	常用
全集装箱船	full container ship		舱内设有固定式或活动式的格栅结构,舱盖上和甲板上设置固定集装箱的系紧装置,便于集装箱作业及定位的船舶	常用
日检	daily checking		由交接班的司机共同依据日检项目表对机械进行的检查	常用
识别标记	marks		识别标记包括箱主代号、顺序号和核对数字	常用
实际积载图	stowage plan		港口装卸公司按照船舶实际装载货物的情况编制出实配图	常用
始发港	port of departure (port of origin)		船舶在航次开始时所在的港口	常用
适箱货	containerizble cargo		适于装入集装箱内并能保障运输安全的各种货物	常用
首吃水	fore draft		船舶首部吃水量值	常用
疏港	evacuation of cargoes from port		利用不同方式,在短期内将积压物资突击运出港口	常用
双箱集装箱可伸缩吊具	double unit telescopic spreader		一次可起升2个20 ft或一个40 ft自然箱的可伸缩吊具	常用
双箱集装箱可伸缩组合吊具	double spreader unit telescopic composite		2个或3个双箱集装箱可伸缩吊具的组合	常用
双箱作业	twin-operation		使用具备相应技术结构的设备,在一个操作动作中,同时搬运两个集装箱的作业方式	常用

（续表）

中文名词	英文名词	别　称	定　义	关联度
索赔	claims，claim for damages		承托双方中受经济损失方向责任方提出赔偿经济损失的要求	常用
提单	Bill of Loading（B/L）	海运提单	承运人签发给托运人证明货物已装船，或者为了装船而收到货物，并且保证在卸货港凭以交换货物的可以转让的有价证券	常用
提箱	container pick up		提箱人凭船公司或其代理人签发的放箱单到港口、场站提取集装箱的过程	常用
停泊费	berthing charge，wharfage		港口管理部门按规定向停泊在港口码头、浮筒的船舶征收的港口规费	常用
退关货物	shut-out cargo		已办妥出口及托运手续，但因故不能装船的出口货物	常用
退装货物	short-shipped cargo		计划配装并已办妥托运手续，但因故不能装船的货物	常用
托盘	pallet		用于集装、堆放、搬运和运输，放置作为单元负荷物品的水平平台装置	常用
外档	sea-side	海侧	靠泊码头的船舶其船舷向水一侧或系泊于浮筒的船舶，靠主航道的一侧都称为外档	常用
陆侧	land side		相对码头海侧的另一边。通常指码头堆场和堆场后的区域，如道口、CFS和铁路区域	常用
危险货物	dangerous cargo		具有易燃、爆炸、腐蚀、毒害、放射射线等危险性质，在运输、装卸、保管过程中，能引起人身伤亡和财产损毁而需要特别防护的货物	常用
危险货物标志	marks of dangerous goods		用以识别危险货物的类别和性质的标志	常用
危险货物分类和品名编号	classification goods and code of dangerous		对危险货物运输中类、项的划分和品名的编号所做的统一规定	常用
危险货物清单	dangerous cargo container list		列明单船当前航次危险货物的集装箱情况的清单	常用
危险货物箱堆场	dangerous cargo container yard		专供停放带有危险货物标志的集装箱使用的堆场	常用
危险货物运输	carriage of dangerous cargo		具有易燃、爆炸、腐蚀、毒害、放射射线等危险性质，在运输、装卸、保管过程中能引起人身伤亡和财产毁损而需要特别防护的货物运输	常用
违约金	penalty due to breach of contract		合同当事人一方违约，按规定支付给对方的金额	常用
维修	repair		拆卸或更换原有主要零部件、调整控制系统、更换安全附件和安全保护装置，但不改变起重机械的原性能参数和技术指标的修理活动	常用
尾吃水	after draft		船舶尾部吃水量值	常用
稳性	stability		船舶受外力作用离开平衡位置而倾斜，当外力消除后能自行恢复至原平衡位置的能力	常用
系、解缆费	mooring/unmooring charges		船舶在港口码头、浮筒处靠离或移动时，港方按规定向船方收取系缆或解缆作业的费用	常用

（续表）

中文名词	英文名词	别　称	定　义	关联度
箱距	spacing		在集装箱堆场上，箱和箱之间的距离	常用
箱体检查	container inspection		对集装箱内外部状况的检查	常用
小车	trolley		场、岸桥等集装箱装卸设备上对集装箱进行水平（前后）位移操作的机构	常用
卸车作业	car unloading operation		利用机械、设备或人力，将由车辆（火车或汽车）运到港的货物从车上卸下的作业	常用
卸船验箱验残	inspection of discharging damaged container during		在卸船作业中，港方与船方的箱体交接工作，以区分双方对集装箱设备的责任	常用
卸船作业	ship-discharging operation		将货物由船舱（或甲板上）卸到岸上或其他运输工具（车、船）上的作业	常用
修箱	container repairing		对残损的集装箱进行修理的作业	常用
验舱	hatch checking		货物装载前，对船舱的适载条件进行的检验工作	常用
验封	seal inspection		对集装箱封志的查验	常用
移泊	berth shifting (shift berth)		船舶在同一港口从一个泊位移至另一泊位的作业	常用
移泊费	shifting berth charges		引领船舶进行移泊作业，按规定向船方收取的费用	常用
移箱	container shifting		对已装船的集装箱或在堆场的集装箱进行搬移更换位置的作业	常用
油改电	change diesel engine-power generator to electric power		将轮胎式集装箱龙门起重机的供电装置由柴油发动机与发电机的组合改为由变电站直接供电。目前主要采取滑触线供电架型式	常用
原残	original damage		货物在船方、港方或货方进行双边交接以前就已发生的残损	常用
月检	monthly checking		司机与维修人员依据月检项目表共同对机械进行的全面检查	常用
运输	transportation		用专用运输设备将物品从一个地点向另一个地点运送。其中包括集货、分配、搬运、中转、装入、卸下、分散等一系列操作	常用
运输包装	transport package		以运输、储存为主要目的的包装	常用
闸口	gate, container gate house	大门, 集装箱检查桥	具有集装箱交接、办理集装箱各种手续及集装箱称重等功能的集装箱码头出入口	常用
整箱货	Full Container Load (FCL)		一个集装箱装满一个托运人同时也是一个收货人的货物	常用
中吃水	dm	平均吃水	船中部吃水量值	常用
中途港	port of call		船舶在航次过程中，中途停靠的港口	常用
中转港	transshipment port		货物从启航港前往目的港，途经行程中的第三港口，运输工具进行停靠、装卸货物、补给等操作，货物进行换装，运输工具继续运往目的地的港口，即为中转港	常用
中转集装箱装卸包干费	lump sum of loading and unloading for transshipment container		付费人主要是船公司（或船务代理公司），按箱型、箱类计收。该费用也是以包干形式计收的。我国目前的包干范围一般是船上—场地—船上，包10天或14天堆存期	常用

（续表）

中文名词	英文名词	别　称	定　义	关联度
中转箱比	transshipment container percentage		在一定时间内,港口中转换算箱数与集装箱吞吐量的百分比	常用
中转运输	transfer transportation		物品由发运地到接收地,中途经过至少一次落地并换装的运输	常用
终点港	terminal port		船舶在航次结束时所在的港口	常用
重点舱	key hold		对全船装卸作业时间长短起决定性影响的舱	常用
重箱比	full container percentage		在一定时间内的集装箱运输中,重箱换算箱数与空、重箱换算箱数和的百分比	常用
重箱堆场	full-container yard		堆存已装货的集装箱的场地	常用
重箱平均堆存天数	full container average storage period		重箱在码头、场站累计堆存天数与重箱自然箱数的百分比	常用
周检	weekly checking		由几位司机在每周末依据周检项目表共同对机械进行的全面检查	常用
周转箱	turnaround container, carton		用于存放物品,可重复、周转使用的器具	常用
转垛	relocationing of storage pile		在同一仓库里,对货物进行货位调整的搬运作业	常用
转库	transfer of cargo to another storage		货物自一库转移至另一库的作业	常用
转运货物	transit cargo		由境外启运,到我国境内设关地点换装运输工具后,不通过我国境内陆路运输,再继续运往境外的货物	常用
装车作业	car loading operation		利用机械、设备或人力,将港口水运转陆运的货物装上车辆(火车或汽车)的作业	常用
装船代理人	shipping agency		接受承运人委托代办收货、保管、装船业务,或者接受托运人委托代办收货、保管业务,或者接受船舶所有人代办装船业务的企业或法人	常用
装船作业	ship-loading operation		将货物由岸上(或其他船上)装进待装船舱或甲板上的作业	常用
装箱	stuffing, loading, vanning		把货物装进集装箱的作业,包括对箱体的检查、配载、装载、加固、捆扎、填塞、理货及加封等	常用
装箱人	stuffing operator		负责将货物装入集装箱的作业经营者	常用
装卸	loading and unloading		物品在指定地点以人力或机械实施垂直位移的作业	常用
装卸费	loading/discharging charges		货物在港口进行装卸作业,港方按规定向货方或船方收取的费用	常用
装卸工艺	handing technology		按照一定的劳动组织形式,运用装卸机械及其配套工具等物质手段,遵照规定的技术标准和规范,完成货物在不同运输方式之间换装作业的方法和程序。简单来说,就是港口装卸和搬运货物的方法和程序。其主要内容包括装卸作业的操作方法、作业技术标准和规范,以及维护工艺纪律的生产组织程序	常用

（续表）

中文名词	英文名词	别　称	定　义	关联度
装卸工艺过程	handling technic processes		货物从进港到出港所进行的全部作业的综合。它由一个或一个以上的操作过程组成。货物经过港口有直接换装和间接换装两种方式	常用
装卸管理费	stevedoring administration charges		港方按规定向进入港区进行装卸货物的非本港工人征收的管理性费用	常用
装卸机械报废	handling machinery disposal		无法修复使用或无修复价值的装卸机械,经有关业务部门鉴定并报上级机关批准,做报废处理	常用
装卸机械标准完好率	standard perfectness rate of handling machinery		由不同机种的装卸机械利用率计算出的应达到标准的装卸机械完好率。它是以装卸机械每一使用小时所需平均的机坏、修理时间为计算基础的。机械使用的时间多,其计划修理的时间也多,标准完好率就低;使用的时间少,修理的时间也少,标准完好率就高。因此,以它作为评定港口、作业区装卸机械管理、使用、保养、维修工作的一项指标,较能反映实际情况	常用
装卸机械调拨	allocation of handling machinery		将装卸机械从一个单位调给另一个单位。这属于固定资产的转移。装卸机械调拨时,需将随车附件及技术档案同时交接,不得拆换零部件,并应保持机械现有技术状况	常用
装卸机械封存	sealing and storing of handling machinery		因装卸工艺或货种等变化,将不适于作业的或多余的技术状况良好、可供正常使用的装卸机械暂停使用的一种措施。装卸机械封存前应做好保养工作,封存期内不计提折旧费	常用
装卸机械工作台时	working hour of handling machinery		装卸机械实际进行装卸作业和其他工作的小时数	常用
装卸机械故障率	percentage of trouble hour(or breakdown time) of handling machinery		考察装卸机械在使用期内所发生故障的百分比。它用两种方式表示:一种是以每 100 使用小时发生故障次数表示;另一种是以每 100 使用小时发生故障影响完好的时间表示	常用
装卸机械回修率	percentage machinery of rerepair of handling		衡量装卸机械修理质量的一个指标。凡装卸机械在出修理厂(车间)后的保证期内,发现因修理质量发生故障或者提前损坏(包括零、部件质量不良)而造成回厂(车间)再次修理的车次或回修车日与原有工作量的百分比	常用
装卸机械机损事故	damage of handling machinery in accident		装卸机械在运行、保养、修理和停放过程中,造成非正常的损坏事故。机损事故分重大机损事故和一般机损事故。前者指造成经纪商损失严重,或者使机械性能显著下降,或者恶性机损事故;后者指造成经济上的损失较轻,不影响机械性能的机损事故	常用
装卸机械计划保修率	percentage of planned service of handling machinery		装卸机械各级保修定额停修台时总和与实际总停修台时的百分比。这是衡量机械技术管理部门保修定额完成情况和机械使用好坏的标志	常用
装卸机械计划保养	planned machinery maintenance of handling		根据装卸机械运行时间定期安排的各级保养工作。目的是使装卸机械经常处于良好的技术状态,提高装卸机械完好率,延长装卸机械大修间隔期和使用寿命。按保养的内容和要求的不同,可分为例行保养、一级保养和二级保养	常用
装卸机械利用率	percentage of utilizationg machingery or handling utilization of handling machinery		装卸机械工作台时与日历台时的百分比。它反映港口及作业区装卸机械在报告期内的利用程度	常用

（续表）

中文名词	英文名词	别 称	定 义	关联度
装卸机械例行保养	routine machinery maintenance of handling		为保持装卸机械的清洁和润滑良好，确保正常运转和安全操作，在每工班中由当班司机所进行的保养工作。其作业内容应包括：作业前、交接班时和作业中的检视；作业后的打扫、清洁、充气、补给、润滑、消除工作中发现的一般故障或缺陷。作业重点是清洁和检查	常用
装卸机械启封	unsealing of handling machinery		因生产需要，将封存的装卸机械投产使用。启封后恢复提取折旧费	常用
装卸机械日历台时	calendar machinery machine hour of handling		报告期内（年度、季度、月度）装卸机械在册天数乘24小时的总和。它是测算装卸机械完好率、利用率的基数。计算单位为台时	常用
装卸机械完好率	percentage machingery machinery of pefectness of handling or intact rate of handling		装卸机械完好台时与日历台时的百分比。它反映港口及作业区装卸接卸管理、使用、保养、维修工作的情况	常用
装卸机械完好台时	machine-hour of handling machinery in good condition		装卸机械技术状况良好，可供使用的小时数。它包括工作台时和停工台时	常用
装卸机械相对完好率	percentage of relative handling machinery perfectness of		装卸机械完好率与装卸机械标准完好率的百分比。它反映装卸机械标准完好率的完成情况，具有一定的可比性，是评定港口、作业区装卸机械技术管理水平的指标之一	常用
装卸机械效率	productivity of container handling machinery per hour or container handling machinery productivity		装卸机械平均每小时装卸的集装箱换算箱数	常用
装卸机械作业量	output of cargo-handling machinery；production of handling machinery		在装卸作业过程中，装卸机械完成的货物吨数	常用
装卸机械作业台时	service hour of handling machinery		装卸机械参加实际装卸作业的时间，即装卸机械开始进行装卸作业时起，至最后一次货物操作完毕时止的全部小时数	常用
装卸进度	progress of cargo work（progress of loading/discharging）		一定时间内，船舶和车辆在港装卸货物的累计吨数	常用
装卸作业线	cargo handling operation line		按一定装卸工艺流程，将劳动力和装卸机具组合起来，完成一个完整的操作过程	常用
自然箱	unit	实物箱	以集装箱的自然数作为计算单位。自然箱是不进行换算的实物箱，即不论是40 ft集装箱、30 ft集装箱、20 ft集装箱，还是10 ft集装箱，均做为一个集装箱统计	常用
最大堆码高度	maximum stacking height		按库、场技术条件及库场装卸机械最大技术允许高度，考虑到货物的物理、化学特性、包装情况、堆垛型式及技术安全条件等因素而确定的允许堆码高度	常用
最高单船船时效率	peak quantity/（hour/ship）		单船船时效率最高的一次作业的效率。这个指标代表着集装箱码头作业效率的最高水平	常用

（续表）

中文名词	英文名词	别　称	定　义	关联度
最高单机作业效率	peak quantity/(hour/crane)		在单船作业中,作业速度最高的一台装卸机械(一般指岸桥)的效率。这个指标被目前很多集装箱码头用作一个参考指标,反映了该作业线操作人员的熟练水平和单体管理组织水平。其计算公式为:最高单机作业效率 = 单机集装箱作业总量(自然箱)÷单机工作时间(小时)	常用
作业船舶舱位利用率	hold utilization		报告期内作业船舶装卸作业吨(箱)数与其定额吨(箱位)数之比。它综合反映船舶负载能力的平均利用情况。计算单位为"%"	常用
作业票	work bill, job order of handling machinery	装卸机械作业票	港口调度部门给装卸班组下达生产任务的书面通知,作业完成后,由装卸班组填写任务完成情况	常用
A 型保税物流中心	bonded logistics center of A type		经海关批准,由中国境内企业法人经营,专门从事保税仓储物流业务的海关监管场所	相关
B 型保税物流中心	bonded logistics center of B type		经海关批准,由中国境内一家企业法人经营,多家企业进入并从事保税仓储物流业务的海关集中监管场所	相关
T 卡盘	T card plate		采用 T 形卡片记录集装箱位置状况等信息的管理方式	相关
安全型移动输电滑触线	trolley conductor	滑触线	利用工程塑料的可靠绝缘和高导电性能的扁铜线载流体,配合继电器上装有的电刷摩擦移动为传导的安全滑接输电装置	相关
按件数的重量承运	acknowledgement pieces and weight of consignments by		按运输规章规定,货物既计质量,又计件数的一种承运方式	相关
按质量承运	acknowledgement weight of consignments by		按运输规章规定,货物只计质量,不计件数的一种承运方式	相关
班轮运输	liner transport	定期船运输	船舶按照规定的船期表在一定的航线上,以既定的挂靠港口顺序,有规则地从事航线上各港间的船舶运输	相关
半集装箱船	semi-container ship	部分集装箱船	一部分货舱作为集装箱专用舱,其他货舱为杂货舱的船舶	相关
包船包舱运输	booking a whole ships (holds) space		货方包用整船或整舱,并按包船、包舱的计费办法支付费用的一种运输方式	相关
包装	package(packaging)		为了在流通过程中保护产品、方便储运、促进销售,按一定技术方法而采用的容器、材料及辅助物等的总体名称。也指为了达到上述目的而采用容器、材料和辅助物的过程中施加一定技术方法等的操作活动	相关
包装储运指示标志	indicative mark		在储存、运输过程中,为使存放、搬运适当,按规定的标准以简单醒目的图案和文字标明在包装一定位置上的标志	相关
包装货物	package cargo		以各种运输包装盛装、捆扎或包扎的货物	相关
保价运输	insured transport		按运输规章规定,某些货物以声明价格托运并支付保价费的一种运输方式	相关
保税仓库	bonded warehouse		经海关批准设立的专门存放保税货物及其他未办结海关手续货物的仓库	相关
保税货物	bonded goods		经海关批准未办理纳税手续进境,在境内储存、加工、装配后复运出境的货物	相关
保税区	bonded area		在境内的港口或邻近港口、国际机场等地区建立的在区内进行加工、贸易、仓储和展览,由海关监管的特殊区域	相关

（续表）

中文名词	英文名词	别　称	定　义	关联度
保税港	bonded port		经国家批准,设立在国家对外开放的口岸港区和与之相连的特定区域内,具有口岸、物流、加工等功能的海关特殊监管区域	相关
保税运输	bonded transport		在海关监管下保税货物的运送活动,也称之为监管运输	相关
保温集装箱	thermal container		具有绝热的箱壁(包括端壁和侧壁)、箱门、箱底和箱顶,能阻止集装箱内外热交换的集装箱	相关
报关行	customs broker		专门代办进出境报关业务的企业。这是指经海关准予注册登记,接受进出口货物收发货人的委托,以进出口货物收发货人名义或以自己的名义,向海关办理代理报关业务,从事报关服务的境内企业法人	相关
报关员	declarant		通过全国报关员资格考试,依法取得报关从业资格,并在海关注册登记,代表所属企业(单位)向海关办理进出口货物报关业务的人员	相关
爆炸品	explosive		在外界作用下,能发生剧烈的化学反应瞬时产生大量的气体和热量,使周围压力急聚上升,发生爆炸,对周围环境造成破坏的物品	相关
笨重长大货物运输	carriage of heavy lifts and lengthy cargo		单件货物质量、长度、宽度或高度超过规定标准的货物运输	相关
变更运输	alteration of transport		对已承运的货物因故变更原到达港、换装港、收货人、托运量的一项业务工作	相关
变质	deterioration		货物在运输、装卸、保管过程中由于自然或人为原因而发生的货物质量变化	相关
玻璃钢集装箱	fiberglass reinforced plastic container		玻璃钢制集装箱是在钢制框架上装上玻璃钢复合板构成的。其主要优点是隔热性、防腐蚀性和耐化学性均较好,强度大、使用性好,能承受较大应力,易清扫,修理简便,集装箱内容积较大等;主要缺点是自重较大,造价较高	相关
补送	by-carriage		对一张货物运单内的退装或漏装的货物进行的追补发送	相关
不锈钢制集装箱	stainless steel container		不锈钢制集装箱一般多用不锈钢制作而成。其主要优点是强度高、不生锈、耐腐蚀性好;缺点是投资大	相关
残损鉴定	damage appraisal		为确定承运货物是否发生残损和残损的原因、程度等所进行的鉴定	相关
仓储	warehousing		利用仓库及相关设施设备进行物品的入库、储存、出库的作业	相关
仓单质押融资	warehouse receipt loan		出质人以保管人的仓库为质物,向质权人出具的申请贷款的业务,保管人对仓单的真实性和唯一性负责。这是物流企业参与下的权利质押业务	相关
仓库管理系统	Warehouse Management System(WMS)		为提高仓储作业和仓储管理活动的效率,对仓库实施全面管理的计算机信息系统	相关
操纵性	maneuverability		船舶能保持或改变航行方向的性能	相关
产地装箱	origin packing		船公司为了给货主提供方便,对于较大宗货或有特殊要求的货主,可以提供产地装箱服务。通俗地说,就是船公司将空箱运至托运人的仓库或工厂将货物装箱后直接将集装箱运至堆场	相关

（续表）

中文名词	英文名词	别 称	定 义	关联度
场到场	CY to CY		承运人在起运地集装箱堆场整箱接货,负责运抵目的地集装箱场,整箱交付收货人	相关
场到门	CY to door		承运人在起运地集装箱堆场整箱接货,负责运抵收货人的工厂或仓库,整箱交货	相关
场到站	CY to CFS		承运人在起运地集装箱堆场整箱接货,负责运抵目的地集装箱货运站,拆箱后按件交付收货人	相关
场站经营人	yard and station operator		集装箱中转站、货运站的经营者	相关
敞顶集装箱	open top container		没有刚性箱顶的集装箱,但有由可折叠式或者可折式顶梁支撑的帆布、塑料布或涂塑布制成的顶篷,其他构件与通用集装箱类似	相关
敞口集装箱船	open-hatch container ship		一种特殊设计的集装箱船,其一个或多个货舱不需设置舱口盖	相关
超高标记	over height mark		该标记是在黄色底上标出黑色数字和边框。此标记贴在集装箱每侧的左下角,距箱底约0.6 m处,同时该标记贴在集装箱主要标记的下方。凡高度超过2.6 m的集装箱均应贴上此标记	相关
承运	carriage		承运人接受托运人的委托,提供货物运输服务,并承担双方所签订的货物运输合同中载明的责任	相关
承运人	carrier		本人或委托他人,以本人名义与托运人订立货物运输合同的人	相关
尺码吨	Measurement Ton (M/T)		货物收费以尺码计费	相关
出口监管仓库	export supervised warehouse		经海关批准设立,对已办结海关出口手续的货物进行储存、保税物流配送、提供流通性增值服务的海关专用监管仓库	相关
出口退税	drawback		国家为帮助出口企业降低成本,增强出口产品在国际市场上的竞争力,鼓励出口创汇,而实行的由国内税务机关退还出口商品国内税的措施	相关
出库	delivery of cargo from storage		货物从仓库中搬出的作业	相关
储存	storing		保护、管理、储藏物品	相关
船舶吃水差	trim		当船体由于装载或其他原因产生船舶纵倾时,其首尾吃水就会不相等,由此产生的首尾吃水差额称为吃水差	相关
船舶代理	shipping agent	船代	根据船舶经营人的委托办理船舶有关营运业务和进出港口手续的工作	相关
船舶代理费	ship agent fees		船方委托代理机构办理在港船舶代理业务而支付的费用	相关
船舶登记吨位	registerd tonnage of ship		船舶登记吨位是指按吨位丈量规范所核定的吨位。它是为船舶注册登记而规定的一种以容积折算的专门吨位	相关
船舶港务费	harbour dues on vessels		港口管理部门按规定向进、出港口的船舶征收港口规费	相关
船舶联检	joint inspection		由边检、海关、卫生检疫、港监联合检查。各单位根据有关规定办理联检手续	相关

（续表）

中文名词	英文名词	别称	定义	关联度
船舶排队时间	ship queuing time (ship waiting time)		船舶抵达港口后,为等候泊位或等候装卸的时间	相关
船舶速遣	dispatch of ship		船舶在港时间少于规定期限	相关
船舶载重线标志	load line marks		船舶在不同季节和不同航区的各种最大吃水标志。它是在保证船舶水上航行安全的情况下所规定的船舶安全装载极限	相关
船舶滞延	demurrage of ship		船舶在港时间超过规定期限	相关
船舶装卸作业的平衡	balance between loading and discharging		各舱口装卸延续时间的平衡	相关
船公司	line		船舶经营人。船公司以自有的船舶或租用的船舶经营集装箱运输,既可以经营国际航线上班轮运输,也可以根据货源不定线、不定期来安排运输。它主要包括由大型船公司共同组建的航线联盟、大型外国船公司、大型国有集团船公司、地方船公司和经营内支线集装箱运输的驳船公司等	相关
船体强度	hull strength		船体在各种负荷和水压力的作用下,保持不损坏和不发生很大变形的能力称为船体强度。船体强度分为总强度和局部强度	相关
船务代理	shipping agency		接受船舶所有人(船公司)、船舶经营人、承租人或货主的委托,在授权范围内代表委托人办理与在港船舶有关的业务,提供有关的服务或进行与在港船舶有关的其他法律行为的经济组织	相关
船用集装箱起重机	gantry crane on board		船舶自备的集装箱起重机,运行轨道设于甲板舱口的两侧,起重机沿轨道前后移动,装卸集装箱	相关
船员理货	tallying by crew		由载货船舶的船员代表船方进行的理货	相关
存货质押融资	inventory financing	库存商品融资	需要融资的企业(即借方),将其拥有的存货作为质物,向资金提供企业(即贷方)出质,同时将质物转交给具有合法保管存货资格的物流企业(中介方)进行保管,以获得贷方贷款的业务活动。这是物流企业参与下的动产质押业务	相关
道路运输	road transport		使用公路设施、设备运送货物的一种运输方式	相关
登箱顶触电警告标记	electric warning on summit		该标记为黄色底三角形,一般设在罐式集装箱和位于登顶箱顶的扶梯处,以警告登顶者有触电危险	相关
等级标签	grade labeling		在产品的包装上用以说明产品品质级别的标志	相关
等级费率	class rate		将全部货物划分为若干个等级,按照不同的航线分别为每一个等级制定一个基本运价的费率。归属于同一等级的货物,均按该等级的运价计收运费	相关
地脚货物	cargo residual	货底	经装卸、搬运而撒漏、遗漏在运输工具、库场或装卸作业线路上的少量货物	相关
地理信息系统	Geographical Information System(GIS)		由计算机软硬件环境、地理空间数据、系统维护和使用人员四部分组成的空间信息系统。它可对整个或部分地球表层(包括大气层)空间中有关地理分布的数据进行采集、储存、管理、运算、分析显示和描述	相关

（续表）

中文名词	英文名词	别称	定义	关联度
第三方物流	the Third Party Logistics(TPL)		独立于供需双方,为客户提供专项或者全面的物流系统设计或系统运营的物流服务模式	相关
电放提单	cable/telex release B/L		也就是电报放货的简称。国外的承运人保留全套正本提单,并通知目的港的代理,收货人可凭加盖正本公章的提单复印件和保函换单提货	相关
电子报表	e-report		用网络进行提交、传送、存储和管理的数字化报表。它可以在网络上随时、随地、方便、快捷地进行查询、打印和下载	相关
电子认证	electronic authentication		采用电子技术检验用户合法性的操作。其主要内容有以下3个方面:保证自报姓名的个人和法人的合法性的本人确认;保证个人或企业间收发信息在通信的途中和到达后不被改变的信息认证;数字签名	相关
电子商务	E-Commerce(EC)		以电子形式进行的商务活动。它在供应商、消费者、政府机构和其他业务伙伴之间通过任意电子方式实现标准化的业务信息的共享,以管理和执行商业、行政和消费活动中的交易	相关
电子通关	electronic clearance		对符合特定条件的报关单证,海关采用处理电子单证数据的方法,利用计算机完成单证审核、征收税费、放行等海关作业的通关方式	相关
电子支付	e-payment		电子支付也称在线支付或网上支付,是指以金融电子化网络为基础,以电子货币、商用电子化机具和各类交易卡为媒介,以计算机技术和通信技术为手段,将各种货币或资金以电子数据(二进制数据)的形式存储在银行的计算机系统中,并通过计算机网络系统以电子信息传递的形式实现流通、转拨和支付	相关
吊架	cradle		吊架是一种装卸作业辅助工具,具有减轻起重设备负荷,增加起重量,改变绳扣栓挂方向,保护货物,保证装卸作业安全的特点	相关
标准操作规程	Standar Operation Procedures(SOP)	工作标准	将某一事件的标准操作步骤和要求以统一的格式描述出来,用来指导和规范日常的工作	相关
调度室	control center	中控	集装箱码头各项生产作业的中枢,集组织指挥、监督、协调、控制于一体,是集装箱码头重要的业务部门	相关
调度通信规程	rules of dispatching and communication operational		各港航、船舶调度部门之间有关运输业务通信联系的统一规定	相关
定船移机作业	cargo handling operation machinery and fixed ship with movable		装卸作业中,船舶系泊码头,采用可沿码头前沿移动的装船(卸船)机械,对船舶舱口进行装卸的作业方式	相关
定机移船作业	cargo handling operation machinery and moving ship with fixed		用固定式装船机或卸船机,通过移船来进行船舶装卸作业	相关
定制物流	customized logistics		根据用户的特定要求而为其专门设计的物流服务模式	相关

（续表）

中文名词	英文名词	别　称	定　义	关联度
动物集装箱	pen container or live stock container		一种装运鸡、鸭、鹅等活家禽和牛、马、羊、猪等活家畜用的集装箱。为了遮蔽太阳,箱顶采用胶合板露盖,侧面和端面都用铝丝网制成的窗,以求有良好的通风。侧壁下方设有清扫口、排水口及喂食口,并配有上下移动的拉门,垃圾可被清扫出去。动物集装箱在船上一般应装在甲板上,因为甲板上空气流通,这样便于清扫和照顾动物	相关
多式联运	multimodal transport		联运经营者受托运人、收货人或旅客的委托,为委托人实现两种以上运输方式(含两种)或两程以上(含两程)运输的衔接,以及提供相关运输物流辅助服务的活动	相关
多式联运比	multimodal transport percentage		在一定时间内,多式联运集装箱换算箱数与运输总换算箱数的百分比	相关
多式联运经营人	multimodal transport operator		负责组织集装箱多式联运的经营者	相关
多用途码头	multipurpose terminal		能适应普通件杂货船、新型散货船、集装箱船、半集装箱船和滚装船作业的码头	相关
二程船	second carrier		对某一中转箱而言,将该箱从中转港载运至目的港的船舶	相关
反向物流	reverse logistics	逆向物流	从供应链下游向上游的运动所引发的物流活动	相关
放射性物品	radioactive substances		放射性活度大于 7.4×104 Bq/kg 的物品	相关
废弃物物流	waste material logistics		将经济活动或人民生活中失去原有使用价值的物品,根据实际需要进行收集、分类、加工、包装、搬运、储存等,并分送到专门处理场所的物流活动	相关
分拨中心	distribution center		主要面向快递业、运输业,功能与物流中心雷同	相关
分舱货电	hatch list telegram		起运港在货物装船完毕后,将货物的实际积载情况通知所要到达的港口而拍发的电报	相关
分发	separate delivery		将拼装在一个集装箱内的各票货物分别交货	相关
分类	sorting	物品分类	按照货物的种类、流向、客户类别对货物进行分组,并集中码放到指定场所或容器内的作业	相关
分运	sub-carriage		换装港将属于一张运单内的货物分批运出	相关
封闭式港池	closed harbour		一种建筑在潮差很大的地区,用闸门或船闸与港池外水域分隔开的港池。这种港池的优点是可使港池内的水面保持在一个比较稳定的高水位上,因而在建设港池时可以减少土方开挖量和码头建筑物的高度,可以减少泥沙淤积,保证船舶靠泊的稳定和改善货物装卸作业条件;缺点是船舶进出港口(港池)要过闸,不大方便,同时要相应增加一部分管理费用	相关
封闭式通风集装箱	closed ventilated container		类似通用集装箱,箱壁具有与外界大气进行气流交换的装置。封闭式通风集装箱又分自然通风集装箱和强制通风集装箱两种	相关
封舱交接	handing-over according to seal		按封舱条件运输的货物,以舱口铅封或所做标志是否完好而进行的交接	相关

（续表）

中文名词	英文名词	别称	定 义	关联度
服务	service		满足顾客的需要,供方和顾客之间接触的活动及供方内部活动所产生的结果。它包括:供方为顾客提供人员劳务活动完成的结果;供方为顾客提供通过人员对实物付出劳务活动完成的结果;供方为顾客提供实物实用活动完成的结果	相关
服务质量	service quality		通过各项服务工作使用户感到满意的程度	相关
服装集装箱	garment container		服装集装箱的特点是在箱内上侧梁上装有许多根横杆,每根横杆上垂下若干条皮带扣、尼龙带扣或绳索,成衣利用衣架上的钩直接挂在带扣或绳索上。这种服装装载法属于无包装运输,不仅节约了包装材料和包装费用,而且减少了人工劳动,提高了服装的运输质量	相关
浮性	buoyancy		指船舶在各种装载情况下保持一定浮态的性能	相关
辅助作业	auxiliary work		港口工人和装卸机械、港作船舶进行的与装卸作业有关的其他作业	相关
腐蚀品	corrosives		能烧伤人体组织并对金属等物品造成损坏的固体与液体的物品	相关
干散货集装箱	solid container		用于装运无包装的固体颗粒状和粉状货物的集装箱	相关
干舷高度	free board height		船中处从干舷甲板线的上边缘向下量至载重线的上边缘的垂直距离	相关
感染性物品	infectious substances		含有致病的微生物,能引起病态甚至死亡的物质	相关
钢制集装箱	steel container		钢制集装箱的框架和箱壁板皆用钢材制成。其最大优点是强度高,结构牢,焊接性和水密性好,价格低,易修理,不易损坏;主要缺点是自重大、抗腐蚀性差	相关
港航记录	record for carriers and ports concerned only		记载港、航企业之间事故及原始情况的记录	相关
港口调度	port dispatching		港口组织、指挥生产活动的部门	相关
港口堆存业务	port storage business		利用港口库、场设施对暂时不能出港的货物进行收存保管的业务	相关
港口费	port charge		船舶和货物进出港口时,船方或货方按规定支付的港口劳务费和规费	相关
港口费率	rate of port charges		船舶和货物进出港口时,港方向船方收取各种费用的标准	相关
港口腹地	the tributary area of hinterland port,port		经由港口集散货物所及的地区	相关
港口规费	port fees		港口管理部门按国家规定向船方或货方征收的非劳务性港口费用	相关
港口积压	port congestion		由于各种原因造成的港内货物堆积、库场拥挤,严重影响装卸作业,致使相当数量的车、船、货物待装、待卸,不能正常运转的现象	相关
港口集运系统	gathering system of a port		港口会同运输部门、物资部门组织各类运输工具,将货物从腹地集中到港口的运输联合体	相关

（续表）

中文名词	英文名词	别　称	定　义	关联度
港口建设费	port construction dues		国家征收的用于港口建设的一种费用。其范围是对进出开放口岸港口辖区范围的所有码头、浮筒、锚地（含外资、中外合资、合作经营、企业专用和地方公用的码头、浮筒、锚地）及从事水域过驳等装卸作业的货物征收港口建设费	相关
港口经营人	port operator		与承运人、托运人订立港口业务合同，从事港口经营性业务的人	相关
港口陆域	landside area of port		港口陆上区域所占的范围。它主要包括码头、库场、铁路和道路等	相关
港口内汽车、火车、驳船集装箱装卸费	containerhandling charge for truck, train and barge within the port		港口经营人向货方收取的用于补偿集装箱港口装卸包干费作业范围外的费用	相关
港口疏运系统	distribution system of a port		港口会同运输部门、物资部门组织各类运输工具，将到达港口的货物从港口运出的运输联合体	相关
港口水域	waterside area of port（port's waters）		港口水上区域所占的范围，主要包括港池、航道、调头水域和锚地等港界线以内的水域面积。它一般需满足两个基本要求，即船舶能安全地进出港口和靠离码头、能稳定地进行停泊和装卸作业。港口水域主要包括码头前水域、进出港航道、船舶转头水域、锚地及助航标志等几部分	相关
港口装卸业务	loading and unloading business		利用装卸机械在码头泊位或锚地上对船舶或车辆进行装货与卸货的业务	相关
港区	port area（port district）		港章中规定的并经当地政府机关划定的港口陆域和水域	相关
港务管理业务	port management business		对港口基础性设施（包括港口的水域设施、系船设施、港口交通和配套设施）进行维护和管理的业务	相关
港作拖轮费	charges for tugs service		使用港口拖轮拖带船舶进、出港及移泊、靠离码头或编、解队作业等，港方按规定向船方收取的费用	相关
隔热集装箱	heat insulation container		为载运水果、蔬菜等货物，防止温度上升过大，以保持货物鲜度而具有充分隔热结构的集装箱。通常用干冰作为制冷剂，保温时间为72小时左右	相关
工残	handling damage		货物在装卸、搬运过程中所造成的人为残损	相关
公路集装箱运输	road container transport		用汽车运载集装箱的货物运输	相关
公路集装箱中转站	inland container depot		具有集装箱中转运输与门到门运输和集装箱货物的拆箱、装箱、仓储和接取、送达、装卸、堆存的场所	相关
公路集装箱装卸费	road container handling charge		集装箱汽车运输中，在集装箱中转站、货运站发生的装卸而收取的费用	相关
供应链	supply chain		生产及流通过程中，涉及将产品或服务提供给最终用户活动的上游与下游组织所形成的网链结构	相关
供应链管理	supply chain management		对供应链涉及的全部活动进行计划、组织、协调与控制	相关
供应商关系管理	supplier relationships management（SRM）		一种致力于实现与供应商建立和维持长久、紧密伙伴关系，旨在改善企业和供应商之间关系的新型管理	相关

（续表）

中文名词	英文名词	别　称	定　义	关联度
挂扣作业	linked to buckle handling		吊具与货物或集装箱不直接接触，用绳扣等工具将吊具和货物或集装箱连接起来进行装卸作业的方法	相关
管道运输	pipeline transport		由大型钢管、泵站和加压设备等组成的运输系统完成物料输送工作的一种运输方式	相关
滚装集装箱船	roll-on/roll-off ship, drive-on/drive-off ship（ro/ro containership）		利用船侧、船首、船尾的边门或首、尾门，通过跳板，将集装箱和牵引车一起沿水平方向进行滚动装卸的船舶	相关
国际标准集装箱	ISO freight container		按国际标准化组织的有关标准制造的集装箱	相关
国际多式联运	multimodal transport		按照多式联运合同，以至少两种不同的运输方式，由多式联运经营人将货物从一国境内接管货物的地点运至另一国境内指定地点交付的货物运输	相关
国际航线集装箱港口装卸包干费	container handling charge		国际航线集装箱港口经营人根据集装箱装卸船作业范围，以包干形式向船公司收取的集装箱装卸费	相关
国际货运代理	international freight forwarding agent		接受进出口货物收货人、发货人的委托，以委托人或自己的名义，为委托人办理国际货物运输及相关业务，并收取劳务报酬的经济组织	相关
国际集装箱多式联运	multimodal container transport		至少两种不同的运输方式，由多式联运经营人将集装箱从一国的接收地点运至另一国的指定交付地点	相关
国际铁路联盟标记	UIC mark		凡符合《国际铁路联盟条例》规定的集装箱，可以获得此标记。该标记是在欧洲铁路上运输集装箱的必要通行标志。该条例对集装箱的标记做了规定，如 ic/33，上部的"ic"字样表示国际铁路联盟，下部的数字表示各铁路公司的代号	相关
国际物流	international logistics		跨越不同国家或地区之间的物流活动	相关
国际中转箱	international transhipment container		由境外启运，经国内中转港卸船后，换装国际航线船舶，继续运往第三国或地区指运口岸的集装箱	相关
国家标准集装箱	GB freight container		按国家标准制造的集装箱	相关
国内中转箱	national transhipment container		在境外装货港装船后，经国内中转港卸船后转运到境内其他港口的集装箱，以及在国内装货港已办理结关手续，船公司出具全程提单，经国内中转港转运至国外目的港的集装箱	相关
过驳费	stevedoring fees for lighter		使用港口驳船过驳货物，按规定向货方或船方收取的费用	相关
过驳作业	lighterage operation		在锚地、系泊浮筒、码头进行的船和驳船之间的装卸作业	相关
过境税	transit duty		对外国经过本国过境运往另一国的货物所征收的关税	相关
海关估价	customs ratable price		一国海关为征收关税，根据统一的价格准则，确定某一进口（出口）货物价格的过程	相关

（续表）

中文名词	英文名词	别 称	定 义	关联度
海关监管货物	cargo under customs'supervision		进出口货物,过境、转运、通运货物,特定减免税货物,以及暂时进出口货物、保税货物和其他尚未办结海关手续的进出境货物	相关
海损	average		因船舶发生海损事故,对船舶、受载货物、人身伤亡或财产等所造成的损失	相关
海铁联运	through transport		进出口货物由铁路运到沿海海港直接由船舶运出,或者货物由船舶运输到达沿海海港之后由铁路运出的只需"一次申报、一次查验、一次放行"就可完成整个运输过程的一种运输方式	相关
航次租船业务	voyage charter business		船舶所有人向租船人出租船舶一个或数个航次运输的业务。这属于运输经营方式的一种	相关
航道	channel		江河湖海中能供船舶安全航行的通道	相关
航道养护费	channel maintenance dues		航道主管部门按国家规定向航行船舶征收的规费	相关
航空运输	air transport		使用飞机或其他飞行器运送货物的一种运输方式	相关
航运管理机构	organization of shipping administration		各级政府负责水路运输各项行政管理工作的职能部门	相关
合同变更	alteration of contract		合同尚未完全履行前,由于情况发生变化,经承、托运双方协商同意,对原合同的有关条款所做的补充和修改	相关
合同解除	dissolution of contract		解除承、托运双方由合同确定的权利、义务关系	相关
合同履行	fulfilment of contract		承、托运双方实施合同规定的所有条款	相关
核对数字	check figures		用来核对箱主代号和顺序号记录是否准确的依据。它位于箱号后,以一位阿拉伯数字加一方框表示	相关
核图	check map		港方单船计划员根据船方大副或营运方预配中心的预配图做出的配载图,经船方大副检查稳性、强度等船舶性能指标,以及特殊箱位置、压港顺序等,并签认可以照此配载图计划装船的过程	相关
换算周转量	coverted turnover		航运企业在一定期间、船舶实际进行旅客运输与货物运输的工作总量,按统一比例换算成同一计量单位后加总求得,以"换算吨千米"为计算单位。换算比例为:货物周转量 1 t·km = 1 换算 t·km,铺位旅客周转量 1 人·km = 1 换算 t·km,座位旅客周转量 3 人·km = 1 换算 t·km	相关
换装	transshipment of through cargo		货物由一运输工具上卸下,再装到另一运输工具上的作业	相关
回收物流	return logistics		退货、返修物品和周转使用的包装容器等从需方返回供方所引发的物流活动	相关
货差	shortlanded and over-landed cargo		货物在运输、装卸、保管过程中发生的按规定应列入统计范围的溢余或短少	相关
货差率	rate of shortlanded and overlanded cargo		由于承运人责任造成的货差件数与同期承运的总货运件数之比。一般以万分比表示	相关

（续表）

中文名词	英文名词	别　称	定　义	关联度
货流密度	frequency of freight		一定时期内某一航线或航段平均每 km(n·mile)航道上通过的货物吨数。其计算式为:货流密度 = 货物运输量 ÷ 航线或航段长度[t/km(n·mile)]	相关
货棚	shed		供存放和保管货物的一种只有棚顶,支柱、四面开敞的建筑物	相关
货票	copies of way-bill		运单的副本,具有运输交接、费用结算等多功能的运输凭证	相关
货物保管质量	quality of caring		货物在保管过程中所表现出的质量优劣程度	相关
货物补送	by-carriage bills		港口为补送的货物填制的货票	相关
货物分运货票	sub-waybills		换装港对每次分运的货物所填制的货票	相关
货物跟踪系统	goods-tracked system		利用自动识别、全球定位系统、地理信息系统、通信等技术,获取货物动态信息的技术系统	相关
货物互抵性	incompatibility		由于货物的理化性质不同,一种货物对另一种货物能产生质量损害或两种货物相互抵触的性质	相关
货物交接清单	handing-over list		起运港按船舶本航次实际装载的货物编制的作为承运人内部货物交接的单证	相关
货物解体作业	disassembly business		针对专业集装箱码头标准操作模式而言,货物装卸船时,与集装箱分离,单独装卸的方法	相关
货物退装	shut out		计划积载的货物因故未能装船	相关
货物卸船质量	quality of discharge		货物卸船过程中所表现出的质量优劣程度	相关
货物运输计划	plan of cargo transport		水运企业根据货源情况和运输能力,在一定时期内对货物运输所编制的计划	相关
货物运输量	freight volume		一定时期内实际完成运送过程的货物数量	相关
货物运输条件	terms and conditions coucerning carriage of goods		在货物运输中,为保证安全质量维护承运人与托运人或收货人的合法权益而应具备的各种条件	相关
货物装舱质量	quality of loading		货物装舱过程中所表现出的质量优劣程度	相关
货源调查	survey of cargo resources		对货物种类、流向、流量及影响其变化的诸因素所进行的调查	相关
货源信息	information of cargo resources		涉及货源情况的各种资料、情报等	相关
货运代理	forwarder, freight agency	货代	根据客户的指示,为客户的利益而揽取货物的人,其本人并非承运人。货代也可以这些条件,从事与运送合同有关的活动,如储货、报关、验收、收款	相关
货运记录	record of loss and damage		记载承运人和托运人或收货人之间责任的记录	相关

（续表）

中文名词	英文名词	别 称	定 义	关联度
货运量	quantity of shipment		航运企业在一定期间船舶实际运送的货物质量，以 t（吨）为计算单位	相关
货运量预测	presumption of freight traffic volume		运用数理统计或其他方法对未来货运量变化趋势所做的分析和测算	相关
货运市场调查	market survey of cargo transport		对社会货物运输量、货物运输能力的需求、供给情况及影响其变化的诸因素所进行的调查	相关
货运质量	quality of freight service		货物自承运开始起至到达交付时为止的期间内所表现出的质量优劣程度	相关
机械式冷藏集装箱	mechanically refrigerated container		备有制冷装置（压缩机组、吸热机组等）的保温集装箱	相关
基本运价	freight unit price		按照规定的车辆、道路、营运方式、货物、箱型等运输条件所确定的货物和集装箱运输的计价基准。这是运价的计价尺度	相关
集货	goods consolidation		将分散的或小批量的物品集中起来，以便进行运输、配送的作业	相关
集装化	containerization		用集装单元器具或采用捆扎方法，把物品组成集装单元的物流作业方式	相关
集装箱把手锁件	door locking handle retainer or lock handle		用来保持箱门把手处于关闭状态的零件	相关
集装箱半挂列车	semi-trailer container train		牵引车与一辆集装箱半挂车的组合	相关
集装箱侧板	side panel		覆盖在集装箱侧部外表面的板	相关
集装箱侧壁	side wall		与上侧梁、下侧梁和角结构相连接而形成封闭的板壁（不包括上侧梁、下侧梁和角结构在内）	相关
集装箱侧门	side door		设在箱侧的门	相关
集装箱叉槽	fork（lift）pockets		贯穿箱底结构，供叉举集装箱用的槽	相关
集装箱底板	floor		铺在底梁上承托载荷的板	相关
集装箱底结构和底框架	base structures and base frame		由集装箱底部的 4 个角件、左右两根下侧梁、下端梁、门槛、底板和底梁组成	相关
集装箱底梁	floor bearer,cross member		设在底板下，承托底板的构件	相关
集装箱吊具动力系统	power system of container spreader		使集装箱吊具旋锁状态发生改变的动力系统	相关
集装箱顶板	roof sheet		箱体顶部的板	相关
集装箱顶梁	roof bow		连接上侧梁的构件	相关
集装箱动植物检疫、检查、消毒费	charge for container animal and plants quarantine,check-ing and disinfection		国家动植物检疫部门对集装箱实施检疫、检查、消毒而发生的费用	相关
集装箱端板	end panel		覆盖在集装箱端部外表面的板	相关

（续表）

中文名词	英文名词	别　称	定　义	关联度
集装箱端壁	end wall		在端框架平面内与端框架相连接而形成封闭的板壁（不包括端框架在内）	相关
集装箱端框架	end frame		由以下构件组成：2 个顶角件；2 个底角件；2 根角柱；1 根上端梁；1 根下端梁	相关
集装箱端门	end door		设在箱端的门	相关
集装箱鹅颈槽	gooseneck tunnel		设在集装箱底部一端（通常在前端），供容纳鹅颈式底盘车突起部分的槽	相关
集装箱发放单	dispatch list of container		对提离港区的集装箱（不分空、重），由发箱人所填写的记录箱号、用箱人、箱体状况、归还日期及地点的一种单据	相关
集装箱公路运费	container transport charge by road		由汽车完成集装箱两点间运输，按集装箱规格、空箱或重箱、里程的不同而收取的费用	相关
集装箱海运运费	container ocean freight		集装箱海上船运段的费用	相关
集装箱航线运量	container transport volume		在一定时间内，某条集装箱航线船舶运输的集装箱换算箱量	相关
集装箱横向	transverse		与纵向垂直的左右方向	相关
集装箱后端	rear		一般指有箱门的一端	相关
集装箱化比	containerization percentage		在一定时间内，港口、地区通过集装箱运输的货物数量与可装箱货的数量的百分比	相关
集装箱货到达通知单	arrival notice of container		船舶抵港前，由代理人及时将船舶卸货日期通知收货人的一种单据	相关
集装箱角件	corner fittings		位于集装箱角部，用于支承、堆码、装卸和栓固集装箱的零件	相关
集装箱角结构	corner structure		由以下构件组成：顶角件；角柱；底角件	相关
集装箱角柱	corner post		连接顶角件与底角件的立柱	相关
集装箱门槛	door sill		箱门下方的梁	相关
集装箱门绞链	door hinge		连接箱门与角柱以支承箱门并使箱门能开闭的零件	相关
集装箱门楣	door header		箱门上方的梁	相关
集装箱汽车运量	container transport volume by road		在一定时间内，经汽车运输集装箱换算箱量	相关
集装箱前端	front		一般指没有箱门的一端	相关
集装箱轻型电动吊具	lightly portable electrical spreader		自重较轻，直接利用小型电动机驱动旋锁装置的吊具	相关
集装箱上侧梁	top side rail		位于侧壁上部连接顶角件的纵向构件	相关
集装箱上端梁	top end transverse member		箱体端部与左、右顶角件连接的横向构件	相关

（续表）

中文名词	英文名词	别　称	定　义	关联度
集装箱枢纽港	Through Container Service Port（TCSP）		对集装箱港进行分类的术语,指有较大量货源,又能起到海上与陆地及海上港口间集装箱运输交接点作用的港口	相关
集装箱水运量	container transport volume by water		在一定时间内,经船舶运输的集装箱换算箱量	相关
集装箱锁杆凸轮	locking bar cam		设于锁杆端部的门锁件,通过锁件的转动,把凸轮嵌入凸轮座内,将门锁住	相关
集装箱锁杆凸轮座	locking bar cam retainer or keeper	卡铁	保持凸轮成闭锁状态的内撑装置	相关
集装箱锁杆托架	door lock rod bracket		把锁杆固定在箱门上并使之能转动的承托件	相关
集装箱铁路到达量	container arrival volume by rail		在一定时间内,通过铁路车站办理接卸的集装箱箱数	相关
集装箱铁路发送量	container dispatch volume by rail		在一定时间内,通过铁路车站办理发运的集装箱箱数	相关
集装箱铁路运费	container transport charge by rail		由铁路部门承运的集装箱,以箱为单位,按铁路运价、里程、箱型、空重箱、货物种类计算而收取的费用	相关
集装箱卫生检疫、检查、处置费	charge for container quarantine, checking, disposal		国家卫生检疫部门对集装箱实施检疫、检查、处置而发生的费用	相关
集装箱无动力吊具	non-power spreader		由人力直接或间接转动旋锁机构,使旋锁与集装箱角件连接或松脱的吊具	相关
集装箱下侧梁	bottom side rail		位于侧壁下部连接底角件的纵向构件	相关
集装箱下端梁	bottom end transverse member		位于箱体端部连接底角件的横向构件	相关
集装箱箱顶	roof		刚性组件,由顶板和顶梁组成	相关
集装箱箱门	door		通常为两扇后端开启的门,用铰链安装在角柱上,并用门锁装置关闭	相关
集装箱箱门搭扣件	door holder		保证箱门开启状态的零件	相关
集装箱箱门密封垫	door seal gasket		箱门周边为保证密封而设的零件	相关
集装箱有动力吊具	power spreader		由机械液压装置操纵旋锁机械,转动旋锁,使之与集装箱角件连接或松脱的吊具	相关
集装箱右侧	right		从集装箱后端向前端看,右边的一侧	相关
集装箱运输交接方式	container interchange model		承运人与托运人商定的集装箱运输责任划分方式	相关
集装箱直达列车	freight liner		从始发站或编组站开出,通过一个及一个以上的编组站或指定作业区段站,不进行改编作业的集装箱列车	相关
集装箱中转站进出量	incoming and outgoing container traffic for an inland depot		在一定时间内,进出集装箱中转站的集装箱换算箱量	相关

（续表）

中文名词	英文名词	别　称	定　义	关联度
集装箱中转站设计能力	design capacity of container depot		根据集装箱中转站的地理环境、货源情况而设计的年集装箱通过量	相关
集装箱自重	tare mass	空箱重量	空集装箱的质量(T)包括各种集装箱在正常工作状态时应备有的附件和各种设备,如机械式冷藏集装箱的机械制冷装置及所需的燃油	相关
集装箱自装自卸车	self-loading and self-unloading truck		能够自动装、卸集装箱的车辆。它包括:后面吊装型集装箱自装自卸车(self-loading and self-unloading truck with back hoisting),从车辆后面,通过特制的滚道框架,由循环链条将集装箱拉上拉下的自装自卸车;侧面吊装型集装箱自装自卸车(self-loading and self-unloading truck with side hoisting),从车辆侧面,通过在车上横向移动的变幅式吊具将集装箱吊上吊下的自装自卸车	相关
集装箱纵向	longitudinal		集装箱的前后方向	相关
集装箱左侧	left		从集装箱后端向前端看,左边的一侧	相关
集装运输	containerized transport		使用集装器具或利用捆扎方法,把裸装物品、散状物品、体积较小的成件物品,组合成为一定规格的集装单元进行的运输方式	相关
计划内运输	planned transport		按货物运输计划实施的货物运输	相关
忌装	cargoes incompatible with each other in stowage		具有互抵性的货物不能同舱装载	相关
季节性货物运输	seasonal cargo transport		货种、流向、流量受季节影响的货物运输	相关
加热集装箱	heated container		备有加热装置的保温集装箱	相关
甲板货物运输	carriage of deck cargo		按规定或经承、托运双方商定将货物装载在船舶露天甲板、船楼甲板和通道等无固定遮蔽部位上实施的运输	相关
甲板线	deck line		甲板线是一条长 300 mm、宽 25 mm 的与干舷甲板相平行的水平线	相关
间接换装	indirect transshipment		货物从进港到出港,经两个或两个以上的操作过程完成的装卸作业方式	相关
拣选	order picking		按订单或出库单的要求,从储存场所拣出物品,并码放在指定场所的作业	相关
件杂货码头	general cargo wharf		供普通杂货船停靠、装卸货物的码头	相关
交接责任	interchange liability		集装箱由一方交至另一方时的责任的划分	相关
进港航道	approach channel		船舶进出港区水域并与主航道联接的通道。一般设在天然水深良好,泥沙回淤量小,尽可能避免横风横流和不受冰凌等干扰的水域。其布置方向以顺水流成直线形为宜。根据船舶通航的频繁程度可分别采用单行航道或双行航道。在航行密度比较小(如在日平均通航艘次≤1)时,为了减少挖方量和泥沙回淤量,经过技术经济比较和充分研究后,可考虑采用单行航道。航道的宽度一般按航速、船舶横位、可能的横向漂移等因素,并加以必要的富裕宽度确定。进港航道的水深,在工程量大,整治比较困难的条件下,海港一般按大型船舶乘潮进出港的原则考虑;在工程量不大或航行密度大的情况下,经论证后可按随时出入的原则确定。河港的进港航道水深应保证设计标准船型的安全通过	相关

（续表）

中文名词	英文名词	别　称	定　义	关联度
进库	receiving of cargo for storage		将货物搬入仓库的作业	相关
进闸验箱物理检验	P-check		箱体状况的检验包括检验箱体各面有无破损（顶面除外），检验箱体外表应具有的附件是否齐全、状态是否良好，检验箱门是否已安全关好；箱的种类及尺寸的检验；铅封检验	相关
进闸验箱行政检验	A-check		行政检验主要内容包括：称重读取数据，卡车通过闸口的地衡，由计算机程序计算出每个集装箱的质量，并将其存储在数据库中；集装箱顶层摄像，由安装在闸口上方的摄像装置查验集装箱顶面的情况；卡车司机将设备交接单交给进闸办公室，办公室检验人员将设备交接单信息与主控室联网的信息进行核对。在检查中，如果发现集装箱有破损，应立即与外轮代理联系，接受修理工程师的指导，并编制残损报告，其内容包括船名、集装箱号、堆场箱位、破损的详细情况	相关
禁运	embargo		按有关规定，对特定货物予以禁止运输	相关
精益物流	lean logistics		消除物流过程中的无效和不增值作业，用尽量少的投入满足客户需求，实现客户的最大价值，并获得高效率、高效益的物流	相关
绝热集装箱	insulated container		无冷却和加热设备的保温集装箱	相关
绝缘栅双极型功率管	Insulated Gate Bipolar Transistor（IGBT）		由 BJT（双极型三极管）和 MOS（绝缘栅型场效应管）组成的复合全控型电压驱动式电力电子器件，兼有 MOS-FET 的高输入阻抗和 GTR 的低导通压降两方面的优点，应用于交流电机、变频器等领域	相关
军事运输	military transport		从事军事人员和军事物资的运输	相关
开敞式港池	open harbour		港池内水面随水位升降变化，不设闸门或船闸的港池。它是海、河港口的一种最普通的形式，是相对于封闭式港池而言的	相关
抗沉性	unsinkability		船舶在一舱或数舱破损进水后保证不沉不翻的能力。实质就是船舶破损后的浮性和稳性	相关
可编程逻辑控制器	Programmable Logic Controller	PLC	一种专门为在工业环境下应用而设计的数字运算操作的电子装置。它采用可以编程的存储器，用来在其内部存储执行逻辑运算、顺序运算、计时、计数和算术运算等操作的指令，并能通过数字式或模拟式的输入和输出，控制各种类型的机械或生产过程	相关
可变换集装箱船	convertible container ship		可变换集装箱船的货舱内装载集装箱的结构为可拆装式。因此，它既可装运集装箱，必要时也可装运普通件杂货	相关
空船排水量	light displacement		船舶空载时的排水量，也就是空船质量	相关

（续表）

中文名词	英文名词	别　称	定　义	关联度
空客飞机组件装卸专用吊具及其他用途吊具	TCU and hoisting device added dimensions. TCU〔Transport Cargo Unit,used for MCATJT with aircraft section（MCA）or part of it〕. MCATJT（Major Component Aircraft Transport Jigs & Tools）. MCA（Major Component Aircraft）		专门用于装卸空客飞机组件或其他物件的吊具	相关
空陆水联运集装箱	air surface（inter modal）container		一种运输设备,其容积为 1 m³ 及其以上,装有顶角件和底角件,具有与航空器栓固系统相配合的栓固装置,箱底可全部冲洗并能用滚装装卸系统进行装运。本集装箱适用于空运并可与地面运输方式（如公路、铁路及水运）相互交接联运	相关
空陆水联运集装箱标记	symbol to denote air-surface container		由于该类型集装箱的强度仅能支持堆码两层,因此国际标准化组织为该类型集装箱规定了特殊的标记。该标记为黑色,位于侧壁和端壁的左上角,并规定标记的最小尺寸为高 127 mm、长 355 mm,字母标记的字体高度至少为 76 mm	相关
空箱调配	empty container dispatching		调运和调剂集装箱空箱的过程	相关
空运集装箱	air container		任何适用于空运的货运成组设备,其容积为 1 m³ 及其以上,具有与航空器栓固系统相配合的栓固装置,箱底可全部冲洗并能用滚装装卸系统进行装运	相关
库场装卸工艺系统	cargo handling system in storage		库场作业机械、设备及辅助设施按货物装卸、搬运和堆拆垛的要求,组成的有机整体	相关
库存	stock		储存作为今后按预定的目的使用而处于闲置或非生产状态的物品。广义的库存还包括处于制造加工状态和运输状态的物品	相关
库存成本	inventory cost		为取得和维持一定规模的存货所发生的各种费用的总和,由物品购入成本、订货成本、库存持有成本（含存货资金占用成本、保险费用、仓储费用等）等构成	相关
库存周期	inventory cycle time		在一定范围内,库存物品从入库到出库的平均时间	相关
跨度	span		起重机两端梁车轮踏面中心线间的距离	相关
快递	courier,express,express-delivery	速递,特快专递	承运人将物品从发件人所在地通过承运人自身或代理的网络送达收件人手中的一种快速服务方式	相关
快速性	efficiency		船舶以较小的功率消耗而维持一定航行速度的能力或机器功率一定,船舶以较快速度航行的能力。船舶快速性包括船舶阻力和船舶推进	相关
冷藏和加热集装箱	refrigerated and heated container		备有冷源（机械式制冷装置或消耗式冷剂）和热源（加热装置）的保温集装箱	相关
冷链	cold chain		根据物品特性,为保持物品的品质而采用的从生产到消费的过程中始终处于低温状态的物流网络	相关

（续表）

中文名词	英文名词	别　称	定　义	关联度
里档过驳	wharfside transfer		驳船停靠在船舶里档,进行船、驳之间的装卸作业	相关
理货现场记录	records on spot		理货人员在货物装卸过程中,发现其包装异状或残损时,经交接双方验看确认后,由理货员所做的记录	相关
理货证明书	tallying certificate		理货工作完毕后经委托方签认,理货机构据以计收理货费用的凭证	相关
联合运输	combined transport (joint transport)		一次委托,由使用两种或两种以上运输方式,或者不同的运输企业将一批货物运送到目的地的运输	相关
联运经营人	intermodal transport operator		负责组织集装箱联运的经营者	相关
零担运输	less-than-truck-load-transportation (sporadic freight transportation)		根据规定批量按零担货物办理承托手续、组织运送和计费的货物运输	相关
零库存技术	zero-inventory technology		在生产与流通领域按照准时制组织物品供应,使整个过程库存最小化的技术总称	相关
零星货物	small-lot cargo		用一张运单发运,其质量未达到按整批托运的货物	相关
流通加工	distribution processing		物品在从生产地到使用地的过程中,根据需要施加包装、分割、计量、分拣、刷标志、拴标签、组装等作业的总称	相关
陆桥运输	land bridge transport	大陆桥运输	利用横贯大陆上的铁路运输为桥梁,将海和海联结起来,形成海—陆—海的国际运输方式	相关
陆运调度	land dispatcher		负责协调、指挥堆场作业的机械	相关
铝制集装箱	aluminum container		铝制集装箱有两种:一种为钢架铝板;另一种仅框架两端用钢材,其余部分用铝板。它的主要优点是自重轻、不生锈、外表美观、弹性好、不易变形;主要缺点是造价高,受碰撞时易损坏	相关
轮压	pressure of the wheel		起重机的小车处在极限位置时,起重机自重、额定起重量、最大允许工作风速下的最大风压及电气加减速产生的拉力共同作用下在大车车轮上的最大垂直压力	相关
裸装货物	uncovered cargo		按件承运的无包装货物	相关
码头单证	port documentation		在完成码头作业时,必须与航运公司、发货人、收货人和转运人密切配合,使所有编制的装卸计划与货物和集装箱的每次作业相一致	相关
码头前水深	water depth of wharf apron		码头前在任意情况下都能保证设计标准船型满载装卸作业所要求的水深。在水深不足的沿海港口,为使较大的船舶乘潮进港后能够靠码头进行装卸作业,通常在新建码头前一定的水域范围内(一般为二倍船宽)适当挖深,使其在设计低水位时能够达到设计标准船型满载吃水所要求的水深	相关
码头前水域	water area of wharf apron	港池	码头前供船舶靠离和进行装卸作业的水域。码头前水域内要求风浪小,水流稳定,具有一定的水深和宽度,能满足船舶靠离装卸作业的要求。按码头布置形式可分为顺岸码头前的水域和突堤码头间的水域。其大小按船舶尺度、靠离码头的方式、水流和强风的影响、转头区布置等因素确定	相关

（续表）

中文名词	英文名词	别　称	定　义	关联度
唛头	shipping mark	运输标志	通常由一个简单的几何图形和一些字母、数字及简单的文字组成。其作用在于使货物在装卸、运输、保管过程中容易被有关人员识别，以防错发错运	相关
满载排水量	load displacement		船舶满载时的排水量，即船舶在满载水线下所排开水的质量	相关
锚地	anchorage		供船舶停泊及作业的水域，如装卸锚地、停泊锚地、避风锚地、引水锚地及检疫锚地等。装卸锚地为船舶在水上过驳的作业锚地；停泊锚地包括为离港锚地、供船舶等待靠码头、候潮和编解队（河港）等用的锚地；避风锚地指供船舶躲避风浪时的锚地，小船避风须有良好的掩护；检疫锚地为外籍船舶到港后进行卫生检疫的锚地，有时也与和引水、海关签证等共用	相关
门到场	door to CY		承运人在托运人的工厂或仓库整箱接货，负责运抵目的地集装箱堆场，整箱交付收货人	相关
门到门	door to door		承运人在托运人的工厂或仓库接货，负责运抵收货人的工厂或仓库整箱交货	相关
门到门比	door to door percentage		在一定时间内，门到门运输的集装箱换算箱数与运输的总换算箱的百分比	相关
门到站	door to CFS		承运人在托运人的工厂或仓库整箱接货，负责运抵目的地集装箱货运站，拆箱后按件交付收货人	相关
灭失	less for cargo		货物在运输、装卸、保管过程中由于自然或者人为原因而发生的货物毁灭或丢失	相关
模拟直流调速控制	simulate DC regulator control		利用模拟电子线路板、继电器等控制技术为主的直流调速控制系统，在我国港口应用于 20 世纪 80 年代	相关
目的港	port of destination, unlading port, port of discharge	卸货港	船舶在航次中要到达的一些港口，统称为目的港	相关
排水量	displacement		排水量指船舶浮于水面时所排开水的质量，也等于船的总质量。排水量又可根据不同装载状态分为空船排水量和满载排水量	相关
赔偿率	indemnity/freight rate		考核期内，赔偿金额与货运收入之比。一般以万分比表示	相关
配工	allotment of labour		港口调度部门为装卸货物，根据一定操作过程，选配机械和装卸工人的工作	相关
配送	distribution		在经济合理区域范围内，根据客户要求，对物品进行拣选、加工、包装、分割、组配等作业，并按时送达指定地点的物流活动	相关
配送中心	distribution center		从事配送业务，具有完善的信息网络的场所或组织，应基本符合下列要求：主要为特定客户或末端客户提供服务；配送功能健全；辐射范围小；多品种、小批量、多批次、短周期	相关
票货分离	cargo separated from document		船舶所装货物的货运单证因故未按规定随货同行，表现为有货无票或有票无货	相关

（续表）

中文名词	英文名词	别　　称	定　　义	关联度
票货同行	cargo with bill		货运票据，随同货物一起发送、中转，并一起送至到达地	相关
票货相符	bill coincides with cargo		货运票据记载的货物品名和数量与实际情况一致	相关
平均每天堆存货物吨数	average daily volume of cargo in storage		一定时期内，平均每天在港口库场堆存的货物吨数	相关
平台集装箱	platform container		平台上无上部结构，平台的长、宽与国家标准集装箱箱底尺寸相同，其顶部和底部均装有角件，并可使用与其他集装箱相同的紧固件和起吊装置	相关
凭证运输	carriage by clearance		按有关规定，必须凭特定证件才能托运的货物运输	相关
普通记录	ordinary record		记载承运人向托运人或收货人提供证明事项的记录。其内容不涉及承、托之间的责任	相关
起重力矩	torque		起重量与幅度的乘积	相关
汽车集装箱运单	container transport document by road		陆路运输承运人与托运人签订的运输合同，并作为核算运杂费的依据和记录车辆运行的凭证	相关
轻泡货物	light goods		货物积载因数大于船舶载货容积系数的货物。通常指每吨货物的体积大于 1 m³ 的货物	相关
区段承运人	performing carrier for regional transport		全程运输中某区段的实际承运人	相关
区域配送中心	Regional Distribution Center（RDC）		以较强的辐射能力和库存准备，向省（州）际、全国乃至国际范围的用户实施配送服务的配送中心	相关
区域物流中心	regional logistics center		全国物流网络上的节点，是以大中型城市为中心，服务于区域经济发展需要，将区域内外的物品从供应地向接收地进行有效实体流动的公共物流设施	相关
取消运输	cancellation of transport		对已承运的货物，在货物发送前因故取消运输的一项业务工作	相关
全球定位系统	Global Positioning System（GPS）		由一组卫星组成的，24 小时提供高精度的全球范围的定位和导航信息的系统	相关
缺货率	stock-out rate		缺货次数与客户订货次数的比率	相关
散装化	in bulk		用专门机械、器具、设备对未包装的散状物品进行装卸、搬运、储存、运输的物流作业方式	相关
散装货物	bulk cargo		无包装、不成件只按质量承运的固态或液态货物	相关
散装液体货物运输	carriage of liquid bulk cargo		货物以液体状态、不加包装直接装入船舱的一种货物运输	相关
商品完好率	rate of the goods in good condition		交货时完好的物品量与应交付物品总量的比率	相关
设备交接单	Equipment Interchange Receipt（EIR）		集装箱交接时，记录箱体状况并据此划分责任的单证	相关
生产控制	production operation control		广义的生产控制是对从生产准备、生产投放到形成产品的全部过程进行全面控制；狭义的生产控制是对生产过程中生产进度的控制，也就是执行生产作业计划过程中的日常生产控制	相关

（续表）

中文名词	英文名词	别　称	定　义	关联度
生产快报	express summary of operation		以快速统计资料为主要依据所做的短期生产情况的总结和分析的报告	相关
施封	seal		对重箱施加封志	相关
湿损	damage of damp		货物在运输、装卸、保管过程中因雨湿、浪湿、汗湿等发生的损坏	相关
实际承运人	performing carrier		接受承运人委托，从事货物运输或部分运输的人，包括接受转委托从事此项运输的其他人	相关
适航性	navigability		船舶在多变的海况中的运动性能和营运条件，称为船舶的适航性	相关
收、发货标志	shipping mark		通常由简单的几何图形和字母、数字及文字组成，标明在运输包装的一定位置上，主要供收发货人识别产品的标志	相关
收货	receive		承运人接收托运人送来所托运的货物，并进行交接	相关
收货区	receiving space		对仓储物品入库前进行核查、检验的作业区域	相关
收货人	receiver		托运人在货物运单上指定的，在到达地接受货物的单位、个人或其代理人	相关
数字交流调速控制	digital AC regulator control		利用绝缘栅双极型功率管、变频器、变流器、工控机、网络通信等控制技术为主的交流变频调速控制系统。在我国港口应用于 20 世纪 90 年代末至今	相关
数字直流调速控制	digital DC regulator control		利用可控硅整流器、驱动器、工控机、网络通信等控制技术为主的直流调速控制系统。在我国港口应用于 20 世纪 90 年代	相关
摔损	damage due to throw		货物在装卸、运输、搬运和保管过程中发生的货物跌落损坏	相关
甩挂运输	drop and pull transport		用牵引车拖带挂车至目的地，将挂车甩下后，牵引另一挂车继续作业的运输	相关
拴固	restraint	打加固	一般来说，拴固的含义是用钢丝或绳索固定船上货物，以防止货物互相挤压。就集装箱船而论，当集装箱在甲板上时，必须用拴固杆件或螺旋扣件进行固定。尽管集装箱完全用最现代化的机械装卸，但是拴固工作却与普通货船一样是由人工完成的，而且该工作是码头工人的主要任务之一	相关
双边交接	cargo hand-over by both side		船、港、货各方在装(卸)货物的船边或约定地点进行的交接。其具体形式有：船港交接、船货交接、船边交接、库场交接等	相关
水路货物运单	waterway-bill, water freight bill		托运人在托运水路运输货物时，向承运人提出的具有运输合同性质的单据，并作为收货人提取货物用的凭证	相关
水路集装箱货物运单	container transport document by water		承运人收取运费，负责将托运人托运的货物用集装箱运输方式，经水路由一港运至另一港的书面运输合同	相关
水路集装箱运输	container waterway transport		用船舶运载集装箱的货物运输	相关

（续表）

中文名词	英文名词	别　称	定　义	关联度
水路运输	waterway transport		使用船舶(或其它水运工具),在江、河、湖、海等水域运送货物的一种运输方式	相关
水路运输合同	contract of cargo transport on water		由承、托运双方签订的在规定时间内经由水路运输,将货物从指定的起运地点运往到达地点,交付给指定收货人的协议	相关
水平运输	horizontal transport of cargo in port		利用机械、设备或人力使货物进行水平位移	相关
水上作业	midstream transfer		在锚地、系泊浮筒等水域进行的船和船(驳)之间的装卸作业	相关
顺序号	sequence number		集装箱编号按国家标准的规定,用6位阿拉伯数字表示,通常1和9开头的集装箱是特种箱,数字4、7、8开头的是大柜,2、3开头的是小柜。不足6位,以0补之,如053842	相关
四号定位	four number location		用库房号、货架号、货架层次号和货格号表明物品储存位置定位方法	相关
台架式集装箱	platform based container open sided		没有刚性侧壁,也没有像通用集装箱那种能承受箱内载荷的等效结构,其底部结构类似平台集装箱	相关
特殊箱图	special container plan	冷藏箱和危险货物箱图	用于反映特殊集装箱的情况。该图上所配的集装箱均为冷藏箱和危险货物箱。冷藏箱在图上的箱位用英文字母R表示;危险货物箱在图上的箱位用阿拉伯数字表示按国际标准规定的危险等级	相关
特殊用途集装箱吊具	special application spreader		用于吊装大件货物或特种集装箱的吊具	相关
特约事项	special remark		承运人与托运人在签认货物运输合同时,除货物运单所列的各项目外,另行商定的其他有关事项	相关
特种货物集装箱	specific cargo container		用以装运特种物品用的集装箱总称	相关
特种集装箱清单	special container list		列明单船当前航次特种集装箱情况的清单	相关
特种箱	special container		用于装载超高、超宽、超长及超重货物的平板式集装箱、台架式集装箱(框架箱、开顶箱)	相关
特种运输	carriage of special cargo		有特殊运输条件或特殊规定的货物运输	相关
体积吨	measurement ton		按有关规定将货物满尺丈量所得的体积折算而成的货物计费吨数	相关
铁路集装箱办理站	railway container freight station		办理集装箱的发送、到达、中转业务,进行集装箱的装卸、暂存、集配、门到门运输作业,组织集装箱专列等作业,并具有维修、清扫、清洗能力的铁路车站	相关
铁路集装箱场设计能力	design capacity of railway container depot		根据货场的面积、箱位布置、装卸线路、汽车通道、机械状况等核定的铁路集装箱场的年集装箱办理量	相关
铁路集装箱场作业能力	operation capacity of railway container yard		铁路集装箱场的装、卸车、拆、装箱,以及机械、劳力等的综合能力	相关

（续表）

中文名词	英文名词	别　称	定　义	关联度
铁路集装箱出站单	railway container delivery receipt		从铁路车站搬出铁路集装箱时，铁路承运人根据铁路货物运单填写的集装箱出站和交回的凭证	相关
铁路集装箱堆场	railway container yard	铁路集装箱场	进行集装箱承运、交付、装卸、堆存、装拆箱、门到门作业，组织集装箱专列等作业的场所	相关
铁路集装箱货物运单	railway consignment note		承运人和托运人之间为运输货物而签订的一种运输合同。在运输集装箱时，加盖集装箱运输专用章	相关
铁路集装箱集散站	railway container transfer station		具有集装箱装卸、暂存、保管、临修、装拆箱、拼箱、接取、送达、门到门运输能力的场所，是铁路集装箱办理站的站外设施	相关
铁路集装箱运输	railway container transport		用火车运载集装箱的货物运输	相关
铁路集装箱周转时间	railway container turnover time		集装箱从装箱至下一次装箱之间的时间	相关
铁路集装箱专用平车	railway container flat car		车底架呈骨架结构，设有固定集装箱的锁闭装置，专门用于装运集装箱的铁路车辆	相关
铁路集装箱装卸费	railway container handling charge		铁路集装箱运输中，在到、发站收取的集装箱装卸、搬运费用	相关
通风集装箱	ventilated container		通风集装箱是为装运水果、蔬菜等不需要冷冻而具有呼吸作用的货物，在端壁和侧壁上设有通风孔的集装箱。如果将通风口关闭，同样可以将其作为杂货集装箱使用	相关
通行标记	pass mark		集装箱在运输过程中能顺利地通过或进入他国国境，箱上必须贴有按规定要求的各种通行标记，否则必须办理烦琐的证明手续，延长了集装箱的周转时间。集装箱上主要的通行标记有：安全合格牌照、集装箱批准牌照、防虫处理板、检验合格徽及国际铁路联盟标记等	相关
通用干货集装箱	dry cargo container		通用干货集装箱也称为杂货集装箱，用来运输无须控制温度的件杂货。通常为封闭式，在其一端或侧面设有箱门	相关
通用集装箱	general purpose container		为风雨密性的全封闭式集装箱。具有刚性的箱顶、侧壁、端壁和箱底，至少在一面端壁上有门，可供在运输中装运尽可能多的货种。多数通用集装箱的箱壁上带有透气孔	相关
通运货物	through goods		由境外启运，由船舶或航空器载运进境后，仍由原装运输工具继续运往境外的货物	相关
托盘运输	pallet transport		将货物以一定数量组合码放在托盘上，装入运输工具运送物品的方式	相关
托运	consignment		托运人与承运人签订货物运输合同，最终完成货物运输活动的过程	相关
托运计划	booking plan		托运人按年、季或月度向承运人提交申请运送货物的书面文件	相关
托运人	shipper(consigner)		货物托付承运人按照合同约定的时间运送到指定地点，向承运人支付相应报酬的一方当事人	相关

（续表）

中文名词	英文名词	别　称	定　义	关联度
挖入式港池	artificially excavated port		在岸上开挖出来的港池。在地形条件适宜或岸线不足时可建这种港池。其优点是：可延长码头岸线，多建泊位；掩护条件较好。缺点是：开挖土方量较大；在含沙量大的地方易受泥沙回淤的影响；在寒冷地区封冻时间较长。	相关
外档过驳	overside transfer		驳船停靠在船舶外档，进行船、驳之间的装卸作业	相关
危险货物配装表	stowage guide for dangerous cargo		为防止各类危险物品之间相互影响可能发生物理、化学反应而引起危险，对危险物品进行合理配装的规定	相关
危险货物运输证明书	certificate of transportation dangerous goods		托运危险物品前，按《危险货物运输规则》规定办理的运输凭证	相关
危险货物装箱证明书	container packing certificate dangerous cargo		集装箱装运危险货物后，现场检查员根据《国际海运危险货物规则》，对集装箱和危险货物在箱内的积载情况进行检查后签发的证书	相关
无船（车）承运人	non-vessel（truck）（NVOCC）operation carrier		无运输工具而承担运输责任的契约承运人	相关
物流	logistics		物品从供应地向接收地的实体流动过程。根据实际需要，将运输、储存、装卸、搬运、包装、流通加工、配送、回收、信息处理等基本功能实施有机结合	相关
物流单证	logistics documents		物流过程中使用的单据、票据、凭证等的总称	相关
物流服务	logistics service		为满足客户需求所实施的一系列物流活动产生的结果	相关
物流服务质量	logistics service quality		用精度、时间、顾客满意度等来表示的物流服务的品质	相关
物流管理	logistics management		为以合适的物流成本达到用户满意的服务水平，对正向及反向的物流过程和相关信息进行的计划、组织、协调与控制	相关
物流管理信息系统	logistics management information system		由计算机软硬件、网络通信设备及其他办公设备组成的，在物流作业、管理、决策方面对相关信息进行收集、存储、处理、输出和维护的人机交互系统	相关
物流活动	logistics activity		物流过程中的运输、储存、装卸、搬运、包装、流通加工、配送等功能的具体运作	相关
物流联盟	logistics alliance		两个或两个以上的经济组织为实现特定的物流目标而采取的长期联合与合作	相关
物流企业	logistics enterprise		从事运输（含运输代理、货运快递）或仓储等业务，并能够按照客户物流需求对运输、储存、装卸、搬运、包装、流通加工、配送进行组织和管理，具有与自身业务相适应的信息管理系统，实行独立核算、独立承担民事责任的经济组织	相关
物流设施	logistics establishment（logistics facilities）		具备物流相关功能和提供物流服务的场所。它包括物流园区、物流中心、配送中心，各类运输枢纽、场站港、仓库等	相关
物流网络	logistics network		物流过程中相互联系的组织、设施与信息的集合	相关
物流信息	logistics information		反映物流各种活动内容的知识、资料、图像、数据、文件的总称	相关

（续表）

中文名词	英文名词	别 称	定 义	关联度
物流信息技术	logistics information technology		物流各环节中应用的信息技术,包括计算机、网络、信息分类编码、自动识别、电子数据交换、全球定位系统、地理信息系统等技术	相关
物流园区	logistics park	物流基地	为了实现物流设施集约化和物流运作共同化,或者出于城市物流设施空间布局合理化的目的而在城市周边等各区域,集中建设的物流设施群和众多物流业者在地域上的物理集结地	相关
物流中心	logistics center		从事物流活动的具有完善的信息网络的场所或组织。应基本符合下列要求:主要面向社会提供公共物流服务;物流功能健全;辐射范围大;存储、吞吐能力强,能为转运和多式联运提供物流支持;对下游配送中心提供物流服务	相关
物流作业	logistics operation		为完成特定物流活动所进行的具体操作	相关
物流作业流程	logistics operation process		为达成一定的物流目的而依次进行的一系列物流作业	相关
物品储备	goods reserves		为应对突发公共事件和国家宏观调控的需要,对物品进行的储存,它分为当年储备、长期储备、战略储备	相关
洗箱	container washing		对被污染的集装箱内部进行清洗的作业	相关
限运	restricted transport		按有关规定,对流向、流量等有一定限制的货物运输	相关
箱务管理	container management		集装箱在运输、堆存、租赁、修理等过程中的状态管理	相关
箱址	address of container		集装箱在堆场的坐标代码	相关
箱主代号	owner code		国际标准化组织规定,箱主代号由4个大写的拉丁文字母表示,前3位由箱主自己规定,第3个字母为U,表示为海运集装箱。为了避免箱主代号重号,箱主在使用集装箱前应向本国主管部门登记注册。国际间使用的集装箱由箱主向国际集装箱局(BIC)登记注册	相关
消耗式冷剂冷藏集装箱	refrigerated container (expendable refrigerant)		采用以下某种冷剂的保温集装箱:冰;干冰,升华控制装置可有可无;液化气,蒸发控制装置可有可无。此种集装箱无须外接电源或油源	相关
卸车工艺系统	car unloading system		卸车机械、设备及辅助设施按一定的卸车工艺组成的有机整体	相关
卸船工艺系统	ship-unloading system		卸船设备、机械及各种卸船辅助设施,按一定的卸船工艺组成的有机整体	相关
虚拟物流	virtual logistics		为实现企业间物流资源共享和优化配置,以减少实体物流方式,是基于计算机信息及网络技术所进行的物流运作与管理	相关
选港集装箱	port optional cargo		在配积载时仍未明确具体卸货港的集装箱	相关
薰箱	container fumigation		对被污染的集装箱内部进行薰蒸的作业	相关
压缩气体和液化气体	compersel gases and liquefied gases		系指压缩、液化或加压溶解的气体,并应符合下述两种情况之一:临界温度低于50 ℃,或者在50 ℃时,其蒸汽压力大于294 kPa的压缩或液化气体;温度在21.1 ℃时,气体的绝对压力大于275 kPa,或者在54.4 ℃时气体的绝对压力大于7.5 kPa的压缩气体,或者在37.8 ℃时,量得蒸汽压大于275 kPa的液化气体或加压溶解的气体	相关

（续表）

中文名词	英文名词	别　称	定　义	关联度
押运	escorting		按有关规定或经承、托运双方商定,由托运人派员随船同行,负责对运输途中有特殊要求的货物等的监护、保管、照料	相关
氧化剂	oxidizing substances		处于高氧化态,具有强氧化性,易分解放出氧和热量的物质,包括含有过氧基的无机物。其本身不一定可燃,但能导致可燃物的燃烧,还能与松软的粉末状可燃物组成爆炸性混合物,对热、震动或摩擦较敏感	相关
业务外包	outsourcing		企业为了获得比单纯利用内部资源更多的竞争优势,将其非核心业务交由合作企业完成	相关
一程船	frist carrier		对某一中转箱而言,将该箱从起运港载运至中转港的船舶	相关
一体化物流服务	integrated logistics service		根据客户需求对整体的物流方案进行规划、设计并组织实施产生的结果	相关
易腐货物运输	carriage of perishable cargo		按易腐货物运输条件所进行的货物运输	相关
易燃固体	flammable solids		燃点低,对热、撞击、摩擦敏感,易被外部火源点燃,燃烧迅速,并可能散发出有毒烟雾或有毒气体的固体。但不包括已列入爆炸品的物质	相关
易燃液体	flammable liquids		除危险特性已列入其他类别的液体,其闭杯试验闪点等于或低于 61 ℃,但不得低于 45 ℃	相关
溢漏	spill and leakage		液体货物在运输、装卸、保管过程中由于设备、包装的缺陷或者操作不当等导致货物溢出或泄漏	相关
引航费	piltage, pilot tax		由引航员引领船舶进、出港口或某些航道向船方收取的费用	相关
应急物流	emergency logistics		针对可能出现的突发事件已做好预案,并在事件发生时能够迅速付诸实施的物流活动	相关
有生动、植物运输	carriage of live animals and plants		按有生动、植物运输条件所进行的货物运输	相关
逾期运到	overdue arrival		货物实际运到时间超过有关规定或承、托双方商定的运到期限	相关
遇湿易燃物品	substances emitting flammable gases when wet		遇水或受潮时,发生剧烈化学反应,放出大量的易燃气体和热量的物品。有些不需明火,即能燃烧和爆炸	相关
原来原转原交	tranship as originally received		承运人对大宗散装货物在运输全过程不具备适应连续、快速作业的法定计量手段时,在保证货运质量的前提下,与交接的另一方——托运人按运单上填写的原货物托运质量进行交接	相关
运输标志	transport mark		按运输规章规定,由托运人在货件上制作的表示货件与运单主要内容一致的标记	相关
运输管理费	transport administration charges		航运管理部门按国家规定向参加营业性运输的企业、个人或水路运输服务企业征收的管理性费用	相关
运输许可证	permission certificate of business		各级航运管理部门按审批权限签发的,准予申请人从事营业性运输的证明	相关

（续表）

中文名词	英文名词	别　称	定　义	关联度
运输佣金	transportation commission		企业为有助于运输业务的完成而向代理人支付的款项，包括订舱佣金、操作佣金和揽货佣金等。其中，订舱佣金是指企业通过船舶代理人接受托运预约而向其支付的款项；操作佣金是指企业委托船舶代理人办理船舶进、出港口和水域的申报手续，联系安排引航、泊位等业务而支付给其的款项；揽货佣金是指企业支付给货物代理人代为招揽货源的款项	相关
责任性理货	responsible tallying of cargoes		在货物装卸过程中，由船、港、货三方各自派出理货人员代表本单位进行清理货物并办妥交接手续	相关
增值物流服务	value-added logistics service		在完成物流基本功能的基础上，根据客户需求提供的各种延伸业务活动	相关
站到场	CFS to CY		承运人在起运地集装箱货运站按件接货并装箱，负责运抵目的地集装箱堆场，整箱交付收货人	相关
站到门	CFS to door		承运人在起运地集装箱货运站按件接货并装箱，负责运抵收货人的工厂或仓库，整箱交货	相关
站到站	CFS to CFS		承运人在起运地集装箱货运站按件接货并装箱，负责运抵目的地集装箱货运站，拆箱后按件交付收货人	相关
整车运输	transportation of truckload		根据规定批量按整车货物办理承托手续、组织运送和计费的货物运输	相关
整批货物	cargo in large amount		用一张运单发运，其质量达到规定的按整批托运的货物	相关
正本提单	original B/L		提单上经承运人、船长或其代理人签字盖章并注明签发日期的提单	相关
支线集装箱运输	container feeder service		为解决集装箱船舶挂靠港多、不能装卸大型船舶、没有干线运输航线的矛盾，在沿海港口和内陆设置的以集散集装箱为目的的集装箱集散港或点，将各集散港、点附近地区的集装箱汇集到各集散港、点，集中运至枢纽港。这种内陆城市或沿海的集散点和枢纽港口之间的运输为支线集装箱运输	相关
直达运输	through transportation		物品由发运地到接收地，中途不需要中转的运输	相关
直接换装	direct transshipment; direct transfer, cross docking	越库配送	物品在物流环节中，不经过中间仓库或站点，直接从一个运输工具换载到另一个运输工具的物流衔接方式	相关
智能运输系统	Intelligent Transportation System(ITS)		综合利用信息技术、数据通信传输技术、电子控制技术及计算机处理技术对传统的运输系统进行改造而形成的新型运输系统	相关
滞纳金	fine for delayed payment		托运人或收货人未按规定的付款期限（或日期）向承运人付清运杂费，按有关规定向对方偿付的违约金	相关
滞期费	demurrage		由于不能按协议规定的时间完成货物装卸作业，由负责装卸方付给船方或由船舶承租人付给船舶所有人（或出租人）的一种罚金	相关
中国出口集装箱运价指数	China Containerized Freight Index(CCFI)		反映从中国港口出口的集装箱货价格变动的趋势和程度的相对数	相关

(续表)

中文名词	英文名词	别 称	定 义	关联度
重大货运事故	Serious Accident		在运输、装卸、保管过程中,由于承运人责任造成货物损失价值达到部颁标准中所规定的重大事故损失金额标准以上的事故	相关
质重量吨	Weight Ton(W/T)		按货物毛重所确定的货物吨数	相关
专用集装箱	specific purpose container		为便于不通过端门装卸货物或为通风等特殊用途而设有独特结构的普通货物集装箱的总称	相关
专用码头	single user wharf(dedicated wharf)		为完成特定任务,长期或在一定时期内由某一部门使用的码头	相关
转关运输	tran-customs transportation		进出口货物在海关监管下,从一个海关运至另一个海关办理海关手续的行为	相关
装车工艺系统	car loading system		装车机械、设备及辅助设施,按一定装车工艺组成的有机整体	相关
装船工艺系统	ship loading system		装船机械、设备及辅助设施按一定的装船工艺组成的有机整体	相关
装卸工艺管理	management of cargo handling		装卸工艺的计划、技术、生产、劳动组织及机械设备的各项管理工作	相关
装卸工艺系统	cargo handling system		港口生产中,由装卸机械、设施及各项装卸操作所组成的有机整体	相关
装卸机械化系统	mechanization system of cargo handling		各种装卸机械及设备,按照装卸工艺所组成的装卸机械联合体	相关
装卸自然吨	physical ton		1 t 货物从进港到出港,不论经过几个操作过程,都按 1 t 计算。这是港口装卸货物的实际数量	相关
装卸自然量	cargo handling capacity		装卸自然量是指进出港区并经装卸的货(箱)的物理数量。它是反映港口装卸货(箱)实际数量的指标,不仅反映了港口装卸的任务,而且还是计算港口装卸成本的基础。不论货(箱)从进港至出港止经过几个操作过程,均只能计算一个装卸自然量。计算单位为 t 或 TEU	相关
装卸作业组织	organization of cargo handling		调配机械、人力,指导、监督、检查工人按照操作规程和作业标准,进行装卸作业	相关
准时制	Just In Time(JIT)		在精确测定生产制造各工艺环节作业效率的前提下,准确地计划物料供应量和时间的生产管理模式	相关
准时制物流	just-in-time logistics		与准时制管理模式相适应的物流管理方式	相关
自备箱	shipper-owned container, shipper's own container		托运人购置、制造或租用的符合标准的集装箱,印有托运人的标记,由托运人负责管理、维修	相关
自燃物质	substance liable to spontaneous combustion		系指自燃点低、在空气中易于发生氧化反应,放出热量,而自行燃烧的物品	相关
租船运输	carriage of chartering chartered, shipping by		货主或其代理人租赁其他人的船舶,将货物送达到目的地的水上运输经营方式	相关
租赁箱	leased container		向集装箱所有人租用的集装箱	相关
组配	assembly		采用科学的方法进行货物装载。充分利用运输工具的载重量和容积,采用先进的装载方法合理安排货物的装载	相关
最大总重	Max gross weight	额定质量	Max gross = 集装箱的自重(tare weight) + 最大允许载货量	相关

参 考 文 献

[1] 赵宁,徐子奇,宓为建.集装箱码头数字化营运管理[M].上海:上海科学技术出版社, 2014.

[2] 强世锦.物联网技术导论[M].北京:机械工业出版社,2016.

[3] 罗勋杰,樊铁成.集装箱码头操作管理[M].大连:大连海事大学出版社,2010.

[4] 陈戌源.集装箱码头业务管理[M].大连:大连海事大学出版社,1998.

[5] 罗勋杰.集装箱码头经营管理[M].大连:大连海事大学出版社,2010.

[6] 杜学森.集装箱码头操作与管理实训[M].2 版.北京:中国劳动社会保障出版社,2008.

[7] 徐秦.航运管理实务[M].北京:人民交通出版社,2011.

[8] 申习身.集装箱运输实务[M].北京:对外经济贸易大学出版社,2011.

[9] 张敏.码头业务操作实训[M].北京:中国财富出版社,2014.

[10] 郑见粹.自动化集装箱码头装卸工艺系统比较研究[J].水运科学研究,2011(02).

[11] 靳志宏,等.集装箱码头泊位与岸桥联合动态调度[J].中国科技论文在线,2011(11).

[12] 尚晶.集装箱码头机械配置与调度策略研究[D].武汉:武汉理工大学,2011.